中小学幼儿园教师师德修养与师德建设培训教材

根据《教育部关于建立健全中小学教师师德建设长效机制的意见》
和教育部关于印发《中小学教师违反职业道德行为处理办法》的通知编写

古今中外师德修养理论与实践

——中外师德建设经验和做法

杨春茂 ◎主编

此系列书内容包括师德修养，师德正反典型案例评析，教师教育法规常识，教师职业心理调试，教师考核，教师礼仪等方面，以引导教师立德树人，为人师表，不断提升人格修养和学识修养，努力建设师德高尚、业务精湛、结构合理、充满活力的中小学教师队伍为目的，弘扬高尚师德，弘扬主旋律，增强正能量。

首都师范大学出版社
CAPITAL NORMAL UNIVERSITY PRESS

图书在版编目（CIP）数据

古今中外师德修养理论与实践 / 杨春茂主编. —— 北京：首都师范大学出版社，2014.1

ISBN 978－7－5656－1761－4

Ⅰ.①古…　Ⅱ.①杨…　Ⅲ.①师德－研究　Ⅳ.①G451.6

中国版本图书馆 CIP 数据核字（2014）第 010447 号

GUJINZHONGWAI SHIDE XIUYANG LILUNYUSHIJIAN

古今中外师德修养理论与实践

杨春茂　主编

责任编辑　来晓宇

首都师范大学出版社出版发行

地　址　北京西三环北路 105 号

邮　编　100048

电　话　68418523（总编室）　68982468（发行部）

网　址　www.cnupn.com.cn

印　刷　北京天正元印务有限公司

经　销　全国新华书店发行

版　次　2014 年 7 月第 1 版

印　次　2014 年 7 月第 1 次印刷

开　本　710mm×1000mm　1/16

印　张　15.25

字　数　264 千字

定　价　30.00 元

《中小学幼儿园教师师德修养与师德建设培训教材》编委会

出版说明

美国史学家亚当斯在19世纪中叶说过这么一句赞美人类灵魂的工程师的话："教师影响到永恒的未来。"

师德是教师素质的灵魂。良好的师德师风，对学生起着教化、熏陶的作用，"高尚而富有魅力的师德本身就是一部活的教科书"。在新的形势下，探索师德教育与建设的有效性是非常必要的。我们尝试借鉴国外的经验，探索从说教的方式向潜移默化的方式转变，从以灌输让教师被动接受的方式向以养成促进教师主动内化的方式转变。为此，我们从纯客观的角度，策划了这本《古今中外师德修养理论与实践》，里面采集了一百多位中外大师名师风范的经典故事，数千条师德修养名言。供教师（以及未来的教师）偶尔翻阅，若书中有一个故事打动了其心灵，有一句箴言激起了其共鸣，那都将影响未来的一代代学子。

汉代的扬雄说过："师者，人之模范也。"对"师范"二字，古人是这样注解的："学高曰师，身正曰范。"人们从事某行业，要求必须遵守奉行的具有该行业特征的道德准则和行为规范，称之为职业道德。对于执教者来说，其职业道德就是师德。忠诚人民的教育事业、教书育人、为人师表是师德的原则性的要求。师德规范在不同的时期有不同的变化，但为人师表、关爱学生、教书育人、潜心治学等内容是不变的。教师是学生成长的指导者和引路人，他们的思想政治素质和道德情操，对学生具有很强的影响力和感染力。高尚的师德，会对学生产生最生动、最具体、最深远的影响。在中外教育史上，没有一个不重视师德修养的教育家；在社会现实中，也没有一个缺少师德而能育好人的教师。

人们感到，当前的教育还不能很好地适应经济社会发展的需要，不能满足人民群众的需要，还远没有办到让人民满意的程度。由于市场经济的负面影响，媒体对金钱、享受、奢华消费等不正确的导向，有些教师表现出精神迷失，信念淡薄，责任与爱心淡漠，不求精进，急功近利。这就要求进一步改革教育管理体制、加强师德建设。在师德建设方面，一方面要进一步弘扬高尚师德，力行师德规范，着力提高教师的思想政治素质、职业理想和职业道德水平，引导教师教书育人、为人师表；另一方面教师要加强自我修养，自我勉励，达到学为人师、行为世范的师德养成目标。

我们期待，中国的教师队伍在新的时期肩负起历史的使命，为中华民族的复兴崛起培养优秀人才，为人类文明和进步做出贡献。

目前，全国 32 个省级教育部门均将师德建设纳入年度工作计划，将师德教育作为各级教育培训的重要内容，为此，配套本书，首都师范大学出版社及中国教育报刊社定于 2014 年 7 月起在全国举办“中小学幼儿园教师师德修养与师德建设培训高级研修班”。此书可作为培训参考书使用。

编者

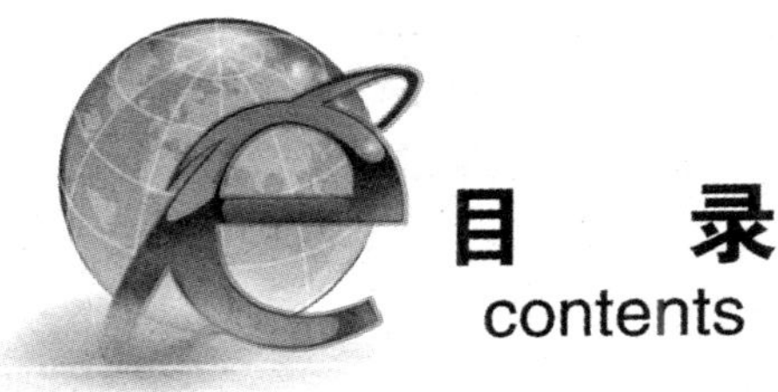

目 录
contents

第一篇　学为人师的中外治学研究经验

开篇语

教师承担着“传道、授业、解惑”的教书育才任务，因此要求教师要有丰富的知识学问的储备。在给学生一瓢水之前，教师自己先要储备好一桶水、一池水乃至源源活水。另外，教师要把教育理论研究的新成果引入教学实践中，使教育教学的科学性和艺术性完整地统一起来，将先进的教育技术与有效的教育教学方法结合起来，形成高品位的艺术性教学。所以，教师为了学问的储备，就要在治学即做学问上下足工夫。

教师这一特殊职业，不仅要求德高为师、身正为师，而且还要求做到学高为师、技高为师。拥有深厚的学问功底，是教师“为人师”不可或缺的前提条件，是一个教师为人师的业务水平、素质方面的客观要求。要培养高水平的学生，教师首先要学识渊博，学业精深。教师，尤其是高等学校的教师必须拥有渊博的学识、深厚的学问功底，必须是“术业有专攻”的“经师”。“学为人师”指的就是这个要求—或者说在“专”的方面的要求。所谓“名师出高徒”，就是指治学研究方面教师的高深造诣对学生成才的直接影响。

一所学校的办学水平越高，办学层次越高，对教师从事科学研究能力的要求就越高。教师教好书育好人，搞好人才培养，这是为社会服务的一方面；另一方面，教师具备优秀的科学研究创新能力，则可致力于探索、攻克自然与社会的科学技术难题，关注并解决国计民生乃至全社会的重大需求。每一个教师都应当系统地掌握本学科的基础理论，具备相应职务的教育教学能力和科学研究能力；教授应当对本学科具有系统而坚实的基础理论和比较丰富的教学、科学研究经验，教学成绩显著，论文或者著作达到较高水平或者有突出的教学、科学研究成果。大学教师具有较强的科研能力，才能够准确把握学科前沿知识，及时将最新学术成果引入教学，并能引领学生尽早接受科研方法、技能的训练。教师只有以自身的创新意识、创新思维以及创新能力去引导、示范、感染和带动学生，才能培养出具有创新意识和创新能力的学生。

教师尤其是教授以培育人才、繁荣学术、发展先进文化和推动社会进步为己任，这是无比光荣的使命。这一神圣的使命同时要求教师在治学研究过程中，应具有追求真理、实事求是、严谨治学、锐意进取、独立创新的科学精神，不断有所创新、有所发明，引领科学文化的进步；能甘于寂寞，淡泊名利，力戒浮躁，潜心钻研，注重学术积累，创造出精品成果；加强团结、和谐合作，在学术研究中相互切磋交流，共同进步提高。在学术诚信出现滑坡的当今，人们呼吁学者要恪守学术诚信，严格遵守学术道德规范，防止科研教研工作中弄虚作假、抄袭剽窃等违背学术规范、侵占他人劳动成果的不端行为以及学术腐败行为。教师在此方面的严格自律更是责无旁贷。

文章的署名

名人简介

钱钟书

钱钟书（1910—1998），江苏无锡人。中国作家、文学研究家。1933 年于清华大学外国语文系毕业后，在上海光华大学任教。1937 年毕业于英国牛津大学，获副博士学位。又赴法国巴黎大学进修法国文学。1938 年秋归国，先后任昆明西南联大外文系教授、湖南蓝田国立师范学院英文系主任。以后在上海暨南大学、中央图书馆和清华大学、北京大学执教、研究或任职。1982—1993 年担任中国社会科学院副院长。其长篇小说《围城》有英、法、德、俄、日、西语译本；《谈艺录》是一部具有开创性的中西比较诗论；多卷本《管锥编》对中国著名的经史子古籍进行考释，并从中西文化和文学的比较上进行阐发、辨析。

名人经验

关于文章署名的话题，大师们留下了一些让人们津津乐道的故事。这里略举两例。

有个叫吴庚舜的年轻人，写了一篇关于白居易《长恨歌》的论文，登门求教钱钟书先生。钱先生给予了热心的帮助，一字一句地斟酌修改。该论文发表前，年轻人过意不去，坚持要让钱先生一同署名。钱先生当然不肯答应。在年轻人一再央求之下，钱钟书先生勉强同意署上了一个“郑辛禹”的笔名。钱钟书先生为什么取“郑辛禹”这个笔名呢？原来，《百家姓》里“郑”在“吴”之后，天干中“辛”在“庚”之后，古代圣贤“尧舜禹”三人“禹”在“舜”之后。如此三个字组成的笔名，尽显大学者谦逊与为人的品格。

在一个偶然的机会里，钱学森发现山西省一位名不见经传的科技工作者张沁文在研究农业系统工程，他极为热情地给予了关怀、帮助和指导。系统工程是研究怎样在最短的时间里，以最少的人力、物力和投资，最有效地应用科学技术的新成就，来完成某一项科研或建设任务。钱学森对张沁文的帮助和指导，是以合作者的姿态出现的。

对于张沁文起草的《农业系统工程》的讲稿，钱学森从观点的阐述、材料的选择到层次的安排，都作了仔细的考虑，并且进行了共同的研究。最后，还亲自动手将讲稿改定。在讲稿署名时，张沁文把钱学森的名字写在前面。这种署名法，似乎是天经地义的。但是，钱学森坚持要把自己的名字放在张沁文的后边，他说："也应以姓氏笔画为序。"他还进一步向张沁文申述了三点理由：一是"发明创造权主要在你"；二是借此"对我国现在流行于科学技术界的'老头子制'表示'反感'和'抗议'"；三是"以你我年龄论，你应居第一线"。

一经几言

不下决心培养思考的人，便失去了生活中的最大乐趣。　——［法］法朗士

黄山是我师

名人简介

刘海粟

刘海粟（1896—1994），杰出的美术家、教育家、美术史家、画家。1912 年创办上海图画美术院并任校长。1918 年在北京大学画法研究会任教，1929 年任法国巴黎格朗休克美术研究院研究员，1945 年后任上海美术专科学校校长。新中国成立后，历任华东艺术专科学校校长，南京艺术学院一级教授、院长、名誉院长。刘海粟是我国近代美术教育事业的奠基人。擅长中国画、油画和书法，以其精湛的艺术成就为中华民族赢得了荣誉。主要著作有《画学真诠》《中国绘画上的六法论》《黄山谈艺录》等。

名人经验

刘海粟一生最爱黄山，一生最重要的作品很多以黄山为题材，可以说黄山是

刘海粟艺术的源泉，刘海粟给黄山增添了艺术内涵。从刘海粟1918年第一次跋涉黄山到1988年第十次登临黄山，跨度达七十年之久，几乎包括了他一生的艺术实践活动。单就七十年来十上黄山的壮举，就破了历代画家的登临纪录。他以黄山为题材创作的作品，包括速写、素描、油画、国画，总量蔚为壮观。他在十次登临中体现出来的不断攀援、不断超越的品格精神，更是启迪和激励后者。

1918年刘海粟第一次上黄山，是带着为探求美专办学方向，寻找中国美术发展的新路而来的。他在汤口买了几个馒头，徒步爬山，黄山的绚丽景色和变幻莫测的神奇气势给他留下深刻的印象，从此他与黄山结下了不解之缘。1988年7月12日，93岁的刘海粟第十次登上黄山，在山上30多天创作精品30多幅，这不能不说是美术界的一个创举和奇迹。

刘海粟的艺术风格，既有中国传统艺术的底蕴，又吸收西方艺术的优点，贯中西融合之，油画里有中国画的意境，而中国画里却有油画的现实感，最著名的便是他所画的黄山，运用云雾弥漫来分别峰峦的层次，用同类的笔法来勾勒山石枝丫的形态，用同样的韵律来表现大自然的生命。

刘海粟说："黄山是我的老师，她的美诱发了我的灵感，使我创造了很多艺术作品。在我的眼里，变幻的烟云，在光的作用下，就像墨和彩泼在白纸上一样，我的泼墨泼彩新画法就是黄山教我的。""黄山是我师，我没有老师，我到黄山学了很多东西。我拥抱黄山，吞吐黄山，我来看我的老师。昔日黄山是我师，今日我是黄山友。"

一经几言

不知而不能问，非智也。

——《国语·鲁语上》

珍惜"碎布头"时间

名人简介

苏步青

苏步青（1902—2003），原名苏尚龙，浙江省平阳县人。共产党员，中国科学院院士，中国杰出的数学家，被誉为数学之王。与棋王谢侠逊、新闻王马星野并称"平阳三王"。主要从事微分几何学和计算几何学等方面的研究。他在仿射微分几何学和射影微分几何学研究方面取得出色成果，在一般空间微分几何学、高维空间共轭理论、几何外形设计、计算机辅助几何设计等方面取得突出成就。曾任中国科学院学部委员、多届全国政协委员、全国人大代表，第五、第六届全

国人大常委会委员，第七、第八届全国政协副主席和民盟中央副主席，浙江大学数学系主任、复旦大学校长等职。1978 年获全国科学大会奖。

名人经验

苏步青教授平时惜时如金，就连饭前饭后、会前会后的间隙——苏老称之为“碎布头”时间——也不让它轻易流逝。

他的教学、科研任务很重，社会活动也很多，抽不出专门的时间来著书立说。他的专著《仿射微分几何》英文版内容提要，就是利用每天晚上的“碎布头”时间完成的。该书的第三章《仿射曲面论的几何结构》是 1980 年 8 月下旬至 9 月初，利用全国人大五届三次会议的间隙写成的。会议很紧张，写书的时间从哪儿来呢？苏老说：“除了用几个晚上看电影和讨论提案外，其余时间都用来写作。每晚工作两三个小时，加在一起就很可观了。别看时间零碎，分分秒秒的时间好比‘碎布头’，只要充分利用，能做不少的事呢！”

多年来，苏步青教授从未有过一个完整的休息日。1978 年全国科学大会以后，他曾经在一个会议上正式宣布：“从此以后不要星期天了。”有一次，他的一个外孙从家乡浙江平阳来上海探亲，知道他平时很忙，专等星期日去看望，哪知连等六个星期日次次扑空。除了利用“碎布头”时间外，星期日就是他最完整的工作时间。

一经几言

发愤忘食，乐以忘忧，不知老之将至云尔。　　——《论语·述而》

善采众长　提携后学

名人简介

王力

王力（1900—1986），广西壮族自治区博白县人。中国语言学家、教育家、翻译家、中国现代语言学奠基人之一、散文家和诗人，北京大学中文系一级教授。1932 年留学回国后，历任清华大学、燕京大学、广西大学、昆明西南联合大学教授，岭南大学教授、文学院院长，中山大学教授、文学院院长、语言学系主任。1954 年调北京大学任教授。历任中国文字改革委员会委员、副主任，国家语言文字工作委员会顾问，中国科学院哲学社会科学部委员，中国语言学会名誉会长，中国逻辑与语言函授大学名誉校长。

名人经验

王力是我国现代语言学的奠基人之一，也是著名的教育家、诗人、散文家和翻译家。他治学既严谨缜密，又善博采众长，一贯鼓励学生和年轻人不要墨守师说，要努力创新。他曾说："如果墨守师说，学术就没有发展了。"

王力丝毫不摆权威的架子，对正确的意见总是给予肯定。他在 1937 年发表的论文中认为上古汉语没有系词，系词是六朝时才有的。对此洪诚发表文章提出质疑，后来王力在《汉语史稿》里特地加上这样一段话："1956 年夏天，洪诚先生对我说，《论衡》里有许多系词的例子。我因此得以修正我的结论，谨以致谢。"王力的学生董同和向他提出关于古韵脂微分部说的见解，并对他的分部标准提出了修正意见。王力对此大为赞赏，1958 年《汉语史论文集》出版时，王力特地将董的意见作为附录，并注明："董同和的《上古音韵表稿》有一节脂微分部问题，对我的脂微分部有所阐明、补充、修正。兹附于后，以供参考。"

这样的事例有很多。20 世纪 50 年代末至 60 年代初，郑张尚芳写信来和王力讨论上古歌部的拟音问题，王先生采纳了他的意见；20 世纪 70 年代末，王力接受李思敬对其《音韵学初步》写的"万言书"；20 世纪 80 年代初，复旦大学研究生朱晓农发表文章对他关于古代日母音值的见解提出修订的意见，他公开答复予以肯定。

一经几言

古人学问无遗力，少壮工夫老始成。

——陆游《剑南诗稿·冬夜读书示子聿》

严谨治学的章太炎

名人简介

章太炎

章太炎（1869—1936），名炳麟，号太炎。中国浙江余杭人。清末民初民主革命家、思想家、中国近代著名朴学大师。研究范围涉及历史、哲学、政治等等，著述甚丰，约有 400 余万字，有《章太炎全集》等。1905 年在东京开设国学讲习班，1922 年在上海讲学，曹聚仁据记录整理为《国学概论》。1935 年，于苏州开设章氏国学讲习会。北京大学有名的教授如黄侃、朱希祖、钱玄同、鲁迅、沈兼士等大多出于章太炎的门下。

名人经验

章太炎精通文字、音韵、训诂学，对于国学的各个方面都有精深的造诣。他治学严谨，提倡学有所据，语有确证，广征材料，以求明辨。

1918 年，章太炎退出了政界活动，专心致力于国学的研究。1934 年他迁居苏州，设立了章氏国学讲习会。章太炎早年师事经学大师俞樾，在杭州“诂经精舍”研读 7 年，他把“诂经精舍”的“精研故训，尊考事实”的原则作为治学的座右铭，他总结了自己多年的治学经验，提出了治学的六条要则：“①审名实，②重佐证，③戒妄牵，④守凡例，⑤断情感，⑥汰华辞”。他提出了要概念准确，注重证据、避牵强附会、免主观臆断、须谦虚谨慎、应实事求是、戒浮夸雕凿等治学的态度、方法、作风等方面的重要原则，并回顾了自己的治学道路、总结出学、熟、博、精的发展过程。

章太炎严谨科学的态度和锲而不舍、孜孜不倦的探索求知精神，使他在经学、文学、史学、文字、音韵学等方面成为深有造诣的学者。他著的《文始》是我国汉语史上第一部理论、方法、体例都粗具规模的语源学著作，而他的《国故论衡》被胡适认为是两千年来中国可称得上“著作”的几部书之一。

一经几言

积累之要，在专与勤。屏绝它好，始可谓之专；久而不倦，始可谓之勤。

——王岩叟

敢于创新的刘墉

名人简介

刘墉

刘墉（1719—1804），字崇如，号石庵。清代书画家、政治家。刘墉是乾隆十六年的进士，历任吏部尚书，体仁阁大学士。刘墉不仅是政治家，更是著名的书法家，是帖学之集大成者，是清代四大书家之一，其传世书法作品以行书为多。刘墉兼工文翰，博通百家经史，精研古文考辨，工书善文，名盛一时。著有《石庵诗集》刊行于世。

名人经验

清朝的时候，有一个和翁方纲、梁同书齐名的书法家，叫刘墉。他非常注意学习名家的长处，大胆创新，写出了自己的风格。

刘墉因为敢突破老的写法，受到了当时的一些思想保守的书法家的指责，翁方纲就是其中一个。

翁方纲有一个女婿是刘墉的学生。有一次，这个学生去看望岳父，正碰上翁方纲在练字，写的还是他练了一辈子的字体，一笔一画都完全按古人的要求，不改动一笔。这个学生因为受到老师刘墉的影响，对老岳父墨守成规看不惯，就拐弯抹角地说："岳父，您和我的老师都是当代的大书法家，我从来没有听您评论我的老师的书法。您今天给我谈谈吧！"翁方纲放下笔，看了看他的女婿，说："你回去问你的老师，他写的字哪一笔是古人的？"

这个学生真的回去问老师。刘墉笑了笑，说："你回去也问你的岳父，他写的字哪一笔是他自己的？"这互相间的问话，反映了他们对待书法艺术的不同见解，一个守旧，一个创新。后来这个故事成了书法史上的佳话。

据说刘墉握笔的姿势也是很奇特的。他在客人面前写字的时候，笔正腕端，采用传统的握笔方法。但是，他自己在内室书房写字的时候，就不论写大字写小字，都转动笔管，飞快地书写。笔随手指前后左右旋翻飞动，像狮子滚绣球一样。他写得兴奋的时候，甚至笔管脱手飞落到地上。可惜这种方法没有传下来。

一经几言

君子之学，或施之事业，或见于文章。

——欧阳修

教授窑洞写春秋

名人简介

范文澜

范文澜（1893—1969），我国著名历史学家。浙江绍兴人。1917年毕业于北京大学。1918年，于沈阳高等师范学堂任教。从1920年到1925年先后在河南省卫辉一中、天津南开中学、南开大学任教。1927年下半年在北京大学、师范大学、女子师范大学、中国大学、朝阳大学、中法大学、辅仁大学任教。1933年暑假后，任女子文理学院院长。

名人经验

1940年新春伊始，范文澜脱下教授的长衫，穿上抗日战士的军装，从中原游击战场来到延安宝塔山下。到达延安后，毛泽东向担任马列学院历史研究室主任的范文澜交代了一项著作任务：要求他在短期内编出一本篇幅约有十来万字的中国通史，为广大干部学习之用。

范文澜一家三口人住在一孔窑洞里，寝室、书房、客厅、餐厅加厨房全挤在里头。最里边支着一个大床铺，前面靠窗户处用几块木板钉上四条木棍做成一个大案子。算是工作台兼餐桌了。桌后贴近墙壁处摆一个长方凳子，范文澜就坐在这个凳子上，开始了《中国通史简编》的写作。

范文澜夜以继日地伏案工作，晚上是没有电灯的，只有一盏小油灯，而且常常只能点蓖麻油，烟雾腾腾，非常熏人。范文澜总是埋头在这昏黄的灯光下写个不停。写到实在累了，就靠在土墙上稍稍休息片刻，并抽几口当地出产的烟叶解解乏。当时延安的纸张极为缺乏，范文澜用的稿纸质量很差，不好写字，而且反光刺眼睛。

范文澜在写《中国通史简编》时，为了写好“中国文化”一节，他通读了《全唐诗》，有人对此不解，认为花时太多，用什么读什么就可以了，何必通读？范文澜的回答是：“我不通读，怎么知道该用什么，不该用什么?!”他就是这样在充分占有材料的基础上，通过具体细致的分析，而后得出自己的见解的。

窑洞中的油灯陪伴着范文澜，很快，从内容到风格都使人耳目一新的书稿写好了。1941年出版了上册，写的是自远古至五代、十国的历史；中册写了从宋辽到清中叶的历史，1942年出版；下册只完成了鸦片战争到义和团运动部分，题名为《中国近代史》上册，于1946年出版。后来将上、中册合称为《中国通史简编》。到抗战胜利时，范文澜已写成了《中国通史简编》上册、中册近六十万字，下册三十余万字，《中国近代史》约二十万字。

一经几言

普遍的定律表现在特殊的现象里，而特殊的事例里常掺杂有许多外来的因素，只有用最巧妙的心思才能将它们分开，而发现定律。　——［法］拉普拉斯

朱自清虚心严谨治学

名人简介

朱自清

朱自清（1898—1948），原名自华，号秋实，字佩弦，后改名自清，江苏扬州人，原籍浙江绍兴，故自称“我是扬州人”。现代著名散文家、诗人、学者、民主战士。其散文朴素缜密、清隽沉郁、语言洗炼、文笔清丽、极富有真情实感。他以独特的美文艺术风格，为中国现代散文增添了瑰丽的色彩，为建立中国现代散文全新的审美特征创造了具有中国民族特色的散文体制和风格。

名人经验

朱自清原名朱自华，1917年报考北大本科，为了勉励自己在困境中不丧志、不灰心、保持清白，便取《楚辞·卜居》“宁廉洁正直以自清严”中“自清”二字，改名“朱自清”。

朱自清在其散文名篇《荷塘月色》中提及了蝉，有人说蝉在夜晚是不叫的。他请教昆虫学家后说：“我们往往由常有的经验作推论。例如有些蝉子夜晚不叫，推论到所有的蝉夜晚不叫。”

有一次，朱自清在发还给一个学生分段标点古文的作业本上，校改了几处标点。过了几天，当他看见那个学生时，又特地声明说有一个标点还是原来点的对，不要改。即使是一个标点，学生对了就照学生的办，并不以自己是师长而固执己见。

朱自清毕业于北大哲学系，虽然后来他专攻文学和从事语文教学，但哲学是他的本行。可是，在抗战时期，为了更多地了解马克思主义哲学，他却向自己的学生借了艾思奇的《大众哲学》来看。当时一个学生对他说：“朱先生可以看看更深一些的哲学书。”他谦虚地说：“我过去对这方面了解很不够，要从头学起，要从初步的东西学起。”

朱自清去世，许德珩为他写下这样的挽联：“教书三十年，一面教一面学，向时代学向青年学，生能如斯君诚健者；存留五一载，愈艰苦愈奋斗，与丑恶斗与暴力斗，死而后已我哭斯人。”

一经几言

时过然而学，则勤苦而难成。——《礼记·学记》

“论敌”相亲

名人简介

朱熹

朱熹（1130—1200），南宋徽州婺源（今属江西省婺源县）人。南宋著名的思想家、哲学家、教育家、诗人，闽学派的代表人物，世称朱子，理学的集大成者。1164 年，朱熹在故里修起“寒泉精舍”，编写了大量的道学书籍，并从事讲学活动，生徒盈门。1167 年，在岳麓书院与张栻会讲三月，盛况空前，学生多达千人之众，是为著名的“朱张会讲”。1178 年朱熹在庐山建立“白鹿洞书院”进行讲学。1181 年朱熹解职回乡，在武夷山修建“武夷精舍”，广招门徒，传播理学。1193 年朱熹任职于湖南，主持修复了四大书院之一岳麓书院。陆九渊（1139—1192），南宋著名哲学家、教育家。抚州金溪（今属江西）人。与当时著名理学家朱熹齐名，史称“朱陆”。陆九渊是中国“心学”的创始人。明代王阳明发展其学说，成为中国哲学史上著名的“陆工学派”，被后人称为“陆子”。

名人经验

南宋时代，著名的哲学家、教育家朱熹和哲学家、教育家陆九渊是一对“论敌”。

朱熹旗帜鲜明地提出自己的见解：“要教育学生明白道理，必须多读书。”

陆九渊则针锋相对地提出：“道理存在于人们的思维中，书读多了反而糊涂。”

朱熹不同意这种观点，拍案而起：“治学不破万卷书，怎能有出息？”

陆九渊则怒发冲冠了，他坚持道：“书籍堆积如山，何年何月才能读完？”

这两位当时颇有影响的学者常常唇枪舌剑，据理争论，十几年没有个结论。

但是，治学思想的分野并没有妨碍他们的友情。他们互拜为师，取长补短，完全没有门户之见。

后来，朱熹在庐山脚下办起了白鹿洞书院，热情邀请陆九渊前来讲学，“论

敌”欣然前往。他深刻细致地剖析科举制度之弊端的讲演，使许多身受其害的学生得益匪浅，他们痛哭流涕，悔恨莫及。

朱熹对陆九渊的讲课倍加赞赏，亲自为陆九渊的讲义题跋，并将陆九渊的治学警句镌刻在石碑上，立于书院门口。

一经几言

时间是最公平合理的，它从不多给谁一分，勤劳者能叫时间留下串串的果实，懒惰者只能让时间留给他们一头白发、两手空空。——［苏］高尔基

孔子学琴

名人简介

孔子（公元前551—前479），名丘，字仲尼，汉族，春秋时期鲁国陬邑（今山东曲阜市南辛镇）人，先祖为宋国（今河南商丘市夏邑县）贵族。中国古代的大思想家和大教育家、政治理论家，儒家学派的创始人。

孔子

名人经验

师襄子是春秋时的一个乐官，善于弹琴、击磬。据史料记载，孔子曾拜他为师学琴。

孔子学习很认真，一边学习还一边思考。开始时，他向师襄子学了一支曲子，练了十来天，还在不停地练。师襄子对他说：“差不多了，再学一支曲子吧！”

孔子却回答说：“我才学会了谱子，还没有掌握它的技法呢！”

过了一些日子，师襄子见孔子已基本上掌握了曲子的技法，就对孔子说：“你已经掌握了技法，这回可以学习另一支曲子了。”

孔子认为还不行，便答道：“我还没有体会出这支曲子所表现出来的思想感情呢！”

又过了一些时候，师襄子告诉孔子说：“你已经弹出了思想感情，可以学习新曲子了。”

孔子又说：“我还弄不清作曲子的是什么样的人呢！”于是又继续练下去。

就这样，过了好长时间。有一天，孔子高兴地跑来对师襄子说：“我已经了解曲子的作者了。黑黑的面孔，高高的身材，两眼仰视，一心想着以德服人，感化四方。除了周文王，还能有谁呢?!”

师襄子高兴地说：“一点不错，这支曲子正是《文王操》啊!”

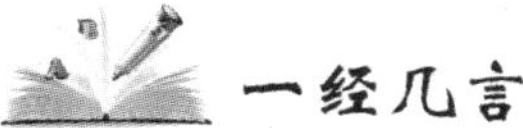

一经几言

瞬间的洞察力，其价值有时相当于毕生的经验。 ——［美］霍姆斯

喝啤酒喝出“气泡室”

名人简介

格拉塞

格拉塞（1926—?），美国物理学家、气泡室的发明者。曾先后在美国凯西理工学院和加利福尼亚理工学院取得科学学士学位、哲学博士学位。1949—1959 年，格拉塞受聘于美国密歇根大学担任物理学教研工作，1952 年秋开始他的气泡室实验；1959 年以后，转到加利福尼亚大学工作；1961 年担任国家科学基金委员会研究员；1961—1962 年，担任古根海姆研究员；1962—1964 年，格拉塞是伯克利加利福尼亚大学的一位有名的生物物理学家，从事生物物理的教学与研究；1964 年后任加利福尼亚大学物理学教授及分子生物学教授，后在伯克利加利福尼亚大学分子生物—病毒实验室任职，从事微生物、分子生物学和细胞生物学研究。

名人经验

一些著名科学家的发明创造，是在日常生活中观察平常的事物，引发联想，通过举一反三，从而揭开一个又一个科学之谜的。

从 1949 年秋季起，年轻的格拉塞在密歇根大学物理系任教，这段时间他的主要研究兴趣是基本粒子，特别是奇异粒子。1952 年的一天，格拉塞正在为如何探测高能粒子运动径迹而苦思冥想。他一边往酒杯里倒啤酒，一边在思考着。突然，他的目光被冒着气泡的啤酒吸引了。他注意到杯底和杯壁有小气泡产生。科学家特有的敏感和思维使他产生联想：“能不能利用这个原理来显示基本粒子运行的径迹呢?”

于是格拉塞立即动手，他用乙醚代替啤酒做起了试验。当他把放射性同位素钴 60 放射伽马粒子投入乙醚中时，果然产生了许多小气泡，从而显示出粒子的径迹。不久，格拉塞根据这一简单的道理，设计发明了“气泡室”这种检测高能粒子运动径迹的实验工具。从此他就致力于发展各种不同类型的气泡室，以用于高能核物理实验，特别是用于宇宙线级加速器和十亿级加速器方面。

格拉塞的“气泡室”使后来不少科学家得心应手地发现了许多新的基本粒子。而他凭这个从喝啤酒产生灵感而得出的研究成果，摘取了1960年诺贝尔物理学奖的桂冠。

一经几言

闻见广则聪明辟，胜友多而学易成。——魏源《默觚下·治篇九》

身陷囹圄，十年科研不寻常

名人简介

姚守拙

姚守拙（1936— ），分析化学、化学与生物传感器专家。上海松江人。1954年赴苏，就读于列宁格勒大学化学系。1959年回国先后任教于清华大学、湖南大学、湖南师范大学，并任同济大学兼职教授、德国Trier大学客座教授。1999年当选为中国科学院院士。曾任湖南省政协副主席，农工民主党湖南省主委。主要从事新型化学与生物传感器的研究，在发展交叉学科建立新型化学与生物传感理论与技术方面有突出贡献。提出的压电液相振荡性能定量关系式被国际学术界称为“姚—周公式”。压电晶体液相振荡传感及药物电极的理论与应用研究1993年获国家自然科学奖。出版《压电化学与生物传感》等多部专著。

名人经验

姚守拙院士漫长的科研教学生涯中，有一段离奇的科研经历鲜为人知。

20世纪50年代，姚守拙院士被国家派往苏联留学，1959年年底毕业回国任教于清华大学，1962年调入湖南大学筹建放射化学专业。1966年“文化大革命”开始，他首当其冲成了学校最年轻的“黑鬼”，被关进了牛棚。随后，他和学校老校长朱凡一起被关在一间破旧平房里。白天劳动，晚上回到小屋，没有自由。

1970年姚守拙受迫害升级，被判了十年徒刑。开始他在一个劳改农场“服刑”。1975年湖南省第一监狱因工作需要将他“调”去，当时该监狱对外称湖南电机厂，里面一位好心的胡姓监狱长安排了3万元的科研经费，让他带领一帮人进行科研工作。当时他患肺结核很严重，加之在监狱里既无文献可查，又不了解国内外的研究动态，更没实验设备，要搞科研难于上青天。

姚守拙接受的科研任务是“钠硫电池的研制”，凭着坚实的基本功和仅有的几份借来的资料，他以课题组的技术负责人和被管教的犯人的双重身份，开始了科研工作。实验开始后，姚守拙白天晚上都没离开过试验场地。钠硫电池的关键就是烧管子，烧管子的窑炉是他和其他几位有关人员设计的，而窑炉又是他带着犯人砌出来的，要烧出一根合格的管子真不容易。经过反复实验，他们终于烧出了多批合格的管子，组装出了性能良好、可多次充放电、寿命较长的电池组。监狱的干部拿到上海去做对比实验发现，管子的有些性能比有关研究单位的还要好。经过一年多的努力，他们的钠硫电池研制成功，达到了当时国内先进水平。

姚守拙虽身陷囹圄，但他忘不了国家和人民对他的培养，忘不了善良的人们给予他的帮助和支持，牢狱之灾并没有改变他对科学的信念和执著的追求。在监狱里，他根据实际工作需要筹建了有色金属、电镀、炉前分析化验室，建立了很多快速分析方法，大大提高了工作效益，也规范了很多工艺操作流程。随后他又进行了无氰有色金属快速分析研究，以监狱的名义发表论文9篇，并在1978年无氰分析学术会议上交流推广。这项研究成果在很多工厂使用，效果很好。姚守拙还建立了关于催化释放反应的新机理，纠正了国外学者Singh等提出的错误理论。文章整理出来以后，监狱出示证明同意他这个劳改就业人员以个人的名义寄到国家权威性学术刊物发表，这篇文章很快发表在1980年《科学通报》上。

“做人铮铮铁骨，做事认认真真，问心无愧，为祖国和人民作一份应有的贡献，献上一份合格的答卷。”—这是姚守拙院士的朴实心声，也是一位东方赤子的真实写照。

一经几言

悟处皆出于思，不思无由得悟；思处皆缘于学，不学则无可思。学者所以求悟也，悟者思而得道也。

——陆世仪

夏尔布里津的遗憾

名人简介

缪勒

柏诺兹

缪勒（1927— ），出生于瑞士巴塞尔。19 岁曾在瑞士军队中接受军事训练，然后进入苏黎世瑞士联邦工业学院，毕业后他曾到联邦工业学院的工业研究部工作一年。1958 年在瑞士联邦工业大学获得博士学位后，来到日内瓦巴特尔研究所工作，后来任核磁共振组的主任。1962 年他被任命为苏黎世大学讲师，1970 年升任教授。1963 年缪勒到国际商用机器公司（IBM）的苏黎世研究实验室，继续从事物理学研究。后来还到 IBM 在美国纽约州的纽约城高地的华生研究中心工作了两年。柏诺兹（1950— ），出生于德国威斯特瓦诺因基星。1976 年 2 月 6 日，柏诺兹从明斯特大学毕业，移居瑞士苏黎世。1977 年柏诺兹来到瑞士联邦工业大学固体物理实验室；1982 年加入 IBM 并工作了 10 年。从 1983 年开始和缪勒合作。1987 年缪勒和柏诺兹因高温超导电性的研究获诺贝尔物理学奖。

名人经验

1911 年，荷兰物理学家、莱顿大学的卡曼林·昂内斯发现，水银在低温－269℃时电阻几乎完全失去而成为超导体。两年后这一重大发现使他荣获了诺贝尔物理学奖。此后许多物理学家均致力于揭开超导秘密，以实现使电流永远流动的梦想，然而难度很大，进展非常缓慢。

夏尔布里津教授是苏联著名无机材料专家。早在 1978 年他便率先合成了镧铜氧化物，并发现该物质具有在温度下降时电阻会趋于减少的特征。他在国内研究期刊上公布了这一发现，并对镧铜氧化物晶体的组成和结构作了论述。第二年，他的论文被译成了英文。此后，夏尔布里津因经费匮乏一度中断了试验，到 1980 年才恢复研究工作。夏尔布里津在 1981 年的一次试验中，发现当温度降低到－233℃时，镧铜氧化物的电阻消失。夏尔布里津对这一异常现象没有继续探究。不过，他还是把此事告诉了一位同事，同事认为可能是一种表面异常现象。结果该研究便半途而废了。

1986 年，在美国国际商用机器公司苏黎世研究所的瑞士物理学家卡尔·缪勒和德国物理学家约翰尼斯·柏诺兹宣布：他们发现一种在－243℃时具有超导

电性的陶瓷材料，且这种由钡、氧化镧、铜和氧制成的陶瓷易于制作。此后不久，他们又发现利用远较液氦便宜的液氮作冷却剂，根据同样制作原理制成的一种陶瓷甚至在－173℃时便呈现出超导电性。与金属导体相比，这是一个巨大的进展，因为它可消除令人感到麻烦的音障。这是 1911 年昂内斯发现超导现象后 75 年来最重大的发现，为寻找更具广泛应用价值的高温超导材料奠定了基础。于是，这两位科学家便以新型超导材料的发现者而荣获 1987 年度诺贝尔物理学奖。

两位科学家的重大发现，在全世界掀起了超导热，各国科学家试图寻找出更高临界温度的新型超导材料。而夏尔布里津教授由于没有抓住 1981 年那次实验的契机，结果让一个重大科学发现的荣耀旁落他人。

一经几言

相从勉讲学，事业在积累。

——陆游

青霉素的发现到制成医用

名人简介

弗莱明

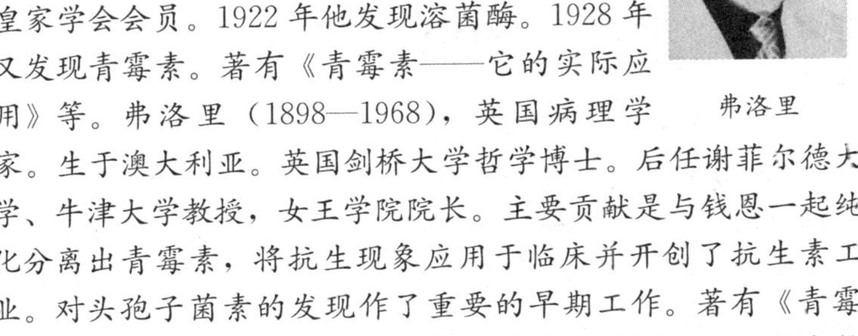

弗洛里

钱恩

弗莱明（1881—1955），英国细菌学家，青霉素的发现者。第一次世界大战时任军医，后历任皇家外科医师学院教授、伦敦大学教授、瑞特—弗莱明研究所所长。1943 年当选为英国皇家学会会员。1922 年他发现溶菌酶。1928 年又发现青霉素。著有《青霉素——它的实际应用》等。弗洛里（1898—1968），英国病理学家。生于澳大利亚。英国剑桥大学哲学博士。后任谢菲尔德大学、牛津大学教授，女王学院院长。主要贡献是与钱恩一起纯化分离出青霉素，将抗生现象应用于临床并开创了抗生素工业。对头孢子菌素的发现作了重要的早期工作。著有《青霉素——一种化学治疗剂》等。钱恩（1906—1979），现代生物化学家。原籍德国。柏林大学毕业。1930—1933 年在柏林慈善医院病理研究所做研究工作。1933 年去英国剑桥大学工作。1935 年至牛津大学与弗洛里一起研究青霉素，分离和提纯了青霉素。1945 年去罗马高级卫生研究院任

生物化学教授，1948 年任该院化学微生物学国际研究中心科研主任。1961 年回英国任伦敦大学帝国科技学院生物化学教授。他还发现了青霉素酶，并对肿瘤代谢、胰岛素代谢等作了有价值的研究。与弗莱明、弗洛里一起共获 1945 年诺贝尔生理学医学奖。

名人经验

1928 年，刚被任命为细菌学教授的英国医学家弗莱明迎来了他一生中最重要的发现。那是夏天里的一个早晨，他早早来到实验室，正准备用显微镜观察培养皿里的葡萄球菌，突然，他的目光落在一只被污染了的培养皿上，这是一只偶然没有加盖的培养皿，他注意到上面有一种来自空气中的绿色霉菌已开始繁殖，在其周围原来生长的葡萄球菌全部消失了，出现了一些干净的区域。他立刻意识到正是这些绿色霉菌产生了杀死葡萄球菌的物质。他把这种霉菌称为“青霉菌”，把这种物质称为“盘尼西林”。他想，若能把这种青霉菌分泌的物质提取出来，该有多好!

弗莱明把这些青霉菌收集培养起来，使之迅速繁殖，并且还在实验中证明盘尼西林对葡萄球菌有极强的杀伤力，而对另外某些细菌无杀伤效果，并且用小白兔做动物试验表明没有损害，有医学价值。后来，他把盘尼西林命名为青霉素，并提出青霉素不干扰白血球的功能，对试验动物无害，可能是一种适合于注射的杀菌剂。

在实验室中得到的只是粗制的青霉素滤液，不能直接用于人体。而要提出医用青霉素，需要经过青霉菌的培养、滤液的浓缩、提炼和烘干等一系列过程。弗莱明最终未能正确地分离和确定这种化合物。

十多年后，澳大利亚病理学家弗洛里和德国生物化学家钱恩从青霉素的滤液中提炼出青霉素粉末，发现把它稀释到二百万分之一，也足以杀死细菌，其杀菌能力是史无前例的。在二战后期，青霉素的工业生产制造已获成功，并在战场上发挥了巨大效用。

从 1928 年弗莱明发现青霉素到 1944 年制成医用青霉素，历时 16 年，这项发现是弗莱明、弗洛里和钱恩及其合作人员集体智慧的结晶，是不同学科的科学家共同协作的杰出范例。这项研制的成功，开创了医药科学的新纪元，是在二战中堪与原子弹和雷达并驾齐驱的三项重大发明之一。1945 年，弗莱明、弗洛里和钱恩一起获得诺贝尔生理学医学奖。

一经几言

虚假的学问比无知更糟糕。无知好比一块空地，可以耕耘和播种；虚假的学

问就像一块长满杂草的荒地，几乎无法把草拔尽。　　——［意］康图

把 Good Idea 都讲出来

名人简介

冯·卡门（1881—1963），匈牙利犹太人。美国工程力学大师，航天技术理论的开拓者。1902 年毕业于约瑟夫皇家工业大学。1904 年入德国哥廷根大学深造，1908 年获博士学位。在“空气动力学之父”普朗特指导下完成空气动力实验，研究边界层分离现象，提出著名的“卡门涡街”理论。1926 年阐明并建立“湍流”概念。1938 年指导钱学森等人成立火箭研究小组，这个小组后来发展成为闻名于世的加州理工学院喷气推进实验室。

冯·卡门

名人经验

钱学森是在 20 世纪 30 年代去美国的。他回忆说，在加州理工学院，创新的学风弥漫整个校园，可以说，整个学校的一个精神就是创新。在这里，你必须想别人没有想到的东西，说别人没有说过的话。拔尖的人才很多，你得和他们竞赛，才能跑在前沿。这里的创新还不能是一般的，迈小步可不行，你很快就会被别人超过。你所想的、做的，要比别人高出一大截才行。

加州理工学院校园学术气氛非常浓厚，学术讨论会十分活跃，互相启发，互相促进。你真的有本事，就不怕别人赶上来。在一次学术讨论会上，钱学森的老师冯·卡门讲了一个非常好的学术思想，美国人叫“Good Idea”，这在科学工作中是很重要的。有没有创新，首先就取决于你有没有一个“Good Idea”。所以马上就有人说：“卡门教授，你把这么好的思想都讲出来了，就不怕别人超过你？”卡门说：“我不怕，等他赶上我这个想法，我又跑到前面老远去了。”

一经几言

一个科学技术工作者，如果他抱定了为社会主义祖国的富强、为人类幸福前

途服务的崇高目的，在工作过程中，不断攻破自然秘密，发现新世界，创造新东西，去开辟人类浩荡无际、光明灿烂的前景，那么他的生活就会是多么幸福、愉快、生动活泼。

——李四光

不要怕露愚蠢

名人简介

尼尔斯·亨利克·大卫·玻尔（Niels Henrik David Bohr，1885—1962）丹麦物理学家，哥本哈根学派的创始人，曾获1922年诺贝尔物理学奖。他通过引入量子化条件，提出了玻尔模型来解释氢原子光谱，提出对应原理，互补原理和哥本哈根诠释来解释量子力学，对20世纪物理学的发展影响深远。

玻尔

名人经验

著名的丹麦物理学家玻尔于1913年提出氢原子结构和氢光谱的初步理论。他在原子核反应理论等方面有重要贡献，被尊为当时的物理学权威。

他不仅精通核物理学，而且虚怀若谷，善于团结大多数科学家一道工作。当时，许多国家的科学家，如海森堡、玻姆·迪拉克和朗道等，都聚集在他的周围，形成了有名的“哥本哈根学派”，为量子力学和量子场论的诞生以及粒子物理的未来作出了重大的贡献。

有一次，玻尔访问以治学森严而著称的苏联物理学家朗道所在的莫斯科物理问题研究所。人们问玻尔：“你创建了一个第一流的物理学派，有什么秘诀?”“为什么总有大批优秀的青年科学家聚集在你的周周?”

玻尔幽默含蓄地回答说；“也许是因为我不怕在年轻的学生面前显露自己的愚蠢。”不巧，朗道的助手栗弗席兹把玻尔的话错译成：“也许因为我不怕在我的学生们面前显露他们的愚蠢。”全场听众顿时为之哗然。栗弗席兹急忙向大家致歉。

一经几言

一个能思考的人，才真正是一个力量无边的人。　　——［法］巴尔扎克

有准备的头脑

名人简介

查德威克

查德威克（1891—1974），英国物理学家。学于曼彻斯特大学、柏林大学和剑桥大学。曾任利物浦大学教授，剑桥大学冈维尔和凯厄斯学院院长，英国皇家学会会员。和卢瑟福一起研究元素的蜕变和原子核的性质。1932 年利用粒子轰击铍核而发现新的基本粒子——中子，因此获得 1935 年诺贝尔物理学奖。

名人经验

1920 年，英国著名原子物理学家卢瑟福就曾预言，在原子内可能存在一种质量与质子差不多的中性粒子。他曾就此内容到法国作了演讲。1923 年，查德威克因原子核带电量的测量和研究的出色成果被提升为剑桥大学卡文迪许实验室副主任，与主任卢瑟福共同从事粒子的研究。

1928 年，德国物理学家玻特和贝克通过实验获得一种穿透性很强的辐射。他们简单地认为这种神秘的射线不过是一种电磁波，便没有深究。而这次却引起了著名科学家居里夫人的女婿和长女约里奥·居里夫妇的注意，他们继续了玻特等人的研究，进而用实验证明这种射线不可能是电磁波。他们公布了关于石蜡在“铍射线”照射下产生大量质子的新发现。

查德威克立刻意识到，这种射线很可能就是由中性粒子组成的，这种中性粒子就是解开原子核正电荷与它质量不等问题的钥匙！于是，他立刻着手研究约里奥·居里夫妇做过的实验，用云室测定这种粒子的质量，结果发现，这种粒子质量和质子一样，而且不带电荷，他称这种粒子为“中子”。

中子就这样被查德威克幸运地发现了，他解决了理论物理学家在原子研究中遇到的难题，是原子物理研究上的一个突破性进展。后来，意大利物理学家费米用中子作“炮弹”，轰击铀原子核，发现了核裂变和裂变中的链式反应，开创了人类利用原子能的新时代。查德威克因发现中子的杰出贡献，被授予 1935 年诺贝尔物理学奖。

查德威克的成功，一是因为将卢瑟福的假设铭记在心，对中子的概念早有精神准备；二是因为他能及时抓住信息和时机，他一看约里奥·居里夫妇的实验报告，很快按中子的可能性来设计实验，有的放矢。

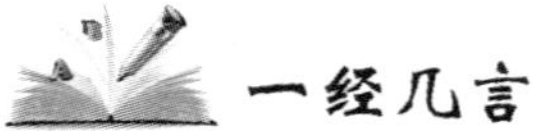

一经几言

在学问上最好的解决问题的方法就是坚持和经常的怀疑。

——［法］阿伯拉尔

愧疚感的补偿

名人简介

拉曼

拉曼（1888—1970），印度物理学家。马德拉斯大学博士，加尔各答大学教授，印度科学院物理学部主任和拉曼研究所所长，从事光散射的实验研究。他首先指出散射光中有新的不同波长成分，它和散射物质的结构密切有关，该现象后称拉曼效应。他由于上述成就获1930年诺贝尔物理学奖。著有《一种新的辐射》。

名人经验

1930年诺贝尔物理学奖授予了印度加尔各答大学的拉曼，以表彰他研究了光的散射和发现了以他的名字命名的定律。

1921年，拉曼在英国皇家学会上作了声学与光学的研究报告，在地中海一艘轮船上载誉而归。当他在甲板上散步时，一对母子的谈话引起他的注意。

“妈妈，这大海叫什么名字?”

“地中海。”

“为什么叫地中海?”

“因为它夹在欧、亚、非三洲之间。”

“海水为什么是蓝色的?”

母亲答不上来，拉曼过去告诉他：“因为它反射天空的颜色。”

这个答案是英国物理学家瑞利说的，但是谁也不知道到底对不对。

拉曼虽然回答了，但心中无比愧疚。他觉得自己已使那位追求“未知”的儿童的好奇心丧失了。而且这个答案是自己也不肯定的，这样的错失，可能会害了一个人。

于是拉曼着手研究海水为什么是蓝色的这个问题。研究的结果，他发现瑞利

的解释证据不足。他证明水分子对光线的散射使海水显出蓝色的机理，与大气分子散射太阳光而使天空呈现蓝色的机理完全相同，进而又发现在固体、液体和气体中一种普遍存在的散射效应，被称之为“拉曼效应”。

1930年，拉曼登上了诺贝尔物理学奖的领奖台，成为亚洲及印度第一个获此殊荣的人。

正是那个小男孩的问号，正是那回答后的愧疚，带他从似乎“已知”，进入“未知”，更进入真正的“已知”。

一经几言

最好的预言家是常识，是我们天生的心智。 ——［古希腊］欧里庇得斯

半夜的灵感

名人简介

勒维

勒维（1873—1961），现代生理学家、药理学家。原籍德国。斯特拉斯堡大学医学博士。曾在马堡大学及维也纳大学执教。1909—1938年任格拉茨大学教授。1940年去美国任纽约大学医学院教授，后入美国籍。主要研究自主神经系统和心脏。首先利用离体蛙心灌注技术发现迷走神经的传递物质及心脏加速物质肾上腺素。与戴尔共同建立化学传递学说，他们两人共获1936年诺贝尔生理学医学奖。著有《神经冲动的体液传导》等。

名人经验

1921年生理学家奥托·勒维正在潜心研究神经活动的机制，特别是有关神经末梢产生的化学物质。

一天晚上，勒维在半夜三点钟醒来，脑海里产生了一个完美的实验设想，可是到了早上，他却无法辨认出在黑暗中草草记下的文字。

第二天夜里三点钟勒维又醒了，脑海里再次冒出清晰的想法，不过这次他不是立即在黑暗中草草记下文字，而是径直到实验室去开始实验。在实验中，他将两只青蛙的心脏交叉灌流，他发现一只青蛙被刺激迷走神经，而被灌流的另一只青蛙却因灌流液中的游离物质而心脏停止活动。勒维把这种物质称为“迷走神经物质”。

1930年英国人亨利·戴尔确定“迷走神经物质”为乙酰胆碱，两人因此共同荣获1936年的诺贝尔生理学医学奖。

一经几言

“创造”这个词的原意是创造物质和精神方面有重要价值的东西——它是人的精神生活的顶峰，是人的智力、情感、意志高度发展的表现。创造性活动不仅是学者、作家、作曲家、杰出的发明家活动的特点，在成千成万的生产劳动者和文化劳动者——普通工人、庄员、工程师、技术人员、教师、医生的劳动中也有创造的因素。

——［苏］苏霍姆林斯基

成功的秘诀

名人简介

阿尔伯特·爱因斯坦（1879—1955），美籍德裔犹太人，因为对“理论物理”的贡献，特别是解释了“光电效应”而获得1921年诺贝尔物理学奖，现代物理学的开创者、奠基人，相对论——“质能关系”的创立者，“决定论量子力学诠释”的捍卫者（振动的粒子）——不掷骰子的上帝。

爱因斯坦

名人经验

有一次，一个美国记者问爱因斯坦关于他成功的秘诀。他回答：“早在1901年，我还是二十二岁的青年时，我已经发现了成功的公式。我可以把这公式的秘密告诉你，那就是A＝X＋Y＋Z！A就是成功，X就是努力工作，Y是懂得休息，Z是少说废话！这公式对我有用，我想对许多人也是一样有用。”

一经几言

“创造性”，是思维活动的方式，是制作具有独创性受到自己或别人赞赏的东西的方法。

——［美］梅斯基

的解释证据不足。他证明水分子对光线的散射使海水显出蓝色的机理，与大气分子散射太阳光而使天空呈现蓝色的机理完全相同，进而又发现在固体、液体和气体中一种普遍存在的散射效应，被称之为“拉曼效应”。

1930 年，拉曼登上了诺贝尔物理学奖的领奖台，成为亚洲及印度第一个获此殊荣的人。

正是那个小男孩的问号，正是那回答后的愧疚，带他从似乎“已知”，进入“未知”，更进入真正的“已知”。

一经几言

最好的预言家是常识，是我们天生的心智。　　——［古希腊］欧里庇得斯

半夜的灵感

名人简介

勒维

勒维（1873—1961），现代生理学家、药理学家。原籍德国。斯特拉斯堡大学医学博士。曾在马堡大学及维也纳大学执教。1909—1938 年任格拉茨大学教授。1940 年去美国任纽约大学医学院教授，后入美国籍。主要研究自主神经系统和心脏。首先利用离体蛙心灌注技术发现迷走神经的传递物质及心脏加速物质肾上腺素。与戴尔共同建立化学传递学说，他们两人共获 1936 年诺贝尔生理学医学奖。著有《神经冲动的体液传导》等。

名人经验

1921 年生理学家奥托·勒维正在潜心研究神经活动的机制，特别是有关神经末梢产生的化学物质。

一天晚上，勒维在半夜三点钟醒来，脑海里产生了一个完美的实验设想，可是到了早上，他却无法辨认出在黑暗中草草记下的文字。

第二天夜里三点钟勒维又醒了，脑海里再次冒出清晰的想法，不过这次他不是立即在黑暗中草草记下文字，而是径直到实验室去开始实验。在实验中，他将两只青蛙的心脏交叉灌流，他发现一只青蛙被刺激迷走神经，而被灌流的另一只青蛙却因灌流液中的游离物质而心脏停止活动。勒维把这种物质称为“迷走神经物质”。

1930年英国人亨利·戴尔确定“迷走神经物质”为乙酰胆碱，两人因此共同荣获1936年的诺贝尔生理学医学奖。

一经几言

“创造”这个词的原意是创造物质和精神方面有重要价值的东西——它是人的精神生活的顶峰，是人的智力、情感、意志高度发展的表现。创造性活动不仅是学者、作家、作曲家、杰出的发明家活动的特点，在成千成万的生产劳动者和文化劳动者——普通工人、庄员、工程师、技术人员、教师、医生的劳动中也有创造的因素。

——［苏］苏霍姆林斯基

成功的秘诀

名人简介

阿尔伯特·爱因斯坦（1879—1955），美籍德裔犹太人，因为对“理论物理”的贡献，特别是解释了“光电效应”而获得1921年诺贝尔物理学奖，现代物理学的开创者、奠基人，相对论——“质能关系”的创立者，“决定论量子力学诠释”的捍卫者（振动的粒子）——不掷骰子的上帝。

爱因斯坦

名人经验

有一次，一个美国记者问爱因斯坦关于他成功的秘诀。他回答：“早在1901年，我还是二十二岁的青年时，我已经发现了成功的公式。我可以把这公式的秘密告诉你，那就是A＝X＋Y＋Z！A就是成功，X就是努力工作，Y是懂得休息，Z是少说废话！这公式对我有用，我想对许多人也是一样有用。”

一经几言

“创造性”，是思维活动的方式，是制作具有独创性受到自己或别人赞赏的东西的方法。

——［美］梅斯基

我更爱真理

名人简介

普朗克

普朗克（1858—1947），德国物理学家。量子物理学奠基人。曾在慕尼黑大学和柏林大学学习。曾任普鲁士科学院常务秘书、柏林大学教授。1900年提出物质辐射（或吸收）的能量只能是某一最小能量单位（能量量子）的整数倍的假说，即所谓量子假说。他在热力学和统计物理学方面，如关于热力学定律的表述、非平衡态理论等，都有重要贡献。他因提出量子假说，获1918年诺贝尔物理学奖。著有《物理学概观》《理论物理引论》《热力学》《热辐射理论》。

名人经验

普朗克1858年4月23日生于德国基尔，9岁时随全家迁居慕尼黑，16岁时考入慕尼黑大学攻读数学，后来被物理学所吸引改学物理。他在向黑体辐射这一热力学研究中的难题猛攻的过程中，遇到多次失败，他自己并不死心，但他的老师约里却灰心了，极力劝告他说："物理学已经发展到了非常完善的地步，可能不会再有什么本质性的新发现了，因此继续研究是不会有多大成果的。你何必要选择这一条希望渺茫的道路呢？"

普朗克没有接受老师的劝告，毅然选择了物理学作为自己终生奋斗的领域。21岁时，他以一篇研究热力学第二定律的论文被慕尼黑大学授予物理学博士学位，并留校任教。27岁时应基尔大学聘请，出任副教授。34岁那年被柏林大学聘为教授。普朗克除了教课之外，还进行了大量的物理学研究。他最突出的贡献是在1900年提出的量子假说。

普朗克假定热辐射的能量可以分为一份一份的，每一份被称为一量子，并给出一个公式。这个公式中振子能永远为辐射频率和一个恒量的整数倍。后人称这个恒量为普朗克恒量。普朗克还从理论上进行了论证，提出了辐射系统—线性振子—辐射场之间能量不连续的量子交换概念，向世界公布了他的重要发现——基本量子，预言了量子论对未来科学的深远影响。

普朗克在科学知识的土壤中播下了"量子"这颗种子，迎来了20世纪物理学的黄金时代。为此，他荣获了1918年诺贝尔物理学奖。普朗克的老师约里想到自己过去错误的劝告就非常惭愧，他对普朗克说："我不配当你的老师了。"但普朗克诚恳地说："约里先生，您永远是我的老师，我爱您！"

“明天”是勤劳最危险的敌人。任何时候都不要把今天应该完成的某一部分工作拖到明天。要培养把明天工作的一部分在今天完成的习惯。

——［苏］苏霍姆林斯基

忘记自己住在哪儿

名人简介

爱因斯坦

阿尔伯特·爱因斯坦（1879—1955），美籍德裔犹太人，他创立了代表现代物理的相对论，为核能开发奠定了理论基础，在现代科学技术和它的深刻影响与广泛应用等方面开创了现代科学新纪元，被公认为是自伽利略、牛顿以来最伟大的科学家、物理学家。1999年12月26日，爱因斯坦被美国《时代周刊》评选为“世纪伟人”。

名人经验

无论在工作之中，还是在工作之余，爱因斯坦总是在孜孜追求，脑子一直处于一种思考的状态而达到一种忘我的境界。

爱因斯坦移居美国担任普林斯顿高级研究所主任后的一天，办公室的电话响了。“请问，我能否跟主任谈话？”“主任不在。”办公室秘书答道。“那么，您能否告诉我，爱因斯坦博士住在哪儿？”电话里继续问。

秘书回答：“请您原谅，我无可奉告。因为爱因斯坦博士不愿意他的住所受到打搅。”这时，电话里的声音突然变小了：“请你不要告诉任何人？我就是爱因斯坦博士！我正要回家，可是我忘记自己住在哪儿了。”

原来爱因斯坦去参加一个科学讨论会，回来的路上他仍在思索着讨论会上的一些学术问题，不知不觉地走到了一个从没去过的地方，因而迷路了。

这样富有戏剧性的故事在爱因斯坦身上不止一次发生。有一次，爱因斯坦在柏林乘坐电车，说售票员找错钱了。售票员把找给他的钱数了一遍，结果发现并没有错，于是，她把钱还给他，并对这位数学教授说：“你最大的毛病就是不懂数学！”

一经几言

“你要有自知之明”，这句话的确给予我们很大的警惕。不论研究何种学问，道理都是一样的，一定要自己去挖掘问题之所在，就好像安置在门上的门闩一样。如果没有去触碰，就无从知道是否已上锁。——［法］帖纽

你胜利了

名人简介

巴甫洛夫

巴甫洛夫·伊凡·彼德罗维奇（Иван Петрович Павлсв，1849—1936）俄国生理学家、心理学家、医师、高级神经活动学说的创始人，高级神经活动生理学的奠基人。条件反射理论的建构者，也是传统心理学领域之外而对心理学发展影响最大的人物之一，曾荣获诺贝尔奖。

名人经验

巴甫洛夫喜欢用实例而不用叙述来教学，他讲起课来不是枯燥无味地照本宣科和简单地灌输学说。他要求每个学生都要学会用脑子思考，从事实和科学出发，而不要去相信那些不可靠的印象和臆测。经他的要求，科尔吐什科学城实验室的入口处清晰地刻着这样几个大字：“观察，观察，再观察！”巴甫洛夫还要求学生开展不同意见的争论，他常说：“真理是从争论中诞生出来的。”

一天，巴甫洛夫的一个学生兴高采烈地找到他说：“亲爱的老师，经过长时间的实验，我可以证明动物在长期饥饿以后，仍然会有消化液流入空的消化道。”“不大可能有这样的事。”巴甫洛夫断然地回答。学生听了老师的话，只好回去又一次进行实验，然后带着实验的数据记录和图像曲线来见老师。

巴甫洛夫又摇摇头说：“当我还没有了解这种分泌的意义时，我绝对不会苟同别人的观点。”那个学生只得留下自己的实验结果。

为了检验这个固执的学生的实验结果，巴甫洛夫在饥饿的狗面前，几乎一动不动地坐了一个昼夜。他对谁也没讲一句话，连饭都不吃一口。最后，他得到的数据和曲线终于证明学生的实验结果是正确的！

天亮的时候，这个学生又来了，巴甫洛夫兴奋地对他说：“你胜利了！我恭

喜你！你果然发现了一个非常重要的现象，这一结论完全可以用到你的博士论文里。”

一经几言

“人”之可贵在于创造性地思维。 ——华罗庚

旧木棚里炼出“镭”

名人简介

皮埃尔·居里（1859—1906）是法国著名的物理学家和化学家，居里夫人的丈夫。也是“居里定律”的发现者。1903年因对放射性现象的研究工作，他与居里夫人还有贝克勒尔共同获得了诺贝尔物理学奖。

皮埃尔·居里

名人经验

1898年底，居里夫人和她的丈夫皮埃尔·居里继发现放射性元素钋以后，又发现了放射性更强的新元素镭。但是他们没有提炼出镭，也没有得出镭的原子量。对此，一些人冷嘲热讽地说：“镭在哪儿？拿出来给我们看看！没有原子量，就没有镭……”

要拿到镭，谈何容易！在自然界中，镭的含量微乎其微，只占地壳原子总数的一百亿分之八；就是在铀沥青矿中，也只占百万分之一。“为了科学，困难再大也要把镭炼出来！”居里夫妇俩立下了共同的誓言，全力投入紧张的工作。

炼镭，一要有经费买矿石，二要有实验室。铀沥青矿石产于当时属于奥地利的波希米亚，价格昂贵，他们根本买不起。怎么办？居里夫人推测，既然镭存在于铀沥青矿石中，又不同于铀，那么已炼出铀盐的沥青矿渣里，一定还保存着镭。于是，他们从遥远的奥地利把铀沥青矿渣运抵到巴黎。

他们去找校长借了一个学校的旧木棚。这间棚屋破旧不堪，过去做过解剖室，不挡风避雨，夏天闷热、冬天酷冷。居里夫妇立刻把一些自己购买或亲自设计制造的简单仪器，还有火炉、铁棍、水桶、玻璃瓶等等都搬进木棚，开始了繁重的炼制工作。

他们既当学者，又是苦力。每天，他们穿着沾满灰尘和渍污的工作服，一会儿像火车上的一对司炉，一铲一铲地将矿渣往一个烟囱已经生锈的旧铁炉里送，毒烟呛得他们既咳嗽又喘气；一会儿又用差不多和居里夫人身体一样高的粗铁棍，连续地搅动锅里沸腾着的溶液；煮成溶液以后，就小心翼翼地装入大瓶子，搬进搬出，进行细致的试验、分析……

三年过去了，他们的存款已经用光；居里夫人纤嫩的双手被溶液腐蚀得伤痕斑斑，体重也减轻了十几斤。但是他们没有丝毫懈怠松劲，经过数年的艰苦奋战，旧木棚里终于出现奇迹，居里夫妇提出了十分之一克纯镭盐，并初步测出了镭元素的原子量。人们称颂他们是“镭的父母”，确实当之无愧。

一经几言

“实事”就是客观存在着的一切事物，“是”就是客观事物的内部联系，即规律性，“求”就是我们去研究。

——毛泽东

举世无双的观察家

名人简介

法布尔

法布尔（1823—1915），法国昆虫学家。业余自学12年，先后取得业士、双学士和博士学位，中学教书二十余年，“登上大学讲台”的梦想始终没有实现。自幼爱好自然，经常观察昆虫和贝类的生活情况。晚年详细观察栖息于未垦地中的各种昆虫和蜘蛛，将研究所得，陆续写出《昆虫记》十卷，其中尤以狩猎蜂穿刺昆虫的神经节加以麻痹用作其幼虫的食料、寄生昆虫的生活、推粪虫的生态等方面的研究为最有名。他不接受本能系动物在进化过程中逐渐发展而来的观点，从而反对进化论。主要著作还有《自然科学编年史》等。

名人经验

法布尔出身于贫苦的农家，靠自学获得渊博的学问，取得大学教授的资格，他著有《昆虫记》一书，还发明过化学染料。法布尔是怎样成为昆虫学家的呢？

下面几个故事，从侧面作出了最好的回答。

一次，法布尔在路上行走时，突然发现许多蚂蚁正在齐心协力地搬运着几只死苍蝇。他觉得这是观察、研究蚂蚁生活习性的好机会。于是，不顾地上多么肮脏，一下子趴了下去，从口袋里掏出放大镜，专心致志地观察起来……他的异常的举动，引起了路人的惊奇和怀疑，有人称他是“怪人”“呆子”。任凭别人怎么议论，他毫无反应，仍在仔细地观察着，一直观察了四个小时。

在普鲁温斯教书时，法布尔经常到附近的一条小路上去寻找、观察昆虫。一天，几个村妇早上去摘葡萄，看见法布尔躺在路上，睁大眼睛望着一块石头。

到黄昏时，村妇们收工回家了，看见他躺在那儿。“天啊！我们真该为他祷告！”法布尔花了一天工夫，就只为观察那块石头上的昆虫。

法布尔在捕捉一种蝇子时，为了不碰断蝇脚，他差点滑下坡摔断了自己的腿。他曾花了好几个星期，一步不离地注视着一堵古老的墙头，窥探鳖甲蜂捕捉囊蛛的动作。为了观察雄性蚕蛾向雌蛾“求婚”的过程，他花了整整三年的时间。当正要取得成果时，雄性蚕蛾不巧被一只小螳螂吞食了。他不泄气，从头再来，又花了整整三年，终于得到了完整而准确的观察记录。

法布尔就是这样，用毕生的精力对昆虫世界作了长期、精细、系统的观察和研究。他根据四百种昆虫猎食、打架、建窝、生育和抚养下一代等许多现象，写下了十大卷巨著《昆虫记》，揭开了昆虫生命与生活习惯中的许多秘密。达尔文称赞他是“无法效仿的观察家”。

一经几言

把你的精力集中到一个焦点上试试，就像透镜一样。——［法］法布尔

梦中的蛇环

名人简介

凯库勒

凯库勒（1829—1896），德国有机化学家。吉森大学哲学博士。曾任根特大学（比利时）、波恩大学教授。主要研究有机化合物结构理论，确立有机化合物中碳原子为四价的理论和碳链学说，并提出苯分子为环状结构的理论。被誉为“近代结构化学之父”。著有《芳香族化合物的研究》《化合物的结构和变态》《碳的化学本性》等。

名人经验

1865年，凯库勒正日以继夜地探索着苯的分子结构。

当时，有机化学家们遇到了一道难题：他们从煤焦油中提取出一种芳香的液体，叫做“苯”。他们发现，在苯的分子中，含有六个碳原子和六个氢原子，但苯分子结构究竟是什么样的呢？

这道难题被凯库勒攻克了！他画出了苯的环状分子结构式。凯库勒的论文发表后，马上在各国引起一片赞叹：“真是个天才，他怎么会想到苯的分子结构是一个环?!”

1890年，在德国化学学会庆祝成立25周年的大会上，会员们纷纷要求凯库勒谈谈自己是怎样找到打开苯环之锁的钥匙的。

凯库勒在热烈的掌声中，讲述了自己的发现经过——

那时候，凯库勒正住在伦敦，日夜思索着苯的分子结构该是什么样子的。他徒劳地工作了几个月，毫无所获。一天，他坐马车回家。由于过度劳累，他在摇摇晃晃的马车上很快就睡着了。他做了一个梦，梦见他几个月来设想过的种种苯的分子结构式在他的眼前跳舞。忽然，其中有一个分子结构式变成了一条蛇，这蛇首尾相衔，变成了一个环。正在这时，他听见马车夫大声地喊道：“先生，克来宾路到了！”这才从梦乡中惊醒。当天晚上，凯库勒在这个梦的启发下，终于画出了首尾相接的环状分子结构，解决了有机化学上的这一难题。

凯库勒讲完之后，当天就有好几个化学学会的会员们特地雇了马车，在大街上慢慢地行驶着。可是，这几位会员有的没睡着，有的睡着了没有做梦，有一个人睡着了，而且也做起梦来，可惜只是梦见打牌打输了，并没有从梦中得到任何科学上的灵感。

那几位可笑的会员错了，他们错在把凯库勒的成就归功于梦。

一经几言

把学问过于用作装饰是虚假；完全依学问上的规则断事是书生的怪僻。

——［英］培根

砍去了一双“完美的手”

名人简介

罗丹

罗丹（1840—1917），法国雕塑家。被誉为“现代雕塑之父”。14岁随勒考克学画，后随巴里学雕塑，去比利时布鲁塞尔创作装饰雕塑五年。1875年游历意大利，确立了现实主义创作方法，善于塑造神态生动富有力量的艺术形象。许多作品如《青铜时代》《雨果》《加莱义民》《巴尔扎克》等因有新创造而受到官学派抨击。包含186件雕塑的《地狱之门》的设计，因官方阻挠未能按计划实现，只完成《思想者》《吻》《夏娃》等部分作品。生平作了许多速写。著有《艺术论》。

名人经验

经过不知多少个日日夜夜辛苦劳作，法国雕塑家罗丹终于在1897年的一天清晨完成了大文豪巴尔扎克的雕像。

这尊雕像，罗丹是应法国作家协会而作的。巴尔扎克矮胖肚圆，罗丹为这“活木桶”塑像伤透了脑筋。……为了使作品能把握好形象、做到传神，罗丹特地访问了巴尔扎克的故乡，阅读了他的全部作品，搜集了可能搜集到的一切照片……他甚至找到一位曾为巴尔扎克做过衣服的裁缝，了解巴尔扎克的身材精确尺寸。这雕像，原定一年半完成，实际上整整花去了七年的时间！

罗丹刻完最后一刀，按捺不住心头的喜悦，迫不及待地叫醒了自己的一个学生，请他来欣赏巴尔扎克雕像。学生被雕像所吸引，指着雕像那双叠合在胸前的手，说：“老师，我从来也没见过这么奇妙而完美的手啊！”

罗丹听了脸上失去了笑容。他叫另一个学生来看，那学生凝视片刻，也被那双手所吸引，赞叹道：“只有上帝才能创造这样的手，这是一双活的手。”罗丹的脸阴沉了。他叫起第三个学生，这位学生激动地说：“单单是这双手，就足以使您不朽了！”

罗丹愤怒了，他在房间里跑来跑去，从工作室里拿来一把斧子，对着那双手狠狠砍去，一双“完美的手”消失了！学生们也惊呆了。

学生们感到莫名的惋惜，罗丹解释说：“这双手太突出了！它们已有了自己的生命，不属于这个雕像的整体了。记住：一件真正完美的艺术品，没有任何一部分是比整体更重要的。”

这尊雕像在罗丹去世以后被举世公认，以“神似”而驰名天下，现珍藏在巴黎艺术馆。

一经几言

百川学海而至于海，丘陵学山不至于山。 ——扬雄《法言·学行》

在成果和荣誉面前

名人简介

巴斯德

巴斯德（1822—1895），法国微生物学家、化学家，近代微生物学的奠基人。巴黎高等师范学校理学博士。曾任斯特拉斯堡大学、里尔大学、巴黎高等师范学校、巴黎大学教授，巴斯德研究所所长。在微生物发酵和病原微生物方面的研究，奠定了工业微生物学和医学微生物学的基础，并开创了微生物生理学。揭示了酒石酸的“同分异构”现象，并发现微生物对同分异构体的选择作用。指出发酵是微生物的作用，不同微生物引起不同的发酵，并应用加热灭菌（即巴氏消毒法）解决了酒的变质问题。在研究蚕病、鸡霍乱和炭疽病中，证实传染病由病原微生物所引起，并发现被减毒的鸡霍乱和炭疽病病原菌能诱发免疫性。晚年在狂犬病疫苗的研究上作出贡献。曾用肉汤做灭菌实验，证明生物“自然发生”的不可能性，并主张生命只能来自生命的“生源论”。主要著作有《乳酸发酵》《酒精发酵》《蚕病学》等。

名人经验

19 世纪初叶，病人做了手术以后，伤口化脓现象十分严重。英国著名的外科医生里斯特日夜思索着化脓的原因，却是久久不得其解。后来，他偶然读到了细菌学家巴斯德的著作，见其中指出：“细菌是腐败的真正原因。”这使里斯特很受启发。参照巴斯德的理论，里斯特通过实验，终于发明了用石炭酸杀菌的消毒方法——针对切口细菌感染化脓这一症结，里斯特运用石炭酸的消毒作用，在术前将器械和手术部位用石炭酸消毒，他做的手术不再因细菌而感染，从而使手术死亡率由原来的 45%下降到 15%，手术死亡率当时是世界上最低的。新方法为手术病人带来了生命的曙光。

为此，里斯特在 1874 年，特地给巴斯德写了一封热情洋溢的感谢信，信中说：“请你允许我趁这个机会恭恭敬敬地向您致谢，感谢您指出细菌的存在是腐败的真正原因，只是根据这唯一可靠的原理，才使我找到了防腐的方法。”

1881年6月，法国政府决定向巴斯德颁发一枚勋章，以表彰他在研究细菌方面所作出的杰出贡献。巴斯德知道后，立即写信给政府说：“我希望你们在赞赏我的发明时，不要忘记了我的助手的劳苦和智慧。否则，这枚勋章并不能使我快乐。”结果，巴斯德荣获大十字陆军勋章，他的两名青年助手也同时获得勋章。

一经几言

为人师表者，应在施教中学习。

——［古罗马］塞内加

追“黑板”抛“石子”的安培

名人简介

安培

安培（1775—1836），法国物理学家。1802年他在布尔让—布雷斯中央学校任物理学和化学教授；1808年被任命为法国帝国大学总学监，此后一直担任此职；1814年被选为帝国学院数学部成员；1819年主持巴黎大学哲学讲座；1824年担任法兰西学院实验物理学教授。对电磁学中的基本原理有重要发现，如安培定律、安培定则和分子电流等。电流的国际单位“安培”即以其姓氏命名。著有《论科学的哲学》等。

名人经验

法国物理学家安培沉思问题时常常达到忘我、入迷的地步。

一天傍晚，他在街上散步。忽然，他脑子里考虑到一道题目，就向前面的一块“黑板”走去，随手从口袋里掏出粉笔头，在“黑板”上演算起来。

可是，“黑板”一下子挪动了地方，而安培的算题还没有算完。他不知不觉地追随在“黑板”后面，一面走，一面计算。“黑板”越走越快，安培追不上了，这时候他才看见，街上的人都朝着他哈哈大笑。安培给弄得莫名其妙，原来那块会走动的“黑板”，是一辆黑色的马车车厢的后壁。

又有一次，安培去工业大学讲课。一路上，他一边低着头走，一边还在思考着科研中的一个问题。他无意间看见路上的一块小石子，觉得有趣。于是，他俯身把它拾起，翻过来转过去，心不在焉地琢磨了半晌。

蓦地，他记起来还要去上课，慌忙掏出怀表。一看，上课的时间到了，他赶紧

加快步子，但脑子还是全神贯注在原先正在考虑着的问题上。这时，他正走到巴黎的艺术桥上，偶然想起要把石子扔掉。可是，他却一只手把小石子小心翼翼地装进口袋，另一只手将怀表当作石子往外一抛，怀表飞过栏杆掉进了塞纳河里。

一经几言

别人难做的事，他做起来轻而易举，那就是有才干的标志。能做有才干的人做不到的事，那是天才的标志。

——［瑞士］阿米尔

沉思的黑格尔

名人简介

黑格尔

黑格尔（1770—1831），德国哲学家，德国古典唯心主义的集大成者。杜宾根大学哲学博士。曾在耶拿大学任教，后任纽伦堡中学校长和海德尔堡大学、柏林大学教授。1830年任柏林大学校长。次年患霍乱逝世。他认为思维和存在同一于绝对观念，绝对观念是一独立主体，也是一自我发展过程。由此建立他的客观唯心主义体系，包括逻辑学、自然哲学、精神哲学三个有机组成部分。他的唯心主义体系窒息了辩证法的革命精神。黑格尔哲学是马克思主义哲学的理论来源之一。

名人经验

关于黑格尔，人们流传着他一些沉思的故事。有一次，黑格尔思考问题时，在同一个地方站了一天一夜，像个木头人一样，一动也不动。还有一次，黑格尔一面沉思一面散步，这时天下雨了，他的一只鞋陷进了烂泥，但他没有发觉，结果有人发现，他一只脚穿着鞋，另一只脚只剩下一只袜子了。

有时黑格尔沉思到了超脱的程度，不受任何事情干扰，有一次竟把上课的时间弄错了。

本来他是下午三点的课，但他心不在焉地提前了一个小时，两点就去了。课堂里听课的是另一批学生，可是他没有察觉到，就在讲台上讲了起来。有个学生向他暗示搞错了，他压根儿没理会。按照课程表，这时应该由奥斯蒂来上课。他来到教室门口，听到黑格尔的声音，以为自己迟到了一个小时，于是赶紧退了回去。到三点钟，黑格尔的学生们都来了，他们已经知道了怎么一回事。于是，就好奇地等待着，看看他们的老师如何摆脱这个尴尬局面。

黑格尔明白过来之后，对学生们说："诸位，感官可靠性究竟是否真正可靠，首先取决于自身的意识经验。我们一直认为感官是可靠的，本人在一小时以前却对此有了一次特别的经验。"这样一下子缓解了尴尬的气氛。

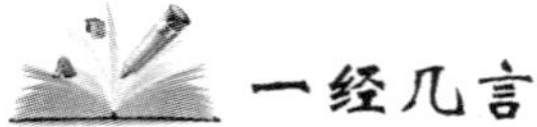

一经几言

并不是人人都天赋一个嗅觉灵敏的鼻子，并不是人人都善于调查研究。

——［古罗马］马提雅尔

争论者的友谊

名人简介

贝托莱

贝托莱（1748—1822），法国化学家。意大利都灵大学医学博士。巴黎高等师范学校教授，巴黎综合工科学校的创始人、教授，法兰西科学院院士。1787 年与拉瓦锡等一起制定了化合物的第一个合理的命名法。发现氯的漂白作用；编著有《化学命名法》《化学静力学》《染色技术原理》等。普鲁斯特（1754—1826 年），法国化学家。早年在巴黎求学。曾任西班牙马德里大学教授、马德里皇家实验室主任。法兰西科学院院士。1799 年由碳酸铜和硫化铁的组成发现定组成定律（普鲁斯特定律），认为化合物都有恒定的组成。对尿素、发酵现象等也有研究。人称法国化学界元老。

名人经验

著名的"定比定律"，是两位科学家在长达九年的大论战中诞生的。18 世纪末，欧洲化学界对化合物的组成有两种截然不同的看法：一派以法国化学家贝托莱为代表，认为世界上一切化合物的组成是不固定的，即不同地方不同途径得到的化合物组成可以不一样。另一派以法国年轻化学家普鲁斯特为代表，认为每一种化合物的成分是固定的，在不同地方用不同方法得到的同一化合物，其组成必定相同。

贝托莱在当时已很有名望，他的名著《论亲合力》早已问世，被化学界视为权威著作。因此，他在论战中开始处于十分有利的地位，他列举溶液、合金、玻璃以及许多氧化物的实验来证明自己的观点。但是年轻的普鲁斯特毫不示弱，也列举各项实验结果来反驳贝托莱的观点。双方各不相让，论战一直持续九年。论战自始至终都在彬彬有礼地摆事实、讲道理的情况下进行。

经过九个年头的论战，由于普鲁斯特的论据充分，原先支持贝托莱的化学家纷纷转向普鲁斯特。最后，作为权威的化学家贝托莱在事实面前向普鲁斯特认输。普鲁斯特以发现了定比定律成为这场大辩论的获胜者。从此，定组成定律——一切化合物有一定组成作为化学基本定律之一载入化学史册。

在成功面前，普鲁斯特并没有得意忘形。他对贝托莱倾吐了衷心的感谢之情，他真诚地对贝托莱说："要不是你的质难，我是难以深入地去研究定比定律的。"普鲁斯特向人们宣告，发现定比定律，贝托莱有一半功劳。

贝托莱虽然是争论的失败者，但他全然不因此而懊丧，他反而为在科学论争中发现了真理而欣喜万分。于是，他提笔挥毫，给普鲁斯特写信："您发现了定比定律，可喜可贺，九年的争论，结出了果实，我向您—真理的发现者致意!"

一经几言

博学之，审问之，慎思之，明辨之，笃行之。　　——《礼记·中庸》

亚当·斯密焚稿

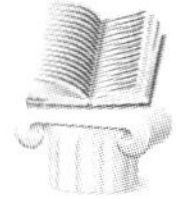

名人简介

亚当·斯密

亚当·斯密（1723—1790），英国古典政治经济学体系的建立者。格拉斯哥大学毕业。曾在爱丁堡大学任教，后任格拉斯哥大学教授。一度游法，结识魁奈和杜尔哥等。1776 年发表其代表作《国民财富的性质和原因的研究》，以经济自由为中心思想，以国民财富为研究对象，第一次系统地论述了政治经济学的主要内容。认为劳动是财富的源泉和价值的尺度。主张自由竞争，抨击重商主义，对英国经济政策曾起过重大作用。他的另一重要著作是《道德情操论》。

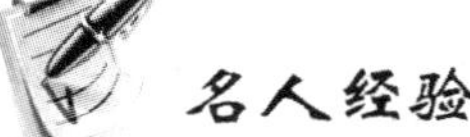

名人经验

苏格兰才子亚当·斯密是公认的"经济学之父"。他的名著《国富论》系统阐述了古典学派的理论观点和政策主张。中国总理温家宝曾经说，"亚当·斯密的《国富论》，各位都很熟悉，他所著的《道德情操论》同样精彩"。

亚当·斯密不仅在经济学上建立了丰功伟绩，他刻苦钻研的精神和严谨治学的科学态度也为世人楷模。以他举世闻名的经济学著作《国富论》为例，他于 1767 年开始写作，直到 1776 年才初次出版，前后经历了九年多的时间。这部经济学巨著可以说是凝聚着亚当·斯密的智慧和心血，是他呕心沥血的产物。书出版以后，亚当·斯密的健康已经出现问题。他在给友人的信中写道："这是由于没有娱乐和老把一件事想得过度的缘故。"

亚当·斯密一生治学严谨，在去世前他曾立下遗嘱，欲将自己认为不适合发表的著作手稿全部销毁，以免误导后人。由于唯恐贻误后人，对社会造成误导和损害，他从不肯把不成熟的作品公之于世。因此，亚当·斯密于1773年曾托付知己朋友休谟，在他死后将《国富论》原来的草稿和他认为没有公开发表价值的作品原稿全部烧毁。但是，后来休谟先于亚当·斯密去世。到1790年，亚当·斯密逝世前夕，他最担心的事就是怕把那些稿件遗留下来。他的朋友看到他这种诚恳和迫切的心情，曾答应实现他的愿望。后来亚当·斯密还是不放心，他在去世前几周亲自监督好友布拉克博士当面焚稿，将全部手稿、草稿化为灰烬，他才放下心来。亚当·斯密焚稿，折射出一位大学者内心所秉承的科学精神和对人类的责任感。

一经几言

不登高山，不知天之高也；不临深溪，不知地之厚也；不闻先生之遗言，不知学问之大也。

——《荀子·劝学》

开普勒的毅力

名人简介

开普勒

开普勒（1571—1630），德国天文学家。曾进杜宾根大学学习。1594年在格拉茨新教神学院任教，1660年前往布拉格任第谷·布拉赫的助手，并在第谷逝世后继承他的事业。他分析第谷·布拉赫的观测资料，发现行星沿椭圆轨道运行，提出行星运动三定律，为牛顿发现万有引力定律打下了基础。在天文学上的贡献还有恒星星表的编制和大气折射的计算等。著有《宇宙的神秘》《哥白尼天文学概要》《宇宙谐和论》等。

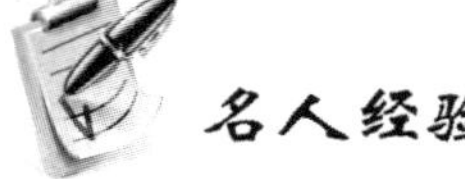

名人经验

科学史上也许再没有一个例子能更好地说明开普勒解决环绕太阳的行星运动问题时所表现的毅力。

开普勒完全赞同哥白尼的理论，相信行星在绕着太阳运动。他努力寻求那些轨道的本质和位置，确定行星在轨道的运行方式。开普勒在几乎没有数据检验时，就有过许多高度想象的尝试，后来他继承了第谷大量的非常精确的行星运动观测资料。于是，问题就成为寻求一种行星运动模式来符合第谷的观测数据。

第谷的记录实在可靠，哪怕计算结果对观测位置的偏离只有月亮视直径的四分之一，那样的模式也必须抛弃。于是，开普勒先凭他的想象猜测一个可能的模式，然后，为了证明或否定那个猜想，他以可怕的韧性完成了大量枯燥的计算。他经历了数百次徒劳的尝试，进行了无数计算，二十二年如一日，热情不减，坚韧不拔，终于解决了问题，成就了著名行星运动三定律：行星沿以太阳为一个焦点的椭圆轨道绕着太阳运动；从行星到太阳的半径矢量在相同时间间隔里扫过相同的面积；行星完成一周轨道运动的时间的平方正比于轨道半主轴的立方。

这些从第谷大量数据中发现的经验关系，是科学史上最引人注目的归纳。

一经几言

不管是科学家、工程师还是机械师，都必须学会正确评价同事的才能和造诣。

——［美］布劳恩

达·芬奇画《蒙娜丽莎》

名人简介

达·芬奇

达·芬奇（1452—1519），意大利文艺复兴时期美术家、自然科学家、工程师。生于佛罗伦萨。1466年起在佛罗基欧的画坊学艺10年，1481年成名独立开设画坊。他把科学知识和艺术想象有机结合，使当时绘画表现水平发展到一个新阶段，如代表作《最后的晚餐》《蒙娜丽莎》。还把解剖、透视、明暗和构图等零星知识，整理成为系统的绘画理论。在哲学、数学、力学、地质学、物理学、生物学和生理学等方面，都提出了不少具有创造性的见解。在军事、水利、土木、机械工程等方面，也有许多重要的设想和发现。重要著作有《绘画论》，并有大量草图速写及有关自然科学、工程等手稿存世。

名人经验

达·芬奇是意大利文艺复兴时期杰出的美术家，还是自然科学家和工程师。在绘画方面，他把科学知识和艺术想象力有机地结合起来，使当时的绘画水平发展到一个新的阶段。肖像画《蒙娜丽莎》和壁画《最后的晚餐》是他最有名的代表作。

达·芬奇是1503年开始创作《蒙娜丽莎》这幅画的。一天早晨，达·芬奇在林荫道上漫步，偶然发现了一位非凡的妇女，她的端庄、娴静、安详，引起了画家的注意。从此以后，达·芬奇开始给她画像，整整画了四年。这在绘画史上是罕见的。

《蒙娜丽莎》的创作过程如此之长，是因为达·芬奇在不断探索中，要寻找最新的艺术语言，要用尽善尽美的形式表现一个摆脱了中世纪束缚的“人”，一个纯洁、善良、完美的妇女形象。为此他研究了造型规律、构图方法、色彩法则、明暗和光影的变化，同时，他还从事人体解剖和数学研究。

为了画好这幅画，达·芬奇艰苦深入地研究人体结构，进行基本功的训练。当时，宗教势力还很强大，根据教义，解剖尸体是对神灵的亵渎行为，要受封建教会的制裁。达·芬奇只好在夜深人静时，带着助手悄悄地到存放尸体的寺院，钻到阴森窒息的地下室里去进行尸体解剖，黎明时分他们才回到住所。不知疲倦的达·芬奇顾不上休息，根据解剖所得的新鲜印象，继续详细地画出骨骼和肌肉的细部，并写下心得体会。

可以说，作为艺术形象体现出来的《蒙娜丽莎》，是他呕心沥血、不断探索的结晶。然而，达·芬奇一直认为，这幅画“没有最后完成”，一直把它保存在自己身边。1516年，当达·芬奇离开故乡去法国时，他行李中就有他学术研究的手稿和这幅画。在穿越阿尔卑斯山的长途跋涉中，《蒙娜丽莎》一直伴随着他，直到他1519年去世。

1519年，达·芬奇在法国去世时，将他的所有手稿和素描都留给了他最钟爱的学生弗朗西斯科·梅尔兹。梅尔兹在老师没有来得及完成的手稿上，模仿老师的笔迹，写下了这样一句话：“他的一切创造，没有一件他认为是完成了的。”

一经几言

不贵能学，贵于学而能舍；舍之乃所以为学也。——晁说之《晁氏客话》

算瞎双眼的数学家

名人简介

欧勒

欧勒（1707—1783），瑞士数学家、力学家、天文学家和物理学家。就学于巴塞尔大学，师从约翰·贝努利。1727 年应聘去俄国圣彼得堡科学院任教，后回国任巴塞尔大学教授。1741 年前往德国，参加创办柏林科学院。1776 年又应聘去圣彼得堡，卒于该地。晚年双目失明，但仍坚持科学研究和著述。先后被选为彼得堡科学院、柏林科学院、法兰西科学院院士。在数学方面诸多建树，是变分法的奠基人，复变函数论的先驱者。在数论、微分方程等方面也有重要成果。在力学方面，是理论流体力学的创始人，对航海、弹道学有很大贡献。在物理学方面，研究了光的分色效应，提出了物镜原理，还解决了有关望远镜、显微镜镜像的许多计算问题。在天文学方面也发表过许多论文。著有《欧勒全集》七十四卷。

名人经验

欧勒从小酷爱数学，26 岁就当了数学教授。1735 年结婚后在俄罗斯的那年，欧勒收到法兰西学院的一个天体力学问题，要求数学家们在几个月内解决。欧勒研究出一种计算行星轨道的方法，于是他就利用这方法去计算一颗行星的轨道。

开始，他以为很快就会算出来，但伏在桌子上整整计算了一天，都没有结果。他怀疑是不是自己的方法出了毛病。检查的结果，他相信没错。于是他继续计算，忘了吃饭，忘了睡觉，又一天过去了，他隐隐约约看到了自己要抓到的东西，但一下又抓不到手。

数学家的手已经酸痛了，双眼刺痛流泪。然而，他渴望的东西就在前头。他无法放下笔，脑海里尽是些各种各样的数学符号。直到第三天，这些符号才汇聚成一个美妙的数字！经过三天两夜的竭力运算，问题终于解决了！

这最后的数据，在数学家的眼前好像金子一般放射着无数的光芒。但一会儿，这光芒渐渐地模糊起来，最后竟然消失了。原来，欧勒因为过度疲劳而生病，最后病好了，但右眼失明了，另一只眼睛视力也大为减退，欧勒坦然接受了不幸，自嘲说："我现在可以更少地分心了。"

1776 年，欧勒再次来到俄罗斯，他剩下那只眼睛得了白内障，最后也瞎了。对一个数学家来说，失明似乎是难以逾越的障碍，然而，就像失聪的贝多芬一样，欧勒的失明一点儿也没损害他那惊人的创造力。他通过指导秘书，把公式写在一块大黑板上让秘书抄录，继续着他的创造性工作。

1781 年，失明 5 年的欧勒做了一次手术，去除了左眼的白内障。他又能看见了。可几个星期后，发生了严重的感染，感染过后，他又全瞎了——他就这样度过了后来的时光。

一经几言

不加思考地滥读或无休止地读书，所读过的东西无法刻骨铭心，其大部终将消失殆尽。

——［德］叔本华

第二篇　行为世范的为人师表经验

开篇语

对教师的要求，古往今来，没有最好，只有更好。教师必须不断注意自我修养，自觉用师德规范自己的言行举止，自觉增强教育的事业心和责任感。“不能正己，焉能正人?”教师应时时刻刻以自己的人格影响人，以自己的品行感化人，以自己的言行引导人，处处是学生的模范，事事是学生的榜样。

“为人师表”的说法最早见《北齐书·王昕书》：“杨愔重其德业，以为人之师表。”师表就是榜样，表率，即在人品学问方面做别人学习的榜样。17 世纪捷克教育家夸美纽斯也说“教师应该是道德卓越的优秀人物”。这说明，做教师工作的，必须提升自己的学识水平，修炼自己的道德情操，规范自己的言行举止，要以自己的“识”、“言”为学生之师，“德”、“行”为学生之范，言传身教，晓之以理，导之以行，“以德立身”，“以身立教”，最终达到为人师表这一崇高目的，做名副其实的人类灵魂工程师，从事太阳底下最光辉的职业。

1. 要有诲人不倦的敬业精神

“业精于勤荒于嬉，行成于思毁于随。”教师作为一种职业，每个人即使做不到学富五车、才高八斗，但至少也要精通自己的专业。学而不厌、诲人不倦是为人师者应当具备的基本素质。教育家陶行知先生说：“要想学生学好，必须学生好学。唯有学而不厌的先生，才能教出学而不厌的学生。”

2. 要有实事求是的科学态度

知识是一片无边的海洋，任何人都不可能游到彼岸。无论是在教学活动中，还是在日常生活里，老师都要让学生在自己身上看到严谨治学的态度和尊重科学的勇气。

3. 要有宽厚仁爱的道德修养

万事德为先，育人尤重。教师要有高尚的道德，敦厚的品质，仁慈的爱心。热爱是最好的老师。教师育人过程之先是师者道德情操、人格形象对学生的提前感召，其次才是师生学识、情感交流的过程。教师所表现出的道德面貌，既是学生认识社会、认识问题，认识人与人关系的一面镜子，也是学生道德品质成长的最直观、最生动的榜样。“感人心者，莫先乎情”。教师自身的人格魅力，品行学识，教师对学生的关心、爱护、信任、尊重，无不深深地打动学生的心灵。教师之重，是师德之重。

4. 要有锐意进取的创新精神

教育的每一天都是新的，每一天的内涵与主题都不同。接受新思想，更新观念，才能与时俱进，紧跟时代的步伐。锐意进取也是为人师者应当具备的基本素质。“学然后知不足，教然后知困。知不足，然后能自反也；知困，然后能自强也。故曰：教学相长也。”教师必须不断进取，不断充实，不断创新，在实践中学习，在学习中实践，才能满足学生强烈的求知欲。

世界上没有任何人受到像教师这样严格的监督，也没有任何人对学生的心灵产生如教师一样深远的影响。全社会对教师提出了越来越高的要求，使教师处于巨大压力中，现代的教师不仅需要具有深厚的专业素养、广博的科学知识、前瞻的教学理念、丰富的教育技巧，还需要高尚的情操、新锐的眼光、理性的思考和对生活满腔的热情。现代教师不仅需要具有真、善、美、爱的情怀，还要集使命感、幽默感、凝聚力、感召力、爱心、细心、活力、毅力等优秀品质于一身，唯有如此，方能做到“学高为师，身正为范”，为人师表。

平凡达成的卓越

名人简介

孟二冬

孟二冬（1957—2006），安徽省宿县人。1980 年，孟二冬于宿州师范专科学校中文系毕业并留校任教。1994 年，孟二冬博士毕业留北大中文系任教，先后任教授、博士生导师。学科专长为中国文学史及中国文学批评史，研究方向为魏、晋、南北朝、隋、唐、五代文学。2004 年，为支援新疆高等教育事业的发展，孟二冬主动要求到石河子大学支教。他被授予全国“五一劳动奖章”，荣获全国模范教师等称号。2009 年被评为新中国成立以来感动中国人物。

名人经验

1980 年 2 月初，孟二冬完成了专科学业后被择优留校，成为中文系的一名教师。此后十余年里，他三进北大，走过了进修学习、攻读硕士学位和博士学位

的求学历程。1994 年，博士毕业后的孟二冬留在北大中文系任教。

孟二冬备课缜密周详，讲课驾轻就熟，深入浅出，突出重点和难点。他每次上课都会早一点到，下课后也会晚一点走，希望与学生有更多的交流时间。学生眼中的孟老师，是一位博学而又酷爱运动、儒雅而又专注学术、敬业而又热爱生活的老师和朋友。

为支援新疆高等教育事业的发展，2004 年 3 月，孟二冬主动要求参加了北京大学对口支援石河子大学的工作。在到石河子大学的第二周，他就出现严重的嗓子喑哑症状，尽管每天打针、吃药，他仍坚持上课。随着声音越来越微弱，他不得不在课堂上用起麦克风。在师生们的再三要求下，他来到当地医院检查，医生根据病情做出了“禁声”一周的医嘱，但他第二天又强忍病痛站在了讲台上。2004 年 4 月 26 日，他在剧烈的咳嗽中坚持讲完“唐代文学”最后一节课，倒在讲台上，经医院诊断，他已患食管恶性肿瘤。

在石河子大学期间，孟二冬除坚持为中文系 2002 级四个班的学生每周讲授 10 学时的必修课外，同时还为中文系教师开设了“唐代科考”选修课，利用业余时间积极主动与中文系教师座谈，交流教学工作经验。他患食管恶性肿瘤，因医治无效于 2006 年 4 月去世，年仅 49 岁。

孟二冬一生潜心治学，著作颇丰。他先后出版了《中唐诗歌之开拓与新变》《＜登科记考＞补正》《陶渊明集译注》《韩孟派诗传》《中国诗学通论》等多部论著。

一经几言

人类教育最基本的途径是信念，只有信念才能影响信念。

——［俄］乌申斯基

为彝寨村民架起“云梯”

名人简介

李桂林，陆建芬

李桂林（1967—　），彝族，四川省汉源县人，凉山彝族自治州甘洛县乌史大桥乡二坪村小学教师；陆建芬（1966—　），彝族，四川省汉源县人，二坪村小学教师。1990 年李桂林、陆建芬夫妇来到落后贫困的二坪村小学任教，在艰苦险峻的环境下，李桂林、陆建芬夫妇扎根这里 19 年，把知识的种子播种在彝寨，为村民走出彝寨架起“云梯”。2009 年李桂林、陆建芬夫妻被评为新中国成立以来感动中国人物。

名人经验

在四川省凉山州甘洛县乌史大桥乡，有一所建在悬崖峭壁上的彝寨小学，四周是万丈深渊，下面是奔腾的大渡河。然而，在如此恶劣的条件下，一对普通的教师夫妇——李桂林、陆建芬却坚守了19年。

20世纪90年代初，二坪村的艰苦落后程度令李桂林意想不到。当李桂林看见人们光着脚披着羊皮，衣衫破烂，七八岁的孩子光着屁股时，他禁不住泪流满面。他决定上二坪村这所“悬崖小学”当老师！1990年9月1日，寂静了10年的二坪村又回响起读书声。没有一间住房，没有一张床，李桂林就借住在村民家的茅屋里。晚上，他点燃一盏煤油灯，在一张破旧的木桌上备课、批改作业。一年后，李桂林的妻子陆建芬也跟随李桂林来到二坪村小学，成为这里的教师。

二坪是凉山北部峡谷绝壁上的彝寨，村民上下绝壁都要攀爬5架木制的云梯，进出极为艰难，村民一年难得下绝壁一次。有十几名彝族学生住在悬崖下的山腰上，要爬5道极其危险的天梯上学。这些学生星期一爬山来到学校，星期五再下山，都靠李桂林夫妇接送。就是在如此艰险的环境下，李桂林、陆建芬夫妇扎根这里18年，把知识的种子播种在彝寨，为村民走出彝寨架起“云梯”。因为没有其他师资力量，教学任务重，他们没有时间照看儿子和老人，儿子不小心摔伤了手，由于离卫生院太远，延误了医治时机，还留下了后遗症。

到2009年，他们共培养了7届学生共189人，其中有20余名是从外村慕名而来的。二坪——这个过去的“文盲村、穷山村”，现在成了“文化村”。村里的年轻人告别了文盲的历史，开始一批批走出大山。李桂林、陆建芬夫妻为这片边远山区的教育事业撑起了一片蓝天。

一经几言

把自己的私德健全起来，建筑起“人格长城”来。由私德的健全，而扩大公德的效用，来为集体谋利益……

——陶行知

数学家的“健忘”

名人简介

吴文俊

吴文俊（1919—　），我国著名的数学家。上海人。现任中国科学院系统科学研究所名誉所长、研究员，中国科学院院士，第三世界科学院院士。他在拓扑学、自动推理、机器证明、代数几何、中国数学史、对策论等研究领域均有杰出的贡献，在国内外享有盛誉。曾获得首届国家自然科学一等奖、第三世界科学院数学奖、首届国家最高科学技术奖。

名人经验

我国数学家吴文俊教授六十岁生日那天，仍如往常，黎明即起，整天沉浸在运算和公式中。

有人特地选定这一天的晚间登门拜访，寒暄之后，说明来意：“听您夫人说，今天是您六十大寿，特来表示祝贺。”

吴文俊仿佛听了一则新闻，恍然大悟地说：“噢，是吗？我倒忘了。”

来人暗暗吃惊，心想：数学家的脑子里装满了数字，怎么连自己的生日也记不住？

其实，吴文俊对日期的记忆力是很强的。他在将近花甲之年的时候，又选攻了一个难题——“机器证明”。这是为了改变数学家“一支笔、一张纸、一个脑袋”的劳动方式，运用电子计算机来实现数学证明，以便数学家能腾出更多的时间来进行创造性的工作。他在进行这项课题的研究过程中，对于电子计算机安装的日期、为计算机最后编成三百多道“指令”程序的日期，都记得一清二楚。

后来，祝寿的来客在闲谈中问起他怎么连自己生日也记不住的时候，他笑着回答：“我从来不记那些没有意义的数字。在我看来，生日，早一天，晚一天，有什么要紧？所以，我的生日、爱人的生日、孩子的生日，我一概不记，也从不想要为自己或家里的人庆祝生日，就连我结婚的日子也忘了。但是，有些数字非记不可，也很容易记住……”

一经几言

榜样就是最好的老师。

——［古希腊］伊索

老师的骄傲

名人简介

谈家桢

谈家桢（1909—2008），我国著名遗传学家、教育家，中国现代遗传学奠基人。浙江宁波人。1937 年 7 月获美国加州理工学院博士学位，1937 年 8 月放弃国外优厚待遇回国，被聘为浙江大学生物系教授。1951 年任浙江大学理学院院长。先后在浙江大学和复旦大学担任教授。他建立了中国第一个遗传学专业，创建了第一个遗传学研究所，组建了第一个生命科学院。1985 年当选为美国国家科学院外籍院士和第三世界科学院院士。

名人经验

谈家桢是我国著名的遗传学家。他从美国学成归来后，除研究染色体遗传学外，还一直从事教学工作。

谈家桢有个学生，经过几年刻苦钻研，在微生物研究方面取得了重大成果。谈家桢不仅认真地审阅了他的论文稿，提出修改的意见，并热心地向有关刊物作了推荐。论文发表后，受到学术界的重视和好评。

有人对谈家桢开玩笑说："你得加快跑步了，否则学生会超过你。"谈家桢高兴地回答："这样好！如果学生始终停留在老师的水平上，那就是教育的失败。我的愿望就是要学生超过我。"

谈家桢也曾是超过自己老师的学生。20 世纪 30 年代，他在美国实验胚胎学家摩尔根实验室学习和研究，摩尔根教授就深情而又谦逊地对他说："我看到了有一个年轻的中国人超过了我，我还希望有更多的青年人超过我，也超过你。"谈家桢学生的论文发表后，很快被介绍到美国，摩尔根又向谈家桢发了祝贺信："我终于又一次看到了一个年轻的中国人超过了我，也超过了你。值得骄傲的是你亲自培养了超过你的学生。"

一经几言

播种行为，可以收获习惯；播种习惯，可以收获性格；播种性格，可以收获命运。

——［英］萨克雷

三尺讲台演绎人生

名人简介

方永刚

方永刚（1963—2008），辽宁朝阳市人。1985 年复旦大学历史系毕业，同年 7 月入伍。法学硕士、军事学博士。先后在海军政治学院、海军大连舰艇学院任教，生前为海军大连舰艇学院政治系教授、硕士研究生导师。长期从事政治理论教学和研究工作，为宣传党的创新理论、发展军队教育事业作出了突出贡献。被群众誉为“大众学者”、“平民教授”。2009 年 9 月被评为新中国成立以来感动中国人物。

名人经验

方永刚携笔从戎 22 年来，把三尺讲台当作实现人生价值的舞台。在超额完成政治理论教学任务的同时，方永刚完成了 10 多个政治理论研究课题，出版 16 部政治理论专著，发表 100 多篇论文，为部队官兵和地方干部群众作各种理论辅导报告 1 000 多场次。

到底有多少人听过方永刚的课？同事数不清，方永刚自己也记不清。从校内到校外，从军队到地方，从漠河边陲到辽南哨所，方永刚走到哪儿讲到哪儿。他讲邓小平理论，讲“三个代表”，讲科学发展观，讲“八荣八耻”，讲国防教育、时事形势……方永刚上课只要三样东西：一条毛巾，用来擦汗；一壶白开水，随时要喝；告诉他听众的年龄层次、文化程度，好有针对性。其他的，什么都不要。

在大连小龙街干休所，方永刚给老干部们讲党的创新理论，动情处，一位老红军当场就哭出了声。课后，老人拉着方永刚的手说：“孩子，我多年的心结解开啦！”一次方永刚的理论报告会上，本溪电视台一位记者听得入迷，差点忘了手里的摄像机。方永刚遭遇车祸颈椎受损，住院 108 天，头和脖子都被拧上了固定螺丝。他用手举着书读了 43 本，从一开始不到 3 分钟就得休息，到后来举 3 个小时手都不哆嗦。在病床上，他完成了 30 万字的专著。……“这样的故事，三天三夜说不完。”了解方永刚的人每次讲起都意犹未尽。

2006 年 11 月，在被确诊为患结肠癌晚期之后，方永刚仍坚持在化疗间隙回到学校，为学员上完了秋季学期的课程。

一经几言

不管教育者或教师如何把他的最深刻的道德信念隐藏得怎样深，而只要这些信念在他的内心存在着，那么，这些信念也可能表现在加在儿童身上的那些影响上……并且这些信念越是隐藏，则它们的影响作用愈是有力。

——［俄］乌申斯基

中国，就是要为中国人争气

名人简介

钟志华

钟志华（1962— ），湖南湘阴人。1988年在瑞典林雪平大学获工学博士学位并做博士后研究，1992年被聘为林雪平大学终身副教授、博士生导师。回国后历任湖南大学机械与汽车工程学院副院长、院长。2005年任湖南大学校长，同年当选中国工程院院士。长期从事汽车设计制造技术研究与应用，主研汽车碰撞安全和车身冲压成型技术及装备。提出多项具有显著创新的汽车碰撞和冲压过程计算机仿真理论和方法，解决了多项基于CAE的设计制造关键技术问题。研制出多种汽车碰撞乘员保护技术和装备，开发出多项碰撞缓冲吸能及试验新技术和装置。提出了多项汽车创新设计制造理论和方法，开发出多款新概念汽车。相关研究成果获国家科技进步一等奖和二等奖。有 *Finite Element Procedures for Contact－Impact Problems* 等专著。

名人经验

2010年北京国际车展上，“中气”汽车——一个全新的品牌，令参观者精神为之一振。这款车不只具有新潮的外观，更具有其标志性的意义：这是我国具有完全自主知识产权的中高档汽车，大到车身，小到每个零部件，都由中国自主开发，各项性能达到国际先进水平，部分性能国际领先。承担“中国高水平汽车自主创新能力建设”项目，负责设计开发这款新国产轿车的是钟志华院士。

为什么把这款新车叫做“中气”呢？钟志华说：“没有自主创新，我们只能给别人打工。这个项目之所以取名为‘中气’，就是要为中国人争气!”

在市场开放的条件下，各行业竞争激烈，汽车产业尤甚。在西方发达国家小

汽车垄断国际市场的形势下，要搞出为中国人争气的汽车，谈何容易！钟志华，这个名字饱含着这位年轻院士的信念与追求，他为此不惜二十年磨一剑。早在1995年，他放弃瑞典优厚的学术研究及工作生活条件，回到母校湖南大学，立即啃起了长期以来困扰国内汽车行业的难题——薄板冲压/车身成型技术——国内汽车车身模具基本上依赖进口。钟志华将自己在国外留学期间取得的突破性理论和独创的计算方法运用到设计制造中，开发了多项独创的技术成果。这些成果的应用，使国产模具合格率由50%提高到98%。为此他领衔完成的“薄板冲压工艺与模具设计理论、计算方法和关键技术及在车身制造中的应用”成果，获国家科技进步奖一等奖。两年后，他的团队又开发出了汽车碰撞安全性设计与改进的关键技术。连续几年来，钟志华团队还先后推出了一批极具创意的车型，包括已经投产的类菱形汽车、“四轮三轴”月球车等。

为了让民族汽车产业早日崛起，开发出为中国人争气的国产车，担任湖南大学校长的钟志华院士十几年来每天都要工作十四个小时以上，劳心劳力，使得他嗓子嘶哑、白发早生。他说：“我们是用不到十年的时间，在做国外一百年做到的事情……中国有能力完成这项工作。”

一经几言

不教不学，闷然不见己缺。

——韩愈

拆除“四堵墙”的终身校长

名人简介

钱伟长

钱伟长（1912—2010），江苏无锡人，中国力学家、应用数学家、教育家，中国科学院院士，中国近代力学、应用数学的奠基人之一。终身任上海大学校长，并任南京航空航天大学、漳州大学、沙洲工学院、暨南大学等校名誉校长，并任南京华东工学院、镇江江苏工业大学、成都电讯工程学院、西南交通大学、泉州华侨大学等校名誉教授。全国政协第六至九届副主席，民盟中央副主席、名誉主席。国际上以其姓氏命名的力学、应用数学科研成果有“钱伟长方程”、“钱伟长方法”、“钱伟长一般方程”，“圆柱壳的钱伟长方程”等。有《圆薄板大挠度问题》《弹性力学》《广义变分原理》等学术专著20余部。

名人经验

1957年1月，钱伟长在《人民日报》上发表了《高等工业学校的培养目标问题》的文章，对当时清华大学照搬苏联模式的教学思想提出了意见。因为坚持自己的看法，1957年6月他被打成“右派”。虽然因为毛主席的一句话，钱伟长保留了教授资格，但他没了上讲台授课的资格，被派去扫地。1968年，已经55岁的他还被分配到首都特钢做了一名炉前工。他的两个孩子受到牵连，没能上大学。

1980年，钱伟长终于得到了平反。3年后，已经70岁的他接到了由邓小平签发的担任上海工业大学校长的调令，下面还加了一句话：“不受年龄限制。”当时的上海市市长汪道涵找他谈话时则说：“不能辞职。”1993年，上海工业大学合并了4所大学，成为现在的上海大学，因此，钱伟长直到去世都是上海大学的校长，成为世界上年纪最大的校长。

在上海工业大学时，钱伟长提出了“拆除四堵墙”的教育理论，“四堵墙”指学校与社会之间的墙、老师与学生之间的墙、各学院与各专业之间的墙、教学与科研之间的墙。之后，他又推行“三制”，在全国率先实行学分制，并形成了以学分制、选课制、短学期制为核心的特有教学管理模式。他认为学校必须适应社会的变化，为社会服务，并且要和社会结合起来办教育。

钱伟长在上海虽然没买房子，也不领工资，但他在校长位子上干得很开心，忙得不亦乐乎。对于新的上海大学，钱伟长倾注了很多的心血，新校区规划蓝图就是他画的。有一次，其他学校的老师来参观，一位担任讲解的老师指着走廊说：“看，这个走廊多漂亮，多壮观。”钱老事后批评那位老师：“谁让你们这么说的？这个走廊连接着文理不同的学科，我是要打破学科之间的界限，根本就不是什么漂亮、壮观，以后你们不要这么讲。”

一经几言

不就高位追名师。

——［德］费雪

我不能掠人之美

名人简介

周培源

周培源（1902—1993），著名力学家、理论物理学家、教育家和社会活动家，中国科学院院士，我国近代力学事业的奠基人之一。1929年，留学回国，被聘为国立清华大学物理系教授，而后又先后在西南联大、北京大学任教授。中华人民共和国成立后，周培源曾任清华大学教务长、校务委员会副主任，北京大学教务长、副校长和校长，中国科学院副院长，中国科协主席等。主要从事流体力学中的湍流理论和广义相对论中的引力论的研究，奠定了湍流模式理论的基础，培养了几代知名的力学家和物理学家。

名人经验

尊重人，尊重别人的劳动，是周培源教授的一贯作风。有一次，一家出版社计划出版一本科学名人词典，想请周培源做主编。按照现今中国人的习惯来说，当时他是全国科协的主席，又是知名的科学家，当个挂名主编也并无不可。不过周培源却对来人说："我已经是八九十岁的人了，没有时间也没有精力逐篇审稿，所以我做不了主编。"来人说，具体工作由我们来做，您只要挂个名就行了。周培源说："你们要我不做实事，我不能不做实事而掠人之美。"就这样，他把这桩事回绝了。

"四人帮"倒台后，周培源让北京大学哲学系的一位老师和他的学生、北京大学武际可教授一起帮助他写一篇文章，谈"四人帮"对自然科学和教育的破坏。他托人民日报社打印200份样稿寄出征求意见时，发现在作者署名处，把武际可的名字脱漏了。武教授告诉他说，写这篇文章时我做的事很少，帮老师做点事也是应该的，就不要署名了。周培源却不这样认为，他以80多岁的高龄，硬是将200份文章逐份用笔添上了学生的名字。受此影响，武际可教授后来和同事或学生合作写书或文章时，如果文章或书的主要思想不是他提出的或主要部分不是他写的，也一律署名在后或不署名。

一经几言

成功的教师就是诚心诚意地追求他们的工作意义，不知疲倦地为扩大他们的知识与能力而奋斗，现实主义地保持他们的自我概念，以及遇到不断变化的环境

而有条不紊地进行自我更新的人。——［加］江绍伦

“家庭民主”的楷模

名人简介

叶圣陶

叶圣陶（1894—1988），原名叶绍钧，字秉臣，江苏苏州人。著名作家、教育家、编辑家、文学出版家和社会活动家。叶圣陶早年曾做过小学教员。1918年发表第一篇白话小说《春宴琐谭》。他终其一生都投入在推动文学运动之中。1919年就参加了由北大学生组织的“新潮社”，进行白话文学创作，并参与出版小说、新诗等新文学作品。1921年起在上海、杭州、北京等地中学和大学任教，并与茅盾、郑振铎等人发起组织“文学研究会”。抗战期间，参与发起成立“文艺界反帝抗日大联盟”。抗战后，主要从事编辑工作。代表作有《隔膜》《倪焕之》《稻草人》等。解放后，叶圣陶曾担任出版总署副署长、人民教育出版社社长、教育部副部长。

名人经验

我国著名作家和语文教育家叶圣陶有二儿一女：至善、至美、至诚。有一次，吃罢晚饭，叶圣陶戴起老花眼镜，坐下来改孩子们的文章。孩子们各据桌子的一边，眼睛盯住父亲手里的笔尖儿，你一句，我一句，互相指摘、争辩。有时候，父亲指出了文中可笑的错误，孩子们就尽情地笑了起来。每改罢一段，叶圣陶就朗诵一遍，看语气是否合适，孩子们就跟着他默诵。至善、至美、至诚的原稿好像从乡间采回的野花，蓬蓬松松的一大把，经过了父亲的选剔跟修剪，插在瓶子里才像个样儿。说是叶圣陶改，实际是大家商量着共同改。叶圣陶一边看孩子们的习作一边问：这儿多了些什么？这儿少了些什么？能不能换一个比较恰当的词儿？把词儿调动一下，把句子改变一下，是不是好些？……从表面上看，叶老是在指导子女练习写作，实际上，他是在教育子女如何做人。

一经几言

从美的事物中找到美，这就是审美教育的任务。——［德］席勒

祖国再穷我也要为她奋斗

名人简介

苏步青

苏步青（1902—2003），原名苏尚龙，浙江省平阳县人。共产党员，中国科学院院士，中国杰出的数学家，被誉为数学之王。1919 年 6 月，以优异的成绩从浙江省立第十中学（今温州中学）毕业后，赴日本留学。1927 年毕业于日本东北帝国大学数学系，后入该校研究生院，1931 年毕业获理学博士学位，同年 3 月应著名数学家陈建功之约，载着日本东北帝国大学的理学博士荣誉回国，受聘于国立浙江大学，先后任数学系副教授、教授、系主任、训导长和教务长。其间，与陈建功一起创立了“微分几何学派”。

名人经验

1931 年，苏步青获理学博士，在日本东北帝国大学已小有名气，日本不少名牌大学以高职、高薪聘请他。他的爱人是日本人，爱人和孩子也都在日本，何去何从？他想到，自己出国的目的是为了寻找一条救国救民之路，现在祖国正处在水深火热之中，我要以自己的学识和才智拯救苦难深重的祖国。于是，他毅然举家回国。

1937 年抗日战争爆发了，日本东北帝国大学拍特急电报，再次聘请他就任该校数学教授，各种待遇从优。不久又接到一份特急电报，他的岳父松本先生病危，要苏步青夫妇火速去日本仙台见最后一面。苏步青体谅夫人的心情，对她说，你回去吧！我要留在自己的祖国。祖国再穷，我也要为她奋斗，为她服务。夫人想到丈夫的生活和事业，她担心万一战局恶化，可能再也无法回到苏步青的身边，也取消了日本之行。

一经几言

从什么地方和什么时候开始自我教育呢？有一句古老的格言说：“战胜自己是最不容易的胜利。”

——［苏］苏霍姆林斯基

旗袍的见证

名人简介

吴健雄

吴健雄（1912—1997），美籍华人，原籍江苏苏州。国际知名核物理学家，素有“东方居里夫人”之称，在β衰变研究领域具有世界性的贡献。曾先后在浙江大学、哥伦比亚大学、普林斯顿大学任教。1958 年普林斯顿大学授予她名誉科学博士称号，这是该大学首次把这个荣誉学位授予一位女性。1975 年她曾任美国物理学会第一任女性会长，同年获得美国总统福特在白宫授予她的国家科学勋章，这是美国最高科学荣誉。1994 年当选为中国科学院首批外籍院士。

名人经验

美籍核物理学家吴健雄在 20 世纪 70 年代曾两度回祖国探访，当时她都高兴地穿着她最心爱的衣服——旗袍。这旗袍是 20 世纪 30 年代她离开中国时做的，她一直珍藏在箱底，倍加爱护。这旗袍既寄托着她深沉的乡思，同时也记录着她为科学奋斗的一生。

吴健雄初到美国时才 24 岁。四年以后，她就非常出色地完成了核物理方面的博士论文。

1956 年，杨振宁和李政道对长期以来人们所公认的“宇称守恒定律”提出了否定，创立了宇称不守恒的新理论。这项新理论的证实，就是由吴健雄的实验工作完成的。全世界的物理学家都称赞这是划时代的成就，她的工作在某种意义上影响了整个原子物理学的进展。她是美国国家科学院的第一个女院士，曾获美国十多所著名大学的荣誉学位，曾任全美物理学会主席。

这位举世闻名的女物理学家，几乎一辈子都在实验室里。她为科学事业奉献了青春年华、聪明才智以至毕生精力，而对自己的生活毫无奢求。她招收研究生，规定他们四年之内不得回家，一律住在实验室里。美国的学生都受不了，只有中国去的、亚洲去的学生才能成为她的研究生。因此在她的实验室中，始终保持着东方民族那种为科学事业勇于自我牺牲、艰苦奋斗的优良传统。

吴健雄教授一生钟爱旗袍这种中国妇女的传统服装，其实也是她身上中华民族妇女传统美德的一种体现。

一经几言

当你致力于教育别人时，不论是教育活动的范围以内、以外，同时要致力于自我教育。要让学校也成为自我教育的学校，让一切生活，任何环境和情况都作为自我培养和教育的凭藉。

——［德］第斯多惠

我们应当回去

名人简介

华罗庚

华罗庚（1910—1985），江苏金坛人。著名数学家及教育家，1930 年在清华大学任教。1938 年归国任西南联大教授。1946 年去美国，先后任普林斯顿高等研究院研究员和伊利诺伊大学教授。1950 年回国后任清华大学教授、中国科学院数学研究所所长、应用数学研究所所长，中国科技大学数学系主任、副校长等职。在代数、几何、多复变函数、数论等领域都作出过卓越贡献。他与王元合作进行了近代数论方法在近似分析上应月的研究，其成果被称为“华—王方法”。他一生共发表学术论文约 200 篇，专著 10 本，其中有 8 本被国外翻译出版，有些被列入 20 世纪经典著作之列。他是美国科学院历史上第一个当选为外籍院士的中国人。

名人经验

1946 年，我国著名数学家华罗庚前往美国。他一面从事教学，一面继续研究数学，发表了不少学术论文，美国学术界给他“世界上名列前茅的数学家之一”的赞誉。

华罗庚得到了优厚的工作条件和生活待遇，既有漂亮舒适的洋房，又有崭新的“顺风”牌专用小汽车，他的家眷也到了美国，有关人士明确地表示希望他终身留居美国。但是新中国成立后，华罗庚从报纸上看到新中国诞生的消息时，不禁热泪盈眶，毅然带领全家登上一艘邮轮，直扑新中国的怀抱。他在途经香港时发表了一封致留美学生的公开信，信中慷慨激昂地说：“我们受到同胞的血汗钱的栽培，成为人才之后，不为他们服务，这如何谓之公平？如何谓之合理？……为了抉择真理，我们应该回去；为了国家民族，我们应当回去；为了为人民服

务，我们应当回去；就是为了个人出路，也应当早日回去建立我们的工作基础，为我们伟大祖国的建设和发展而奋斗。”

1979年，华罗庚应邀访问英国并讲学。有一次，一位风度翩翩的女学者来到华罗庚面前，问道：“华教授，您不为自己回国感到后悔吗?”华罗庚斩钉截铁地回答：“不，我回到自己的祖国一点也不后悔。我回国，是要用自己的力量，为祖国做些事情，并不是为了图舒服。活着不是为了个人，而是为了祖国。”正是这种强烈的爱国主义精神和崇高的理想，促使华罗庚教授为发展祖国的科学事业作出了杰出的贡献，并培养了一大批后起之秀。

一经几言

导师也应以身作则，使儿童去做他所希望做的事情。导师的行动千万不可违犯自己的教训，除非是存心使儿童变坏。导师自己如果任情任意，那么教训儿童克制感情是白费力量的；自己如果行为邪恶，举止无礼，则儿童的行为邪恶，举止无礼，也是无法改正。

——［英］洛克

外科硕士拜访“马路天使”

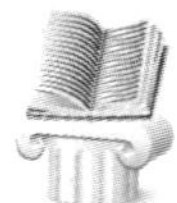

名人简介

黄家驷

黄家驷（1906—1984），我国著名胸外科学家，医学教育家，中国科学院学部委员（院士）。江西省上饶人。解放后，先后担任中国医学科学院院长、首都医科大学校长。黄家驷是中国胸腔外科学奠基人之一，他于1956年组建国内第一所胸腔外科专科医院——上海胸科医院，1959年创建国内第一所八年制医科大学——首都医科大学。

名人经验

抗日战争结束后，内战的阴影又笼罩着祖国大地。物价飞涨，货币贬值，人人为生计发愁。上海马路上到处有换“大头”（银元）的人，他们用一只手“咣当咣当”地甩着大洋，招揽顾主。这些“银元贩子”手拿银元在马路上换回钞票，从中渔利，人们把他们叫做“马路天使”。医学教授黄家驷的生活也很困难。他每月的薪水只能领到一些纸币，为了保住它的使用价值，黄家驷也不得不去把钞票换成银元。这位一天即使有48小时也觉得不够用的医学家，竟然要放下手

术刀，到马路上去拜访这些“马路天使”。

当抗日战争一结束，黄家驷就在美国购置了一整套胸外科手术器械，带着外科硕士证书和外科专家证书，赶回祖国，然而当时的祖国却是这样一副烂摊子。他不得不常常撇下工作去与“马路天使”打交道。他既痛苦也害羞，而且也根本不懂这种买卖中的门槛。无奈，只好每次邀上几个教授、讲师，一起走向这“咣当”之声。有些人看到黄家驷如此为生活奔波，就劝他离开医学院，自个儿开业。那时，开业与发财同义，更何况黄家驷这样的名医。黄家驷满不在乎地笑了笑说：“开业？不，我的一切是为了发展中国的胸外科事业。为了赚钱而放弃事业，无论如何不行！”

一经几言

道德教育成功的“秘诀”在于，当一个人还在少年时代的时候，就应该在宏伟的社会生活背景上给他展示整个世界、个人生活的前景。

——［苏］苏霍姆林斯基

“求是”定为校训

名人简介

竺可桢

竺可桢（1890—1974），中国卓越的科学家和教育家，当代著名的地理学家和气象学家，中国近代地理学的奠基人。又名绍荣，字藕舫，浙江上虞人。他先后毕业于美国伊利诺伊大学和哈佛大学，获哈佛大学博士学位。1920 年归国后到南京高等师范学校任教。1927 年任东南大学地学系主任，1928 年任中央研究院气象研究所所长。新中国成立前他先后执教于武昌高等师范学校、东南大学和中央大学。他先后创建了中国大学中的第一个地学系和中央研究院气象研究所。曾担任浙江大学校长 13 年，被尊为中国高校四大校长之一。

名人经验

“求是”是浙江大学的前身“求是书院”的院名，也是竺可桢为浙大制定的校训。早在 1936 年的 9 月 18 日，竺可桢在对学生讲话时，就把浙大精神概括为“诚”和“勤”两个字。“浙大的前身是求是书院和高等学堂，一脉相传，都可以‘诚勤’两字代表它的学风”。1938 年 11 月，在一次校务会议上，竺可桢正式提议将“求是”定为浙大校训。在他的心目中，“求是”的精神应包括：（1）不盲从，不附和，一切以理智为依归。如遇横逆之境遇，则不屈不挠，不畏强御，只问是非，不计利害。（2）虚怀若谷，不武断，不蛮横。（3）专心一致，实事求是，不作无病呻吟，严谨整饬毫不苟且。他对科学精神的提倡、对学术自治的坚持、对大学生人格理想的阐释以及与之相关的学校系科的调整，均源于此。

在上述三条中，竺可桢又特别强调第一条，他说："科学精神是什么？科学精神就是'只问是非，不计利害'。这就是说只求真理，不管个人的利害。有了这种科学的精神，然后才能够有科学的存在。"他常常举布鲁诺、伽利略等人为例："当时意大利的布鲁诺倡议地球绕太阳而被烧死于十字架；物理学家伽利略以将近古稀之年亦下狱，被迫改正学说。但教会与国会淫威虽能生杀予夺，而不能减损先知先觉的求是之心。结果开普勒、牛顿辈先后研究，凭自己之良心，甘冒不韪，而真理卒以大明。"

竺可桢又进一步引申出他关于大学生人格理想的论述。他明确地提出大学教育的目标："决不仅仅是造就多少专家如工程师医生之类，而尤在乎养成精忠坚毅，能担当大任，引领风尚，转移国运的领导人才。"而"唯有求真理心切，才能成为大仁大勇，肯为真理而牺牲身家性命"。"凡是有真知灼见的人，无论社会如何腐化，政治如何不良，他必独行其是。"他经常用孟子"天降大任于斯人"的名言来激励学生担当起民族复兴的重任，去做各界的领袖。

一经几言

道德教育的核心问题，是使每个人确立崇高的生活目的。……人每日好似向着未来阔步前进，时时刻刻想着未来，关注着来来。由理解社会理想到形成个人崇高的生活目的，这是教育，首先是情感教育的一条漫长的道路。

——［苏］苏霍姆林斯基

"请写上，我是中国人"

名人简介

童第周

童第周（1902—1979），我国卓越的生物学家、教育家，我国实验胚胎学的主要创始人，生物科学研究的杰出领导者。浙江省鄞县人。1927 年复旦大学毕业，任教于中央大学；1930 年赴比利时布鲁斯尔自由大学学习，获博士学位。归国后先后任山东大学、中央大学医学院、同济大学、复旦大学教授。1949 年起先后任山东大学副校长，中国科学院实验生物学研究所研究员、副所长，中科院青岛海洋生物研究室主任。1977—

1979 年任中国科学院副院长。

名人经验

“九一八”事变后的一天，正在比利时留学的我国实验胚胎学家童第周心情沉重地坐在一辆电车上。突然，一个比利时人命令道：“喂，你站起来，让给这位没有座位的先生。”童第周没有让座，那个比利时人又命令他站起来。童第周怒目而视，问：“为什么必须让出座位？”那个人用法语说：“你们中国人没有出息，连整个东北都送给日本了，还要强占着一个座位。”童第周受了莫大污辱，对那个人大喝一声：“不准造谣，你凭什么说中国人没有出息？”那人指着报上的漫画说：“这里面画得很清楚，中国人正在向日本人下跪呐！”童第周愤怒地反驳说：“这完全是造谣，总有一天，我们要把侵略者赶出去。”这时，那个人拿起照相机对着他，他冷笑一声继续说：“照吧！请写上，我是中国人，你们对中国人的污蔑是没有根据的！”

一经几言

道德教育最简单的要素是“爱”，是儿童对母亲的爱，对人们积极的爱。这种儿童道德教育的基础，应在家庭中奠定。儿童对母亲的爱是从母亲对婴儿的热爱及其满足于身体生长需要的基础上产生的。进一步巩固和发展这一要素，则有待于学校教育。教师对儿童也应当具有父子般的爱，并把学校融化于大家庭之中。

——［瑞士］裴斯泰洛齐

来世还愿做教师

名人简介

陈鹤琴

陈鹤琴（1892—1982），中国近现代教育家。浙江上虞人。1919 年 8 月，陈鹤琴留学回国，任南京高等师范学校教授。陈鹤琴一生主要从事于一系列开创性的幼儿教育研究与实践，发表的《儿童心理之研究》为我国最早用追踪方法研究儿童心理的专著。针对几千年来死读书、教死书的陋习，他提出活读书、教活书的要求，影响很大。主要著作还有《家庭教育》《中国幼稚教育之路》《教育史导言》等。

名人经验

我国著名的幼儿教育家陈鹤琴，早年毕业于清华学堂。1914 年，陈鹤琴获得“庚子赔款奖学金”赴美留学。学医，是当时许多留学生的志愿，因为一则利国利民，二则学成后就业容易。陈鹤琴最初也是这个志愿。但是在横渡太平洋的邮轮上，陈鹤琴的思想上却展开了斗争：“究竟我的志向是什么？是为个人的生活吗？决不！是为一家人生活吗？也决不！我的志向是‘为人类服务，为国家尽瘁’……医生是医病的，我是医人的。我喜欢儿童，儿童也喜欢我。我还是学教育，回去教他们的好。”满怀救国热情的陈鹤琴，经过反复思考，终于打定主意，放弃学医，改学教育，学成归国后献身于苦难祖国的教育事业。

1951 年 8 月，新中国教育部召开全国第一次初等教育及师范教育会议，陈鹤琴作为特邀代表参加会议。在会议闭幕宴会上，他被代表们推举出来讲话。他说：“我今年 60 岁。假如有人问我：‘你来生愿意干什么？’我说：‘我还愿意做教师。’要问：‘为什么？’我说：‘因为我太喜欢孩子。’”

一经几言

动人以言者，其感不深；动人以行者，其应必速。——李贽

不坐轿子

名人简介

徐特立

徐特立（1877—1968），中国无产阶级革命家、教育家。湖南善化（今长沙县江背镇）人。曾创办长沙师范学校，任湖南省立第一师范学校教师，提倡并亲自参加留法勤工俭学。回国后任湖南省立第一女子师范学校校长。1927 年加入中国共产党，参加南昌起义。后在中央革命根据地历任中央教育人民委员部代理部长、副部长兼苏维埃大学副校长。1934 年参加长征。1940 年回延安，历任自然科学院院长、中共中央宣传部副部长。

名人经验

作为一位杰出的革命教育家，徐特立一生都保持着朴素节俭的优良品质，他在学生心目中就是一本难得的修身教科书。

早在湖南一师的时候，徐特立的生活节俭就是全校闻名的。他的住处简简单单，没有大皮箱，没有大柜，没有什么值钱的家具，有的只是破旧的书籍。

当时，长沙教育界有一个风气，中学教师被认为是很体面的人，出门都要坐轿子，显示绅士派头。可是徐特立却从来不坐轿子。他在长沙师范当校长，又在一师兼课，两个学校相距约 10 里地，他每次都是往返步行。遇上雨雪天，他就穿着“钉鞋”，打着雨伞，夹着讲义，从不缺课或迟到。

一些教师看了很感动，慢慢地也都学着不坐轿子了。

一经几言

对一个教师来说，最大的危险就是自己在智力上的空虚，没有精神财富的储备。

——［苏］苏霍姆林斯基

不苟取分文

名人简介

梅贻琦

梅贻琦（1889—1962），近代著名教育家。天津人。1904 年南开中学第一期学生。1908 年入保定高等学堂学习，后留学美国，回国后于 1916 年任教于清华大学物理系，后任教务长。后任教育部高等教育司司长。1931—1948 年任国立清华大学校长，是清华大学历史上任期最长的校长。抗战时期。清华与北大、南开三校合并为西南联合大学，他暂时以校务委员会常委兼主席身份主持校务。1955 年由美返台，在台湾新竹将清华大学复校。1962 年 5 月 19 日病逝于台北。

名人经验

1931年冬，42岁的梅贻琦被任命为清华大学校长，自此他连任清华大学校长达17年之久。梅贻琦上任后住在当时的校长住宅，按惯例，连卫生纸都是公家供给，由公务人员按时送到。他却主动放弃可以享受的一些“特权”，自己付家里工人的工资，自己付电话费，不要学校每月免费供应的两吨煤，从不让家里人乘坐他的公务小轿车去办私事。他的夫人也只是在和他一起进城时才可以顺便搭他的小轿车。他在生活上的要求很简单，从不讲究吃饭，处处精打细算。梅贻琦用一些废纸片起草的报告提纲、公函等，现在仍保存在清华大学的档案馆里，见证着他廉洁、勤俭的工作作风。

在那个灾难深重的年代，国统区的经济日益凋敝，民众生活极其贫困。作为教授，他的生活也是困苦不堪。他的弟弟梅贻宝后来回忆说：“抗日战争期间，身为大学校长和国民党中央执行委员的梅贻琦，经常吃白饭拌辣椒，有时吃上一顿菠菜豆腐汤，全家人就很满意了。”在西南联合大学还流传着一段梅夫人自制米糕的佳话。

梅贻琦一生两袖清风，没有积蓄，病后住院费和死后的殡葬费都是校友们捐助的。据相关人士回忆：在梅贻琦病床旁边有一只他从不离手的手提包，他去世后亲人打开一看，竟是清华基金的历年账目，一笔一笔清清楚楚，在场人无不为之动容。他虽几次出任当时教育部的高层领导职务，又长期掌管数十万美元的清华基金，却能一生紧守原则，逝世后没有留下任何遗产。正像林公侠所说：“他在母校十几年，虽然清华基金雄厚，竟不苟取分文，在污染成风的社会竟能高洁、清廉到这样的地步，真是圣人的行为。只这一点，已是可以为万世师表。”

一经几言

对于新生来说，教师具有无可怀疑的威信，教师是一切美好的化身和可资仿效的榜样。然而决定着儿童对教师的进一步关系的建立的还是教师的工作作风和他的人格品质。

——［苏］凯洛夫

最后一个上船过河

名人简介

李敷仁（1899—1958），陕西咸阳人。1946 年 9 月，任延安大学校长。1949 年，延安大学改名为西北人民革命大学迁入西安后，任副校长，后任校长。新中国成立后，历任民盟中央委员，西北人民革命大学校长，西安市政协副主席。全国人大代表等职。

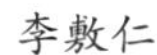

李敷仁

名人经验

我国人民教育家、延安大学校长李敷仁，很强调“为人师表”“以身作则”。1947 年 8 月 16 日，李敷仁带领延安大学师生住在黄河岸边的木头峪。这时，蒋介石、胡宗南的军队从三面开来，上级命令沿大河向东转移。但当时木头峪渡口渡船很少，人员、物资和牲口聚集很多，敌军迫近，师生情绪紧张，争着抢渡船。李敷仁毫不慌张，命令高中部和教育班先渡河，然后又组织其他师生住宿等待。有人关切地让他先上船，他说：“我要最后过河，我要看着把每个学生送过河去，我才上船！”第二天，李敷仁带领其余师生，沿河北上，到谭家坪才乘船过了黄河。

一经几言

凡诲人者必先自省，知己之学已至，乃可诲人。　　——钱琦《巽语篇》

张伯苓与张学良

名人简介

张伯苓

张伯苓（1876—1951），现代著名教育家。名寿春，天津人。北洋水师学堂毕业。1903 年随严范孙（严修）赴日考察教育，1904 年创办南开中学。1917 年，赴美国哥伦比亚大学考察。1919 年，和严修一起创办了南开大学。1923 年创立南开女子中学。1928 年，又建南开小学，从而完成了“南开”由小学到大学的教育体制。张伯苓和严范孙创立的南开大学、中学、

小学，是中国近代私立学校的典范，培育了周恩来等众多英才，在中国教育史上占有重要地位。

名人经验

1990年解除幽禁之初，张学良和夫人暂时留住在台北寓所休养，同年8月中旬在寓所接受了日本NHK广播协会记者的专访。在采访当中，日本记者突然向张将军提问："先生在年轻时受谁的影响最大?"张将军不假思索地回答道："是张伯苓先生!"接着张将军回忆了早在1916年他还是一位年仅16岁翩翩少年的时候，在故乡沈阳聆听了张伯苓先生的一次讲演，张伯苓的讲话十分感人，使他内心受到强烈的震撼。

1916年10月底，天津南开中学校长张伯苓应沈阳基督教青年会的邀请，来到沈阳讲学，在沈阳青年会对青年教友作了一次讲演，主题是"中国之希望"。这时张伯苓年届40，正当壮年，办学有成，他创办南开中学已满12周年，积累了丰富的对青年进行教育的经验。他用原汁原味的天津话和善于鼓动的激情，打开了青年听众的心扉，掌声一次又一次地激荡在讲演大厅。

当时在台下听众席中有一位显赫人家的子弟，那就是东北三省督军大帅张作霖的公子张学良。此时的张学良正是一位享受优越生活无所作为的纨绔子弟，前来听讲只是由于慕名张伯苓的办学业绩。同为基督教教友，他是抱着好奇心来猎奇的。他当时正值二八年华，正是青年人憧憬未来征程，为国家和社会的前途踌躇苦闷、思想多变的时期。张伯苓讲到国民对国家的责任时讲出了一句语惊四座的话："中国不亡吾辈在!"这在张学良的头脑中引起了震撼。张校长讲道："每个人都要自强，只要人人有了自我，中国就亡不了。我们必须有这么想的气概，不管人家怎么说，自己要有这种信念!"

张学良听了张伯苓的讲演词，认识到自己不应该继续沉湎于游乐、做父亲和家庭庇护下的公子哥儿，男儿当立志，应该能为国家和社会做些有益的事业。张伯苓的声音在张学良的头脑中留下了难忘的印记。

一经几言

凡是教师缺乏爱的地方，无论品格还是智慧都不能充分地或自由地发展。

——［法］卢梭

不为金钱作文章

名人简介

朱自清

朱自清（1898—1948），原名自华，号秋实，字佩弦，后改名自清，江苏扬州人，原籍浙江绍兴，故自称“我是扬州人”。朱自清之名是他1917年报考北京大学时改用的，典出《楚辞·卜居》“宁廉洁正直以自清乎”，意思是廉洁正直使自己保持清白。朱自清选“自清”作为自己的名字，其意是勉励自己在困境中不丧志，不同流合污，保持清白。他同时还取字“佩弦”。“佩弦”出自《韩非子·观行》“董安于之性缓，故佩弦以自急”，意为弓弦常紧张，性缓者佩弦以自警。

名人经验

朱自清是一位具有高尚气节的作家。毛泽东曾高度赞扬他“一身重病，宁可饿死，不领美国的救济粮”，并指出：“我们应当写闻一多颂，写朱自清颂，他们表现了民族的英雄气概。”

抗日战争结束后，朱自清家住北平，在清华大学任教，生活十分闲难，一家七口人，常常缺吃少穿。朱自清虽然已是名人，但衣着破烂得不像样子。由于营养不良，他患了严重的胃病，病发时，净吐黄水、吃不下东西，但他仍然带病参加共产党领导下的各种政治活动和文学艺术活动。尤其是在病重时，他毅然拒绝接受美国的“救济”面粉。

当时，北平的一些由美国所培养的民主个人主义者创办了一个标榜中间路线的刊物《新路》，企图用它分化和破坏民主运动。《新路》编辑部里有一些朱自清过去的老朋友，他们想利用朱自清的影响，以高稿酬为诱饵，邀请朱自清为他们写文章。他们以为朱自清重病缠身，贫困交加，一定会为他们卖力。但朱自清严词拒绝了。

朱自清慷慨激昂地对妻子说：“中间路线是没有的，我们总要把路线看清楚，勇敢地向前走，这不是一桩简单的事。我们年纪大的人也许没有年轻人那么快，但是，就是走得慢，也得走，而且得赶着走。”

1948年8月12日朱自清病逝前，把宁死不接受帝国主义的救济粮作为给他爱人的唯一遗嘱，表现出高尚的民族气节和不妥协的精神。

一经几言

夫师，以身为正仪，而贵自安者也。——荀况《荀子·修身》

寡言君子

名人简介

梅贻琦（1889—1962），近代著名教育家。天津人。梅贻琦个性沉静，寡言、慎言，他的学生曾作打油诗：“大概或者也许是，不过我们不敢说，可是学校总认为，恐怕仿佛不见得。”叶公超用“慢、稳、刚”三个字形容他。他“身教重于言教”及“所谓大学者，非谓有大楼之谓也，有大师之谓也”的教育名言深为世人推崇。梅校长对清华大学的成长贡献巨大，受到所有清华人的崇敬。

梅贻琦

名人经验

在清华的校史上，有一位校长与北大校史上“大名鼎鼎”的胡适之校长卒于同年，这就是梅贻琦。梅贻琦自1914年由美国吴士脱大学学成归国，即到清华担任教学和教务长等多种工作。1931年，梅贻琦出任清华校长，自此后一直到他在台湾去世，他一直服务于清华，因此被誉为清华的“终身校长”。他出任校长的时候，国内情势风雨飘摇，学潮不断，尤以北大清华为甚。以清华来说，驱逐校长的运动可以说是此起彼伏，但是无论什么时候，清华的学生们的口号都是“反对×××，拥护梅校长”。梅贻琦为人重实干，时人称之为“寡言君子”，有一句话可以佐证，他说：“为政不在多言，顾力行何如耳。”在他的领导下，清华才得以在十年之间从一所颇有名气但无学术地位的学校一跃而跻身于国内名牌大学之列。

与胡适之相比，梅贻琦显然没有“暴得大名”的胡博士那么风光，他的一生仅仅做成了一件事，那就是培育并奠定了清华的校格。这主要集中体现在两个方面：一是师资人才的严格遴选和延聘，这是“所谓大学者，非谓有大楼之谓也，有大师之谓也”的具体表现；二是推行一种集体领导的民主制度，具体的体现就是成功地建立了由教授会、评议会和校务会议组成的行政体制。

一经几言

国将兴，必贵师而重傅。

——荀况《荀子·大略》

巨匠的“竞争”

名人简介

梅兰芳

梅兰芳（1894—1961），江苏泰州人。出身于梨园世家，一代京剧大师，形成自己的艺术风格，世称“梅派”。梅兰芳还是一位伟大的爱国主义者，抗战期间蓄须明志，拒绝演出，靠写字卖画为生。解放后历任中国京剧院院长、中国戏曲研究院院长、中国文学艺术界联合会副主席、中国戏剧家协会副主席等。

名人经验

解放前，程砚秋先生曾拜梅兰芳先生为师。那时候，程砚秋尚未成名。为了让程砚秋得到学习的机会，梅兰芳每晚演出都要留一张好票请程砚秋观看。

1947年，梅兰芳与程砚秋在沪演出，梅兰芳在中国戏院，程砚秋在天蟾舞台。为了提高程砚秋的身价，梅兰芳每天都要询问清楚程砚秋当晚演什么节目，若与自己相同，就主动更改，绝不与程重复。在演出票价上也定得尽量不超过程砚秋的票价。一段时间，每晚两个戏院内外人山人海，灯火通明，观众们为两位巨匠友好的“竞争”鼓掌，也为梅兰芳高尚的师德和戏德喝彩。

一经几言

很多教师常常忘记他们应当是教育家，而教育家也就是人类心灵的工程师。

——［苏］加里宁

勇为民主战士

名人简介

李公仆（1902—1946），江苏淮安人 中国现代伟大的爱国主义者，坚定的民主战士，中国民主同盟早期领导人，杰出的社会教育家。

李公仆

名人经验

1902年11月26日生于江苏省武进县的一个贫苦家庭，幼年时生活贫寒，13岁到镇江京广洋货店做学徒，因与一些青年组织爱国团，抵制贩卖日货，被店主解雇。后就读于镇江润州中学。毕业后考入武昌文华大学附中，因反对校医虐待学生酿成学潮被开除。随后他考入上海沪江大学（现上海理工大学）附中，毕业后升入沪江大学半工半读。第一次国共合作时期，他投军北伐。1927年“四·一二”反革命政变后，他愤然离开军队，次年8月赴美留学。在美国他边读书边打工，并在邹韬奋主编的《生活》周刊上向国内介绍美国社会情况。1930年11月，李公朴结束留学生涯回到上海。当时日本军国主义步步进逼，国事岌岌可危，他满腔热血积极投入各种救亡活动，与邹韬奋等筹办《生活日报》，在史量才支持下创办《申报》流通图书馆、《申报》业余补习学校和妇女补习学校。1934年他和艾思奇一起创办《读书生活》，发表了大量反对日本帝国主义侵略、抨击国民党反动派统治的文章，宣传抗日民族统一战线的思想，进行哲学、社会科学和自然科学通俗化的尝试，传播马列主义的一些基本知识，对青年的思想启蒙起了巨大的作用，引导许多青年走上了革命的道路。1936年创办读书生活出版社，出版了许多进步的通俗读物，包括马克思的经典著作《资本论》。同年全国各界救国联合会成立，李公朴被推为负责人之一，积极与东北抗日人士联系，支持抗日斗争。同年11月，国民党反动派竟将他与沈钧儒等六人逮捕入狱，制造了震惊国内的“七君子事件”。

一经几言

环境正是由人来改变的，而教育者本人一定是受教育的。——［德］马克思

最热爱教育的人

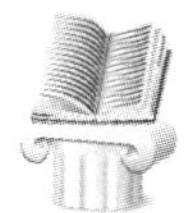

名人简介

陶行知（1891—1946），汉族，安徽歙县人，毕业于金陵大学（1952年并入南京大学）文学系，中国人民教育家、思想家，伟大的民主主义战士，爱国者，中国人民救国会和中国民主同盟的主要领导人之一。曾任南京高等师范学校教务主任，中华教育改进社总干事。

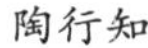
陶行知

名人经验

陶行知原名陶文濬，他年轻时由于信奉王阳明“知是行之始”的主张，因而改名“知行”。后来，他兴办教育，日益发现“行”的重要，故而又改名为“行知”。他还写了一首《三代》的打油诗作为说明：“行动是老子，知识是儿子，创造是孙子。”这位曾经在美国哥伦比亚大学师从于著名教育家杜威的留学生，在做了几年薪水不菲的大学教师后，谢绝了金陵大学校长一职，回到了乡村致力于平民教育运动。

这种在今天看来匪夷所思的选择，在陶行知看来甚至算不上“毅然”：我本来是中国的一个农民，无奈十几年的学校生活把我向贵族的方向转移，经过一番觉悟，我就像黄河决了堤一样，向那中国平民的路上奔流回来了。他立下宏愿，要排除各种困难，筹集一百万元资金，征集一百万位同志，创办一百万所学校，改造一百万个乡村。

1939年12月31日，陶行知与吴树琴在重庆结婚。也就是在他们结婚的同年，陶行知办了一所专门招收难童和孤儿的学校——重庆育才学校。学校办得很艰难，他要靠不断地募捐来养活二百多人。由于米价日涨，学校到了山穷水尽的地步，有人劝陶行知先生说：“你这是在抱着石头游泳”。陶行知乐观地说：“我是在抱着爱人游泳，越游越有劲。”

一经几言

己方昏昏，而欲人之相从受学而昭昭，岂非一极不正当之教师耶。

——［古希腊］柏拉图

伦理教授重言更重行

名人简介

杨昌济

杨昌济（1871—1920），又名怀中，字华生，号板仓先生，湖南长沙。伦理学家，教育家。曾赴日本、英国留学。关心毛泽东、蔡和森、萧子升等一批进步青年，鼓励他们努力向上，树立正确的人生观。任北京大学教授期间，协助蔡和森等筹措赴法勤工俭学旅费，介绍毛泽东去北大图书馆工作。著有《劝学篇》等文，译有《西洋伦理学史》等书。

名人经验

1909年，杨昌济在英国学习。他十分注意研究英国人民的生活风貌，并从中肯定那些值得学习和借鉴的东西。大至言论自由、通信自由，小至不说谎、不随地吐痰、不随便借钱和用别人的钱，等等，他都一一注意观察，加以肯定。他十分赞赏“西洋人于小事亦分明有界限”的习惯，如寄信时，向别人借了邮票一定要给钱；几个人同坐公共汽车，进餐馆，一人付了款，其他人也要把钱凑足交给他。杨昌济说，中国人就是不一样，认为这么一点钱不值得还，如果还了，就是轻视出钱者；有时候即使真还钱，受钱者也往往故意推辞，有的甚至发怒，实际上心里并不是真不要。他认为这样做很不好，容易导致伪善。后来，杨昌济回国后曾认真实行这种“银钱上权限分明主义”。他在长沙经常要过江授课，有时同舟学生代他交了船钱，他事后一定把船钱还给学生。

杨昌济是一个治学严谨、道德高尚的人，他坚信他的伦理学，努力向学生灌输一种公正、道德、正义、有益于社会和人类的准则。1912年他从伦敦留学回国，当时湖南都督谭延闿正在到处网罗人才，听说杨昌济素有声望，就想请他担任省公署的教育司长，他婉言谢绝了。他不愿意去逢迎官场的卑鄙肮脏，却选择了被人冷落的师范学校教员的职务，而且自题了这样一副对联以明志：“自闭桃源称太古，欲栽大木柱长天。”

一经几言

己之才学为人所尊，乃可诲人以进修之要；己之性行为人所重，乃可诲人以操履之详。

——袁采《袁氏世范》

一视同仁

名人简介

陈亢

陈亢（前511—?）字子亢，一字子禽，又名原亢，生于公元前511年，小孔子40岁，蒙人（今安徽蒙城）。齐大夫陈子车弟。孔子弟子，在77位弟子中名列第68位。曾做过单父（山东单县南）宰。《论语》中载有关于子禽与伯鱼、子禽与子贡的对话。陈亢为宰时，施德政于民，颇受后人好评。其兄死，反对家人殉葬。

名人经验

孔子对弟子竭诚相待，有的弟子却认为孔子留有一些知识没有教给大家。孔子说："你们这些学生以为我有所隐瞒吗？我对你们是没有隐瞒的，我没有一点不向你们公开，这就是我孔丘的为人。"这一番话的确是孔子的写照。

孔子的儿子孔鲤当时也在孔子的门下接受学习，有人就怀疑孔子会给自己的儿子一种独特的教育方式。弟子陈亢就询问孔鲤是否在老师那里得到了与众不同的教诲。孔鲤回答说："没有。他曾经一个人站在庭院中，当我走过去的时候，他问我学《诗》没有，我说没有，他告诉我，不学《诗》就不会外交辞令，此后我便认真学《诗》。过了几天，他又问我学《礼》没有，我说没有，他告诉我，不学《礼》就没有立足社会的依据，此后我便认真学《礼》，我只听到这两件。"

陈亢回去后非常高兴地对大家说："我问孔鲤一件事，却知道了三件事：知道《诗》，知道《礼》，还知道品德高尚的人对其子的正确态度。"

由此，我们可以看出孔子的高尚师德，他并不视知识为家庭的私有财产，而是把弟子和自己的儿子一样对待。

一经几言

记问之学，不足以为人师。

——戴圣《礼记》

自　责

名人简介

颜回

颜回（公元前521～前481年），曹姓，颜氏，字子渊，名回。汉族，春秋末鲁国都城（今山东宁阳鹤山人）人，生于鲁昭公二十九年（公元前521年），卒于鲁哀公十三年（公元前482年），享年39岁（据熊赐履：《学统》）。他十四岁即拜孔子为师，此后终生师事之。在孔门诸弟子中，孔子对他称赞最多，不仅赞其“好学”，而且还以“仁人”相许。历代文人学士对他也无不推尊有加，宋明儒者更好“寻孔、颜乐处”。自汉高帝以颜回配享孔子、祀以太牢，三国魏正始年间将此举定为制度以来，历代统治者封赠有加，无不尊奉颜子。

名人经验

孔子和他的学生来到陈国和蔡国的交界之处时，带的干粮吃完了。师徒几天都没有吃上一顿饭，甚至连野菜汤也喝不上，饿得东倒西歪的，只好白天躺在地上睡觉，保持体力。

颜回是孔子最聪明的学生，看到大家饿得实在不行，就到附近的村庄讨了点米回来煮饭给老师同学吃。等到饭快要熟的时候，坐在远处的孔子看到颜回伸手从锅里抓了一把饭搁在嘴里吃了。孔子假装没看见，心里却嘀咕：“颜回怎么这样呢？饭还没熟他就偷偷吃起来了。”

过了一阵，饭熟了，颜回首先给老师盛了一碗饭，请孔子吃。孔子站起来说，“我刚才睡觉的时候梦见了我的父亲，我想拿这碗饭来祭拜他。”

孔子的话里有话，但颜回并没有听出来。他连忙拦住孔子说：“老师，这可不行。刚刚我烧饭的时候有灰掉进锅里，我觉得把弄脏了的饭扔了可惜，要是让老师同学吃了也不好，就自己吃了。这锅饭不干净，可不能用来祭奠令尊大人。”

孔子听了，自愧不已，他对学生说：“刚才颜回把炉灰弄脏了的饭吃了，我以为他是……我认为是亲眼所见，就可以坚信不疑，看来光凭眼睛看到，还不能完全相信。颜回，我错了，对不起。”

老师难免在工作中犯错，知错能改，善莫大焉。

一经几言

教师必须把自己培养成具有集体主义精神的组织者，培养成真正的共产主义者。

——［俄］克鲁普斯卡

“此身可裂，此膝不可屈”

名人简介

白毓昆

白毓昆（1868—1912），清末滦州革命起义领袖。1868 年出生于江苏通州（今南通），字雅雨，号铣玉。1899 年肄业于上海南洋公学师范学堂，次年到上海任南洋公学师范院和澄衷学堂教席，1908 年在天津北洋政法学堂任教期间，曾任李大钊的老师，其民主思想对李大钊产生过影响。1910 年投入到推翻清王朝的革命斗争中，1912 年 1 月，领导滦州革命起义，不幸被捕遇害。

名人经验

李大钊的老师白毓昆经常对学生讲历史上英雄豪杰的故事，讲帝国主义列强日甚一日对中国的瓜分，讲人生天地之间应抱的基本态度。并常说：“我活着只希望做一个对老百姓有用的人，我死后一不要棺材，二不要埋在地下，把我的尸体扔进大海里，喂肥鱼虾供人民食用，也使人民得到我一点好处，这就是我平生最大的志愿。”

白老师是这样讲，也是这样做的。1912 年 1 月初，滦洲起义爆发，白老师被推为北方革命政府参谋长。京津一带是清王室的心脏，起义军高举大旗向北京进军，吓得清朝统治者心惊胆裂。由于出了叛徒，白毓昆兵败被俘，在敌人法庭上，还义正词严地宣传革命主张：“我死不足惜，倒是你们今天做清朝的奴隶，明天就要做外国人的牛马，难道不觉得痛心吗?”敌人无奈，对白毓昆处以极刑。在刑场上，刽子手迫他下跪，他愤怒地斥责道：“要杀就杀，此身可裂，此膝不可屈!”

一经几言

教师必须具有健康的体魄，农人的身手，科学的头脑，艺术的兴味，改革社会的精神。

——陶行知

保持俭朴

名人简介

希尔伯特

希尔伯特（1862—1943），是20世纪全世界最伟大的数学家之一。他在横跨两个世纪的六十年的研究生涯中，遍访现代数学所有前沿阵地，从而把他的思想深深地渗透进了整个现代数学之中。希尔伯特是哥廷根数学学派的核心，他以其勤奋的工作和真诚的个人品质吸引了来自世界各地的年轻学者，使哥廷根的传统在世界产生影响。希尔伯特去世后，被誉为数学世界的“亚历山大”。

名人经验

希尔伯特是德国著名的数学家，他在盛名之下，仍保持俭朴平凡的本色。

星期一讲课，有个学生发现老师的裤子上有个破洞，学生将这件事告诉其他同学，一直到星期五，老师仍穿这条裤子。

学生们商量，要找个机会不失礼貌地向老师提醒注意那个破洞。

过了一周，老师和学生们一起出校门，突然一辆大卡车风驰电掣般擦身而过。

“啊，危险！”一名学生死死抱住希尔伯特先生。这时，他灵机一动，想起这是提醒老师的好机会，便说：“啊，老师的裤子被车挂了个洞。”

老师说：“哪儿？在哪儿？哦，这个洞嘛，上个学期就有啦！”

精神富足的人，能保持俭朴，更是他生命的富有。

一经几言

教师必须有独创性。他对学生要成为理性和启蒙的真实的火炬。

——［德］第斯多惠

首先考虑祖国的需要

名人简介

阿列纽斯

阿列纽斯（1859—1927），瑞典物理化学家。曾任斯德哥尔摩大学教授。1887 年提出了关于电解质在水溶液中部分离解成完全自由的离子的阿列纽斯理论。这个理论是物理化学发展初期的重要发现，为此，他获得 1903 年诺贝尔化学奖。在化学动力学方面，他研究了温度对反应速度的影响，得到了公式“阿列纽斯方程式”。著有《溶液理论》《化学和免疫化学理论》《宇宙物理教程》等。

名人经验

阿列纽斯是一位爱交游、喜聊天、平易近人的人。有一次，他旅居德国，德国政府为了笼络他，在柏林专门为他盖了一所研究院，并由德皇封他为“全能教授”，颁赠给他最高的勋爵爵位。

当传递德皇诰封的钦差大臣赶到阿列纽斯的住处时，已是黄昏，他出去散步了。钦差大臣急得到处寻找，最后终于在公园里发现了他。

当时，阿列纽斯正兴高采烈地和一群小学生捉迷藏，他手舞足蹈，甚至在公园的草地上打起滚来。当德皇的钦差大臣向他表示祝贺时，他与钦差大臣打着哈哈，摘下了钦差大臣的纱帽，并说：“你喜欢和我们一起玩吗？过一会，我再陪你一块唱戏。”等到阿列纽斯弄清楚是怎么一回事时，他这才愣住了。孩子们围了上去，问他发生了什么事情。他告诉孩子们，并征求他们的意见说：“你们说，我去不去柏林呢？”“当然要去啦！”孩子们齐声回答。

然而，他既没有马上同德皇的钦差大臣一起赶到柏林皇宫，也没有肯定答复去。阿列纽斯认为是祖国抚育和培养了自己，自己首先应当想到的是祖国的需要而不是个人的名利。他立即向瑞典教育部作了请示，当瑞典国王表示瑞典离不开他时，他高高兴兴地担任了瑞典诺贝尔物理化学院院长。为了祖国的富强，为了人类的幸福，他一直勤勤恳恳地致力于科学研究。

一经几言

教师不仅是知识的传播者，而且是模范。　　——［美］布鲁纳

不是保守，是节省

名人简介

乔治·汤姆生（1892—?）。英国科学家。1906年诺贝尔物理学奖得主约瑟夫·约翰·汤姆生的儿子，人称小汤姆生。1922年，30岁的他就成为英国阿伯登大学的自然哲学教授。1930年被任命为伦敦大学帝国学院教授，还担任过剑桥大学神学院院长。他因证实电子是一种波，于1937年被授予诺贝尔物理学奖。

乔治·汤姆生

名人经验

乔治·汤姆生（小汤姆生）在学术上造诣很深，备受世人称赞。但他在生活上却非常俭朴。

1930年，当接受皇家工业学院的聘请前去任教时，他仍然驾驶着一辆式样古老而破旧的车子，他母亲责怪儿媳妇太不关心丈夫的生活。小汤姆生的妻子不得不对婆婆解释：“您老人家错怪了我，不是我不关心他，而是他不听啊！我几次三番劝他换一辆新式车子，他都不肯。”也许会有人认为这是英国人保守的一种表现，但小汤姆生认为：“这不是保守，而是节省不必要的浪费，旧车子还能使用呐！”

小汤姆生一生谦逊好学，关心他人。他每年都要把自己节省下来的一部分钱捐助给那些贫寒而又有培养前途的子弟，以促进他们的学习。

一经几言

教师的爱是滴滴甘露，即使枯萎的心灵也能苏醒；教师的爱是融融春风，即使冰冻了的感情也会消融。

——鲁迅

不应该归我个人

名人简介

居里夫人（1867—1934），法国物理学家和化学家。原籍波兰，姓斯可罗多大斯卡。巴黎大学理学博士。1895年与皮埃尔·居里结婚。他们共同就柏克勒

居里夫人

尔在当时首先发现的放射性现象进行研究，先后发现钋和镭两种天然放射性元素。居里逝世后，她接替居里任巴黎大学教授，并继续研究放射性，获得成就。因对放射性现象的研究工作，和居里、柏克勒尔共获 1903 年诺贝尔物理学奖，后又获 1911 年诺贝尔化学奖。著有《放射性通论》《放射性物质的研究》等。

名人经验

1921 年 5 月 20 日，美国总统亲自主持，准备在白宫举行隆重的向居里夫人赠镭仪式。所赠的这一克镭，是美国著名女记者麦隆内夫人在 1920 年 5 月访问居里夫人以后，向美国妇女募款购买的。

在举行仪式的前一天，麦隆内夫人高高兴兴地把赠镭证书交给居里夫人，证书写道："美国妇女界捐赠的一克镭的使用权永远归属玛丽·居里。"

居里夫人接过证书的时候，心情激动地说："我万分感谢你们赠送这一慷慨友好的礼物！"但当她看完证书后，脸色变了。

"这个文件必须修正！"居里夫人认真地对麦隆内夫人说，"因为这一克镭代表了一笔巨款，尤其是代表了美国妇女的心意，所以它不应该归我个人，而应该永远属于科学。在我活着的时候，不必说，我将用它作科学研究。但是，假如就这样规定，那么在我死后，这一克镭必定作为遗产留给我的两个女儿，这是不妥当的。我愿意把它算作赠与我的实验室的礼物。"

稍停片刻，居里夫人双眼盯住麦隆内夫人，逐字地恳求说："希望找一位律师来，立个字据，说明这一点。"

麦隆内夫人听了觉得很为难，但她深为居里夫人的这一席肺腑之言所感动。她不禁回忆起一年前她采访居里夫人时的情景：居里夫人作为"镭的母亲"，深深地热爱着镭。她对美国各地贮存的镭的情况了如指掌，如数家珍地告诉麦隆内夫人："美国约有五十克镭，四克在巴尔的摩，六克在丹佛，七克在纽约……"

"法国有多少呢？"麦隆内夫人插问了一句。

"我的实验室里只有一克多。"居里夫人回答说。

"您仅有一克镭吗？"麦隆内夫人惊异地问。

"我？不，我一点也没有！"居里夫人更正说，"刚才我已经说了，这一克镭全是属于我们实验室的！"

"那一克镭不是您自己亲手炼制出来的吗？"麦隆内夫人更觉得不可理解了。

居里夫人微微一笑，平静地说："我们是为科学而研究而工作的，镭是自然界的一种元素，它属于全人类所共有。"

想到这里，麦隆内夫人无可奈何地点点头，答应了居里夫人的请求："好吧，既然您愿意这样，我们可以在下星期办正式手续。”

“不要等下星期，也不要等明天，就在今晚办妥!”居里夫人像发布命令一样地说，“因为这个赠予证书马上就要生效了，明天我就要接受一克镭了，谁能知道我明天不会突然死去呢?”

麦隆内夫人拗不过居里夫人，只得一面请她亲自起草证书，一面去找律师和公证人。经过再三磋商，终于在深夜通过了居里夫人起草的证书。这一闪光的文件写道：

“遵照 1921 年 5 月 19 日所订的合同，如果我去世，募集‘玛丽·居里镭捐款’的妇女执行委员会则将赠我的一克镭，完全归属巴黎镭学研究院居里实验室所有和使用。”

一经几言

教师的急务是用自己的榜样来诱导学生。 ——［捷］夸美纽斯

第三篇　春风化雨的教书育人经验

开篇语

教书和育人是一门艺术。爱因斯坦说："学校要求教师在他的本职工作上成为一种艺术家。"教学艺术就是教师在课堂上按照美学尺度的要求执行教学法则，灵活运用语言等各种手段，充分发挥教学情感的功能，为取得最佳教学效果而施行的一套独具风格的创造性教学活动。教学风格美、教师人格美等既是以提高教学质量为最终目的，又使教学具有了审美价值。

教书易，育人难。教师既要向学生传授专业技术知识和技能，为社会培养塑造高级专门人才，又要向学生阐述做人、做事的道理，进行道德情操教育，将学生培养成对国家、社会和人民有益的公民。因此，博览典籍使自己成为饱学之士，勤练技艺使自己成为专业高才，深研规律使自己成为教育行家，是每个教师要终身为之奋斗的目标。

教育是人类文明传承、发展的最主要的手段，是一种培养人才的社会活动。人类历史绵延数千年，教育的内涵随着生产力水平和生产方式的变更而发生改变。但不管出现怎样的发展变化，教育培养人也就是教书育人的基本特征始终如一。

教书育人有两方面的含义：一是教书，即教师向学生传授知识，发掘学生智力，培养学生能力；二是育人，即帮助学生树立正确的世界观、人生观、价值观，培养学生优良的道德品质，简言之，就是教学生如何做人。教书育人是教育过程的本质反映，实施者主体被称为"教师"，客体即是"学生"。《礼记》曾云："师也者，教之以事而喻诸德也。"教书育人是教师的基本使命，是教师的神圣天职。

教书与育人作为教育的一种实践及其作用，是不以教师意志为转移的客观存在的统一体，从来就没有脱离育人而教书，或者只育人不教书的教育活动。教书和育人从来都是互相联系、互相渗透、互相促进的。教书是育人的前提和基础，古人曰："文以载道。"教书是育人的载体，书教不好，育人就失去了载体，成为无源之水，无本之木。另一方面。育人是教书的灵魂和指导思想，如果把传授知识比作一条乘风前进的船，那么育人应该是船上的舵与帆，育人是贯穿教书全程的一条主线。

打好基础是根本

名人简介

苏步青

苏步青（1902—2003），原名苏尚龙，浙江省平阳县人。共产党员，中国科学院院士，中国杰出的数学家，被誉为数学之王。1952年10月，因全国高校院系调整，来到复旦大学数学系任教授、系主任，推动复旦大学数学学科快速发展，使之成为中国数学领域的中心，并在国际学术界享有盛誉；后任复旦大学教务长、副校长和校长。

撰有《射影曲线概论》、《射影曲面概论》、《一般空间微分几何》等专著10部。研究成果“船体放样项目”、“曲面法船体线型生产程序”分别荣获全国科学大会奖和国家科技进步二等奖。

名人经验

有一次，一个中学生写信给苏步青教授问：“学好数学的秘诀是什么？”苏步青回信写道：“……我觉得‘秘诀’还是有的，从我一生研究数学的体会来说，可以概括成一句话：打好基础是根本。”

“大家都熟悉达·芬奇画蛋的故事，也知道金字塔坚固的道理。可是，在做学问时又往往忘记了。初等数学有四门课，算术、代数、几何和三角。高等数学的基础是解析几何和微积分，而要学好解析几何和微积分，又得先学好前四门最基础的东西。现在，有些一心想考大学的青年，不愿练基本功，总想请高明的老师出许多题目来做。其实，要应付考试，光做题目不行。试题年年都变，你做这个，他出那个，怎么也做不完。

当然，做习题、勤演算，都十分必要，但必须掌握两条原则：一是为了加深对书本中的基本概念、定义和定理的理解；二是为了训练自己的运算技巧和逻辑思维。如果离开了这两条原则，搞‘题海战术’，是欲速则不达。

有一位高中毕业生，他不去掌握课本上的基础知识，而执意要钻一道难题。我劝他集中精力先打基础，他没有接受劝告。高考结束，他来信说，平时学习成绩比他差的同学，由于抓紧时间复习功课，基础打扎实了，都考取了大学；而他平时成绩虽然好，但基础的东西掌握不牢，一考就出了问题，结果没有被录取。这位青年朋友感到十分懊悔。

据我所知，在物理、化学和其他学科中，也常出现类似事例。科学研究必须循序渐进，没有基础就没有创造。这是切不可忘记的经验教训。”

一经几言

无贵无贱，无长无少，道之所存，师之所存也。 ——韩愈

一面教一面学

名人简介

朱自清

朱自清（1898—1948），原名自华，号秋实，字佩弦，后改名自清，江苏扬州人，原籍浙江绍兴，故自称“我是扬州人”。作为学者，他在诗歌、古典文学、新文学史和语文教育诸方面研究上都有实绩，其主要散文集有《匆匆》《春》《欧游杂记》《你我》《绿》《背影》《荷塘月色》等，著有诗集《雪朝》（与人合著），诗文集《踪迹》，文艺论著《诗言志辨》，《论雅俗共赏》等。《春》已被选入2012年新编初中语文教材中。

名人经验

朱自清在西南联大教书时对学生热情鼓励，但并不轻易称许，往往会为一个问题与学生争得不可开交。他曾经风趣地对他的学生说：“你们不易说服我，我也不易说服你们，甚至我连我的太太也说不服，虽然民主的精神在于说服。”

朱自清对教学十分认真，他对学生作业格式有具体规定：作业本第一页要空下来，把一学期作文题目依次写下，并注明起讫页数，以便查阅。朱自清在治学上认真严肃，从不滥竽充数。1934年他应郑振铎邀请，一个晚上赶写了一篇《论逼真与如画》，其材料依据《佩文韵府》，但来不及检查原书，就在文章后面写明是“抄《佩文韵府》”。

20世纪30年代清华有规定，教授们在校工作五年，就有一年的学术休假，由学校资助去外国访问进修。朱自清时任清华大学中文系教授，于1931年利用学术休假，在英国伦敦皇家学院和伦敦大学注册旁听。据《朱自清日记》记述，他有两次夜梦清华未能继续聘他为教授，理由是他在外国文学上的学养尚有不足，梦醒后，全身冷汗，深感学校不发聘书颇有道理，于是他更加努力利用在伦敦的一切便利条件，来提高自己。俗话说：日有所思，夜有所梦。所谓“不足”，其实并非真的来自清华学校校方的压力，而是朱先生对自己严格的要求。

教育是什么，往简单的方面说，只有一句话，就是养成良好的习惯。

——叶圣陶

华罗庚“挂黑板”

名人简介

华罗庚

华罗庚（1910—1985），江苏金坛人。著名数学家及教育家，1930年在清华大学任教。1938年归国任西南联大教授。1946年去美国，先后任普林斯顿高等研究院研究员和伊利诺伊大学教授。1950年回国后任清华大学教授、中国科学院数学研究所所长、应用数学研究所所长，中国科技大学数学系主任、副校长等职。在代数、几何、多复变函数、数论等领域都作出过卓越贡献。他与王元合作进行了近代数论方法在近似分析上应用的研究，其成果被称为“华—王方法”。他一生共发表学术论文约200篇，专著10本，其中有8本被国外翻译出版，有些被列入20世纪经典著作之列。他是美国科学院历史上第一个当选为外籍院士的中国人。

名人经验

我国著名数学家华罗庚有不少得意门生。平日，他对他们不但在生活上关怀备至，在学问上更是严格要求。

20世纪50年代初，壮志满怀的华罗庚为了组织我们国家自己的一支科技队伍，攀登世界数学的高峰，在北京举办了一个数论讨论班。讨论班的学术气氛非常活跃。华罗庚总是先把讲稿印发给大家，然后让大家报告、讨论。他制定了一个特殊的规矩：报告人在台上讲完自己的见解以后，必须立即回答别人提出的问题。假如你回答不出来，那就对不起了，请你先不要下台，把问题写在黑板上，然后站在黑板前思考，什么时候想出来，做了令人满意的回答，这才允许下台。当时，大家把这种情景戏称为“挂黑板”。

参加讨论班的人，都是相关领域内的一些学者或天分较高的青年才俊，自然谁也不愿意给“挂了”。但往往事与愿违，在那个时候，被挂的人还真不少。华

罗庚最得意的门生之一——数学家王元，就曾经被挂了很多次。

有一天王元作报告，题目是“赛尔贝尔格筛法”，华罗庚亲自出的题。他当时已经预测到，在数论中，筛法可能是解决哥德巴赫猜想的一个有效方法。对于王元来说，这是一个生疏的问题。在报告过程中，需要联系到凑平方。也许是由于过分紧张，王元凑来凑去，弄得满头大汗，还是没能凑出来。在台下听的人也都为王元暗暗着急。

“不要紧张，多想一想！”这是华罗庚发出的“挂黑板”的信号。他还不急不慢地说：“要知道，当前世界上从事这一方面工作的人很少，钻研、掌握筛法，难度是高一些，但意义很大。”

王元为了解决凑平方问题，在黑板上整整被挂了一个小时，最后还是被“逼”出来了。

“挂黑板”的方法，有点叫人下不了台，似乎太苛刻了。可是，被挂的人往往不但没有怨言，事后还感到受益匪浅。这种独特的方法，往往能够激发学生深藏的潜力，产生意想不到的效果。王元在这次挂完黑板以后，更加明确了自己前进的方向，决心选择跟筛法有关的哥德巴赫猜想问题作为主攻目标。不久，他和一位外国数学家合作，发表了两篇有关筛法的研究论文。后来，他在哥德巴赫猜想问题上，独自证明了（2+8），并和其他人一起证明过（1+4），取得了举世瞩目的可喜成果。

一经几言

爱人吧！对人的爱是你道德的核心！应当这样生活：让你的道德核心健康、纯洁、强大无比！做一个真正的人，这就是说要为你周围的人贡献出自己心灵的力量，让他们更美好，精神上更富有、更完美；让你生活中接触的每一个人从你那儿，从你的心灵深处得到一点最美好的东西。——［苏］苏霍姆林斯基

特殊的“翻译”

名人简介

傅鹰

傅鹰（1902—1979），著名的物理化学家，化学教育的一代宗师，中国科学院院士。福建省闽侯人。1919年进入燕京大学化学系学习，1922年公费赴美留学。1929年回国后先后执教于重庆大学、厦门大学。1944年再次赴美任教于密执安大学。1950年回国任教于清华大学，后又调至北京大学任教，曾任北京大学副校长。他献身科学和教育事业长达半个多世纪，对发展表面化

学基础理论和培养化学人才作出了贡献，是中国胶体科学的主要奠基人。创建了我国胶体化学第一个教研室，并培养了第一批研究生。

名人经验

傅鹰先生上课很讲究艺术，学生爱听，课堂上常常笑声不断。

有一次上课之前，傅鹰先生快步走上讲台，唰唰唰在黑板上写了六个大字——“爱死鸡，不义儿”。

台下同学们见了，感到有些摸不着头脑，纷纷交头接耳，不知道先生今天要讲什么。原来，在最近的考试中，傅鹰发现好多同学翻译外国科学家的名字时太过随意，想怎么译就怎么译，以为只要音近就可以了。傅鹰先生讲到这里，指着黑板上的六个大字，问大家是否知道是什么意思。

原来，他仿照同学们乱译人名的做法，把我国著名哲学家艾思奇的名字译为“爱死鸡”，把英国著名化学家波义耳的名字译为“不义儿”。同学们恍然大悟，笑个不停。从此，大家都深刻地懂得了乱译人名是不好的，要记住人名的标准译法，并且遵照傅鹰先生的意见，一定要同时记住我国科学家的名字原文。

一经几言

本性和教育在某些方面很相似：教育可以改变一个人，但如此一来它就创造了人的第二本性。

——［古希腊］德谟克利特

林语堂讲授英语

名人简介

林语堂

林语堂（1895—1976），当代著名文学家、语言学家。1912年入上海圣约翰大学学习，毕业后在清华大学任教。1922年获哈佛大学文学硕士学位。同年转赴德国莱比锡大学，专攻语言学。1923年获博士学位后回国，任北京大学教授、北京女子师范大学教务长和英文系主任。1926年到厦门大学任文学院长。1932年主编《论语》半月刊，1934年创办《人间世》，1935年创办《宇宙风》，1952年在美国创办《天风》杂志。1945年赴新加坡筹建南洋大学，任校长。1966年定居台湾。1967年受聘为香港中文大学研究教授。

名人经验

林语堂学贯中西，知识渊博。据说，他讲授英语课，有一套与众不同的教学法。他上课的时候，从不用呆板的填鸭式方法，叫学生死记硬背。他在课堂上笑话连篇，妙语连珠。而且，他上课时从不正襟危坐，课堂气氛很轻松。他有时坐在椅子上、有时坐在讲台上，边讲边谈，不断打手势，样子虽不太雅观，却怡然自得。而此时学生也情绪轻松，乐而不倦。

林语堂上课从不点名，但学生却从不缺席。为了增强学生的理解和会话能力，林语堂总是以英语讲解，采用的课本则是报纸杂志上刊登的评论或记载而编成的“新闻文选”。他讲起来，往往选择英语中意思相近的词汇进行详细的比较演绎。譬如中文中的“笑”，在英文中有许多词汇，诸如大笑、狂笑、微笑、假笑、痴笑、苦笑等，林语堂会一一指出异同，并由学生当场造句或课外作业，使学生举一反三，容易掌握。

林语堂上英语课从不举行任何形式的考试，包括期末考试。可他的计分结果往往比试卷成绩更加公正。因为他每次在课堂上对学生的提问、练习、测验训练中，就已做到了心中有数。学期结束时，他根据平时的成绩和自己的印象，便可打出较为公正的分数来。

一经几言

不好的教师是给学生传授真理，好的教师是使学生找寻真理。在第一种情况下，运动是由上而下进行的；在第二种情况下，运动是自下而上进行的。前者是学生由顶峰开始，努力走向基础；后者是从基础开始，学生站在基础上面，然后进到终点，升到顶峰。

——［德］第斯多惠

点石成金

名人简介

陶行知

陶行知（1891—1946），汉族，安徽歙县人，毕业于金陵大学（1952年并入南京大学）文学系，中国人民教育家、思想家，伟大的民主主义战士，爱国者，中国人民救国会和中国民主同盟的主要领导人之一。由于自小聪敏好学，陶行知6岁蒙馆。15岁时，其母在歙县一所教会中学“崇一学堂”帮佣，陶

行知经常到那儿帮母亲做些事，被学校校长英国人唐敬贤看中，免费让他入学读书。他在睡觉的宿舍墙上，挥笔写下了“我是一个中国人，应该为中国做出一些贡献来”的豪言壮语。他三年的课程两年学完，并以优异成绩毕业。

名人经验

在育才学校的一次晨会上，校长陶行知上台讲了一个故事：从前有一位很有本领的道人，会点石成金之术。一天，他让众徒弟坐在他四周，自己用手指点着地下一堆石块，石块立刻都变成了黄澄澄、亮灿灿的大小不等的金块。众徒弟看了又惊又喜，个个拍手叫好。道人对徒弟说：“每人选一块金子，拿去买点吃用的吧！”徒弟们都扑到黄金堆里去翻拣，有的要选一块颜色最黄的、有的要拣一块亮光最足的、有的想找一块最大的，大家东翻西找忙个不停。这时却有一个徒弟，他没有去拿金块，只是呆呆地站在道人旁边，两只眼睛睁得大大的紧盯着师傅点金的手指看，边看边思考。道人问他：“你为什么不去挑选你最喜爱的一块金子呢?”这徒弟回答说：“金子虽好，但一用就完，我看中了师傅那个点石成金的指头。”讲到这里，陶校长突然停住了。学生们急于要知道故事的结局，都催促他：“校长，你讲下去呀，快点讲下去呀!”

陶校长不再讲故事，却一转话题，进行了一番评述，他说：世上有多少人被闪闪发光的金子迷惑，而忘记了点石成金的指头。同学们，你们在学校求学，可不能光想要得到老师和书本传给你们的现成知识，这些知识虽好，但仅仅是世界上全部知识的一个部分，随着时代的发展这些现成知识会不够用的，有的会用不上了，有的会显得陈旧了。有些同学拼命把老师和书本上的知识死记硬背，即使你能全部背出，你在追求学问的大道上还会碰到许多新事物、新问题，到那时你能责怪老师没教过、书本上没见过吗？死记硬背不思考，是书呆子的学习方法，这些学生，老师教多少，他就记多少，这样是赶不上时代、超不过老师的。我们求学必须要学会寻找知识的途径和方法，这就是要拿到开发文化宝库的金钥匙，也就是这只点石成金的指头。这样，你们自己就可以一辈子毫无止境地去探求知识，你们就能超过老师，我们的国家就能一代更比一代强。

一经几言

不能把小孩子的精神世界变成单纯学习知识。如果我们力求使儿童的全部精神力量都专注到功课上去，他的生活就会变得不堪忍受。他不仅应该是一个学生，而且首先应该是一个有多方面兴趣、要求和愿望的人。

——［苏］苏霍姆林斯基

开口音和闭口音

名人简介

钱玄同

钱玄同（1887—1939），语文改革活动家，文字音韵学家，著名思想家，中国五四新文化运动的倡导者之一。浙江省吴兴人（湖州）。1906年赴日本早稻田大学习师范，与鲁迅、黄侃等人师从章太炎学国学，主要研究音韵、训诂及《说文解字》。1910年回国后曾任浙江省教育总署教育司视学、北京高等师范附中教员、高等师范国文系教授、北京大学教授、《新青年》编辑、北平师范大学中文系教授和系主任等，是冲击封建文化的一员猛将。其子钱三强为当代著名的物理学家。

名人经验

1936年，钱玄同在北师大中文系讲授传统音韵学。一天，讲的是“开口音”（即圆唇元音，发音时上下唇收敛成圆形）与“闭口音”（即扁唇元音，发音时，上下唇展开成平扁形）的区别。有的学生感到难懂，就请他举个例子。于是，钱玄同就讲了这样一个故事：

老北京有位唱京韵大鼓的女子，形象俊美，特别是一口洁白整齐的牙齿，非常好看。后来，这女子不小心碰掉了两颗门牙。她应邀赴宴陪酒，就尽量避免开口。别人问话，如果非答不可，她回答的话就一概用“闭口音”，避免“开口音”，这样就可以言不露齿。于是就有了这样的对话：

“贵姓？”

“姓伍。”

“多大年纪？”

“十五。”

“家住哪里？”

“保定府。”

“干什么工作？”

“唱大鼓。”

以上的答话都是用“闭口音”，可以不露齿。

后来，这位女艺人的牙齿修好了，再与人交谈时，她又全部改用“开口音”，于是对答就改为这样：

“贵姓?”

“姓李。”

“多大年纪?”

“十七。”

“家住哪里?”

“城西。”

“干什么工作?”

“唱戏。”

学生们听了先生如此举例讲解，都大笑起来，但每个人都对开口音和闭口音有了很深的了解了。

一经几言

不言之教，无形而心成。——庄周

胡适的“三味药”

名人简介

胡适

胡适（1891—1962），现代著名学者、诗人、历史学家、文学家、哲学家、教育家，新文化运动的领袖之一。原名嗣穈，后改名胡适，字适之。1910 年考取“庚子赔款”留学生，赴美入康乃尔大学农学院学习，后转文学院学哲学。1915 年入哥伦比亚大学研究院，师从唯心主义哲学家杜威，1917 年毕业并获得哲学博士学位，同年 7 月回国任北京大学教授。1938 年任中国驻美国大使。1946 年起任北京大学校长。1949 年寄居美国，1954 年定居台湾。

名人经验

胡适先生曾经送给即将离校的大学生一剂防身药方，他认为年轻人在自己的奋斗历程中要常吃“三味药”。

第一味是“问题丹”。他说，当学完某一知识时，必须留下一两个麻烦而有趣的问题放在身边。这样，人才不会懒惰，才会继续探求知识，不断思索，有所发现。因为问题是一切学问的来源，正如教育家陶行知所说：“发明千千万，起点是一问。”所以，在学习的过程中要敢于发问、勤于发问、善于发问，多多思索与体会，才能有长进。

第二味是“兴趣散”。他说，兴趣是指要培养一点儿自己的爱好和兴趣。兴趣越广越浓，学习就越有意思。因为兴趣是最好的老师，是促进学习与深入探究的不竭动力。一个人如果多一点儿爱好，多一点儿兴趣，就会多一点儿热情，多一点儿知识，视野就会更开阔，思维就会更灵活，这必将促进学习的深入与发展。

第三味是“信心汤”。他说，学习得有一点儿信心。有了信心，努力就不会白费；反之，不是半途而废，就是草草了事。常言说：“信心多一分，成功多十分。”有了信心，就有了动力，有了劲头。无论遇到什么困难也吓不倒，打不垮，成功便指日可待。

先生不愧是大师，用“问题丹”来引路，用“兴趣散”来提神，用“信心汤”来激励，他的这一剂人生良方即使在今天也很令人受用。

一经几言

拿空话教人，不如拿实际教人。　　——［英］史迈尔

四块糖果

名人简介

陶行知

陶行知（1891—1946），汉族，安徽歙县人，毕业于金陵大学（1952 年并入南京大学）文学系，中国人民教育家、思想家，伟大的民主主义战士，爱国者，中国人民救国会和中国民主同盟的主要领导人之一。1908 年十七岁时他考入了杭州广济医学堂。想通过学医来解除广大劳动人民的病痛，实现自己报效祖国的志向。但是，因这所教会学校歧视非入教的学生，他不愿意自己的思想受外国人的随意摆布，入学仅三天，他即愤而退学。

名人经验

陶行知在育才小学当校长，有一天，他在校园里看到男生王友用泥块砸自己班上的男生，当即斥止了他，并令他放学时到校长室里去。

放学后，陶行知来到校长室，王友已经等在门口准备挨训了。可一见面，陶行知却掏出一块糖果送给他，并说："这是奖给你的，因为你按时来到这里，而我却迟到了。"王友惊疑地接过糖果。

进屋后，陶行知又掏出一块糖果放到他手里，说："这块糖果也是奖给你的，因为当我不让你再打人时，你立即就住手了，这说明你很尊重我，我应该奖励你。"王友更迷惑了，他眼睛睁得大大的。

陶行知又掏出第三块糖果塞到王友手里，说："我调查过了，你用泥块砸那些男生，是因为他们不守游戏规则，欺负女生。你砸他们，说明你很正直善良，有跟坏人作斗争的勇气，应该奖励你啊!"

王友感动极了，他流着眼泪后悔地说道："陶校长，你打我两下吧，我错了，我砸的不是坏人，而是自己的同学呀!"

陶行知满意地笑了，他随即掏出第四块糖果递过去说："为你正确地认识错误，我再奖给你一块糖果，可惜我只有这一块糖果了，我的糖果用完了，我看我们的谈话也该结束了吧!"

一经几言

大匠不为拙工改废绳墨，羿不为拙射变其彀率。君子引而不发，跃如也。

——《孟子·尽心上》

精心写讲义

名人简介

鲁迅

鲁迅（1881—1936），浙江绍兴人，原名周树人。文学家、思想家、革命家，是中国新文化革命的主将。1902年，鲁迅赴日留学。1909年归国后先后在杭州浙江两级师范学堂和绍兴府中学堂任教员，后到南京、北京任职于教育部。1920年至1926年先后在北京大学、北京女子师范大学等校任教。1926年起先后在厦门、广州任教，最后于1927年10月起定居上海。俄国十月革命后，他站在反帝反封建的前列，积极提倡新文化、新思想、新道德，猛烈抨击几千年来的旧文化、旧思想、旧道德，成为"五四运动"的先驱和中国现代文学的奠基人，也被人民称为"民族魂"。

名人经验

鲁迅先生对于教学工作十分严肃认真。他教授的课程都是自己编好讲义，预先发给学生。他为了编好讲义，总要查阅大量书籍，尽量找到第一手材料，把所讲的问题搞得清清楚楚，从不含糊其辞。鲁迅研究小说史，为了编写《中国小说史略》这本教材，他走遍了京师图书馆、通俗图书馆、教育部图书室等，查阅了上千种原始资料，做了详细的笔记，有时为了一个字的不同，要考查好几个版本。

鲁迅先生看书，并不迷信于古版珍本，但凡是能够找到的书，他都要找来查阅比较，以辨清事实的真伪，他住在绍兴县馆补树书屋和八道湾时，炕上炕下满屋子都堆满了小说和碑帖。正是这样辛勤的劳动，才换来了高质量的教材和教学效果。

一经几言

大匠诲人，必以规矩。

——《孟子》

徐特立的诗教

名人简介

徐特立（1877—1968），中国无产阶级革命家、教育家。湖南善化（今长沙县江背镇）人。1907年发生清政府向外国屈辱妥协的教案时，徐特立在学校作时事报告，讲到激愤之处，热泪如倾，竟拿菜刀把自己的左手小指砍掉，蘸着血写了抗议书，写完当场晕倒。这一“抽刀断指”的举动，顿时蜚声全省，徐特立也被当时有进步思想者誉为最有血性的激进人物。

徐特立

名人经验

徐特立在长沙女子师范当校长时，不到两年，总共写下了百余首黑板诗，集曰《校中百咏》——这就是他的诗教。徐老常说：“教育学生不应该用强制手段，更不应该有粗暴的态度。中国古代温柔敦厚的诗教，今天学校教育中还是用得着的。”

徐特立对学生体贴入微、关怀备至，校中师生曾送他“外婆”的尊称。每晚九点，响了熄灯铃后，他总要手提马灯，和女训育员轻步巡视学生寝室。当他发现有的学生熄灯后还唧唧喳喳聊天时，第二天就在黑板上写道：“脚尖踏地缓缓行，深恐眠人受我惊。为何同学不相惜，不出嘻声即足声？”

有一次，他发现高年级学生单秀霞约了另一位同学，在熄灯后偷偷地跑到厕所旁的路灯下，为她的未婚夫织毛衣，还边织边悄声交谈。他理解她们的一片痴情，甚为怜爱，唯恐惊吓了这两位女学生，只是在远处细声细气地叫道：“这么晚了，也该睡了吧！”两位女学生一听，相互吐了吐舌头，悄悄地回去就寝了。第二天，她们以为校长一定会严厉地批评她们一顿，谁知徐校长并未对她们训斥，只是在黑板上写了一首诗规劝，诗曰：“昨夜已经三更天，厕所偷光把衣编。爱人要紧我同意，不爱自己我着急。东边奔跑到西边，不仅打衣还聊天。莫说交谈声细细，夜深亦复扰人眠。”单秀霞和她的同学见此诗后，深受感动，主动地来到校长室，承认他们不遵守学校作息制度的错误。

先生十分注意勤俭节约。别人丢掉的粉笔头，他见到了，总是捡起留着上课再用。有的学生看到这种做法很不理解，认为是“小气”。为此，他在黑板上写诗作答：“半截粉条犹爱惜，公家物件总宜珍。诸生不解余衷曲，反谓余为算细人。”他的诗起作用了，后来学生练习板书时，也自觉地像他那样，拣粉笔头儿用。

大学之道在育人而非制器。 ——杨叔子

做笔记的章程

名人简介

梁启超

梁启超（1873—1929），中国近代史上著名的政治活动家、启蒙思想家、教育家、史学家和文学家，戊戌变法（百日维新）领袖之一。广东新会人。1897 年，任长沙时务学堂总教习。1898 年，参加“百日维新”，后逃亡日本。1916 年，赴两广地区参加反袁斗争。1922 年起执教于清华大学，1925 年应聘任清华国学研究院导师，曾倡导文体改良的“诗界革命”和“小说界革命”。梁启超一生勤奋，各种著述达 1 400 万字，其著作合编为《饮冰室合集》。

名人经验

梁启超对学生要求极严格，给学生的课业订出了详细的章程。其中关于做笔记的章程规定："凡学生每人设札记册一份，每日将专精某书某篇几页，涉猎某书某篇几页，详细注明，其所读之书有所心得皆记手册上。若初读之始，心得尚少，准其抄录书中要义及所闻师友论道入札记中，以当功课；惟必须注明抄录何书及记何人之言，不得掠美……凡札记册五日一缴，由院长批答，学生备两册，缴此册即领用彼册。"

意思是说，每个学生都要准备两个笔记本，将每天专心研读和翻阅的书目、篇名、所在页码详细标注、写明，同时要撰写读书心得体会。如果说是刚开始读一本书，还没有什么心得体会，可以抄录书中的要点或记录与别人讨论的意见，这可以认同你完成了作业，但必须注明抄的是书中哪一部分的内容和谁的言论，不能抢占别人的功劳。这些笔记五天交一次，由院长批阅。每个学生准备两个笔记本，交其中一个的时候，用另外一个接着记录。

这种做笔记的章程，即使是在现在，对学生养成勤勤恳恳积累资料的习惯是大有裨益的。

一经几言

道德准则，只有当它们被学生自己追求、获得和亲身体验过的时候，只有当它们变成学生独立的个人信念的时候，才能真正成为学生的精神财富。

——［苏］苏霍姆林斯基

一杯绿茶

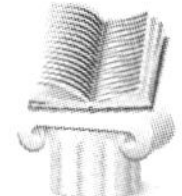

名人简介

蔡元培

蔡元培（1868—1940），近代著名革命家、教育家、政治家。字鹤卿，浙江绍兴人。中华民国首任教育总长，1916至1927年任北京大学校长，革新北大，开"学术"与"自由"之风；1920至1930年，蔡元培同时兼任中法大学校长。他为发展中国新文化教育事业，建立中国资产阶级民主制度作出了重大贡献。

名人经验

曾经有一位北大学生对成功充满着渴望和憧憬，可他在生活中却屡屡碰壁，鲜有所获。沮丧的他便给时任北大校长的蔡元培先生写了一封信，希望能够得到指点。蔡元培在百忙中回了信，并约了那位学生到办公室面谈。

学生激动地来到校长的办公室。没等他开口，蔡元培先生就笑着招呼道："来，快坐下，我给你泡杯茶。"说完便起身，从抽屉中拿出茶叶，放进杯子里，倒上开水，递到学生面前的桌子上。"这可是极品的绿茶哟，是朋友特地从南京给我带过来的，你也尝尝。"蔡元培先生和蔼地说道。

受宠若惊的学生端起茶杯喝了一口。几片茶叶稀疏地漂浮在水面上，水也是惨白惨白的，没有一点绿色，喝到口中也像白开水似的，没有一点茶的味道。学生的眉头不禁一皱。蔡元培好像并没有注意到学生的表情，依旧东拉西扯地谈一些漫无边际的话题，似乎完全忘记了学生来的目的。学生极不自然地听了很久，好不容易等到蔡元培稍稍停顿一下，忙找了个理由告辞。

蔡元培眯着眼若有所思地微笑道："急什么，把茶喝了再走，这可是一杯极品的绿茶。千万别浪费了。"

学生无奈地又端起了茶杯，礼节性地喝了一口。可就在这时，一股浓郁的清香沁人心脾！学生愣住了，诧异地打量着茶杯：茶叶已经沉入杯底，杯中的水已是一片碧绿，像翡翠般灿烂夺目。不仅如此，整个办公室里可以闻到一股清新的香气！

蔡元培似笑非笑地望着他，满含深意地问道："你明白了吗？"

学生恍然大悟，惊喜地喊道："我明白了，您的意思是说，想追求成功就要像这绿茶一样，不能只停留在表面；凡事都要静下心来，认认真真，踏踏实实地沉浸到其中。"

一经几言

得不到别人的尊重的人，往往有最强烈的自尊心。 ——［苏］马卡连柯

身教重于言教

名人简介

张伯苓

张伯苓（1876—1951），现代著名教育家。名寿春，天津人。北洋水师学堂毕业。1903年随严范孙（严修）赴日考察教育，1904年创办南开中学。1917年，赴美国哥伦比亚大学考察。1919年，和严修一起创办了南开大学。1923年创立南开女子中学。1928年，又建南开小学，从而完成了“南开”由小学到大学的教育体制。张伯苓和严范孙创立的南开大学、中学、小学，是中国近代私立学校的典范，培育了周恩来等众多英才，在中国教育史上占有重要地位。

名人经验

南开大学早年曾开设“修身课”。为了引起学生的重视，这门课由校长张伯苓亲自讲授。

有一次下课时，张伯苓看见一个学生的手指焦黄，他马上意识到这个学生可能经常吸烟。于是，他对学生说：“看你，是吸烟把手指熏黄的吧？吸烟对青年人有害，你应该戒掉它！”不料，这个学生盯着张伯苓的烟袋，反问道：“您不是也吸烟吗？怎么说我呢？”

张伯苓愣住了，一时无言以答，憋了半天，他狠狠心，将跟随自己半辈子的烟袋掰成了两段，然后，当着全班同学的面对那位同学说：“我以后不抽了，你也不要抽！”

过后，张伯苓又让校工拿出了自己所珍存的全部烟叶，当众销毁。看着年过半百的老校长毅然决然的神情，同学们都惊呆了，纷纷恳求道：“校长，我们保证以后一定不再吸烟，您就不用戒烟了。”张伯苓说：“不这样做不能表示我的决心，从今以后，我与诸同学共同戒烟。”

自此之后，张伯苓真的再没有吸过一支烟。

一经几言

对所学知识内容的兴趣可能成为学习动机。——［苏］赞科夫

制订学规训勉生徒

名人简介

王文清

王文清（1688—1779），湖南宁乡人。经学家、文学家、教育家。康熙癸巳恩科湖广乡试举人。雍正甲辰会试钦取进士，任九溪卫学正，岳州府教授。乾隆二年丁巳，特授内阁中书科中书舍人，拣选升宗人府主政。例授奉直大夫，考取御史。告养回籍后，曾先后两任岳麓书院院长九年，多所建树。特别由他手定的《岳麓书院学规》和《岳麓书院学箴》，以及《读经六法》和《读史六法》，承前启后，给受业门人和后学以深刻影响，门下士成就者四百余人。为岳麓书院很有声望的院长之一。

名人经验

创建于宋太祖开宝九年（976 年）的岳麓书院是中国古代四大著名书院之一，它历经宋、元、明、清等朝代的时势变迁，经改制湖南高等学堂，发展到现今的湖南大学，一直保持着文化教育的连续性。这里之所以历经千年而不衰，是因为有一大批著名山长（书院院长）掌教讲学于此。王文清便是其中的代表之一。

王文清在掌教岳麓书院期间，为了造就良好的院风学风，明确教学方向和培养目标，继承了前儒所制订的各书院“学规”、“学则”一类的成果，制订了新的岳麓书院的“学规”、“学箴”，提出了学习的项目、标准以及为学的次序和方法，更重要的是指出了为学的方向与道德修养的工夫。

清乾隆戊辰年（1748）春，王文清手定了《岳麓书院学规》十八条。他的受业门人曹盛朝、王如绅等 47 人将其勒石嵌于讲堂左壁。这些条款为：“时常省问父母，朔望恭谒圣贤，气习各矫偏处，举止整齐严肃，服食宜从俭素，外事毫不可干，行坐必依齿序，痛戒讦短毁长，损友必须拒绝，不可闲谈废时，日讲经书三起，日看纲目数页，通晓时务物理，参读古文诗赋，读书必须过笔，会课按刻早完，夜读仍戒晏起，疑误定要力争。”学规前九条主要讲德育，其中讲了孝、忠、庄、俭、和、悌、义等道德规范；后九条主要讲智育，其中提出了学习的课程和强调了学习的态度及方法，并指出要爱惜光阴，按时间作息，不动笔墨不看书，有疑误的地方一定要力争学懂弄通等。

1764 年，王文清再次主持岳麓书院。他又以四言诗的形式，写了《岳麓书

院学箴九首》，由受业门人黄明闲、胡朝仑等 69 人将其勒石嵌于讲堂后壁左侧。诗云："……力学何为，变化气质。""严肃整齐，下手要术。瞬息千里，日勇日谦。勇以进取，谦受益焉……"这个《学箴》，实际上是上面《学规》的充实。像这样训勉生徒的诗作，在他的诗作中屡见不鲜。在中国的传统教育史上称之为"诗教"。

一经几言

对一个有观察力的教师来说，学生的欢乐、兴奋、惊奇、疑虑、恐惧、受窘和其他内心活动的最细微的表现，都逃不过他的眼睛。——［苏］赞科夫

涵养与进学

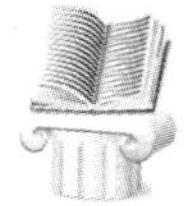

名人简介

程颐（1033—1107），北宋理学家和教育家。字正叔，洛阳伊川人氏，人称伊川先生。历官汝州团练推官、西京国子监教授。元祐元年（1086）除秘书省校书郎，授崇政殿说书。与其胞兄程颢共创"洛学"，为理学奠定了基础，兄弟二人不但学术思想相同，而且教育思想基本一致，合称"二程"。

程颐

名人经验

理学大师程颐在教育上主张"涵养需用敬，进学则在致知"，前面一句说的是德性修养的问题，后一句说的是学问获取的问题。在他看来，德性修养与学问取得是相联系的，一项也不可偏废。他经常勉励学生"动容貌，整思虑"，对于死记硬背和旁征博引，他坚决反对。

曾经有位学生得到同学记录的关于程颐的言论，抄录后奉请程颐订正，程颐说："我还活着，何必读这种抄本呢？如果不能体会我的精神，那么笔记只能记录自己的意思罢了。"这位学生听后，恍然大悟，不再去读抄本之类，只是在诚敬、笃行上下工夫，后来在抗金斗争中表现出崇高的民族气节和大义，最终成为一代名臣。

还有一位学生非常自负，在研究学问时，旁引传记，甚至整篇地背诵引文。程颐对他说：你这样做可以说是玩物丧志。这位学生听后，羞愧得无地自容，于是彻底改掉了好引经据典的习惯，努力穷理析微。

同为理学大师的朱熹在晚年十分推崇程颐的主张，曾在《与孙敬甫书》中说：“程夫子之言曰：涵养需用敬，进学在致知。此两言者，如车之两轮，如鸟之两翼，未有废其一而可行可飞者。”

一经几言

儿童不是用规则可以教得好的，规则总是会被他们忘掉的。……习惯一旦培养成功之后，便用不着借助记忆，很容易地自然地就能发生作用了。

——［英］洛克

因材施教

名人简介

冉雍

冉雍（公元前522～?）汉族，春秋末鲁国人。字仲弓。少昊之裔，周文王之后。曹叔振铎数传至冉离，世居“菏泽之阳”，人称“犁牛氏”。《冉氏族谱》称离娶颜氏，生长子耕，次子雍。颜氏死，又娶公西氏，生求。后公西氏闻孔子设教阙里，“命三子往从学焉”。品学兼优。为人度量宽宏，“仁而不佞”。孔子称其“可使南面”，即可担任封国之君（《雍也》）。后来荀子更敬重他。《荀子·十二子》称：“下则法仲尼、自弓（即仲弓）之义”，将他和孔子并提。唐开元二十七年（739年）追封为“薛侯”。宋大中祥符二年（1009年）加封“下邳公”。南宋咸淳三年（1267年）封为“薛公”，明嘉靖九年（1530年）改称“先贤冉子”。

名人经验

孔子对自己的学生非常了解，在解答学生的疑难时，即使是同一个问题，因问话的人不同，答案也不同，这就叫因材施教。

有一次，弟子颜渊问什么叫做“仁”。孔子深知他本身就是一个“仁徒”，所以借古话说：“克制自己，使自己的一言一行都合于礼，这就是仁。一旦做到了‘克己复礼’，天下的人都会称许你是个仁人。实践仁德，全凭自己，难道还凭别人吗?”颜渊继续问道：“请问：实践仁德的行动纲领是什么?”孔子指点道：“人

生世上，凡是不合于礼的物不看，不合于礼的话不听，不合于礼的话不说，不合于礼的事不做。”颜渊在理性上又得到了提高，很虚心地说：“我虽然迟钝，也要以事实行动来实践您的这些教导。”

又有一次，冉雍也向孔子问什么叫做“仁”。孔子了解这位小自己29岁的学生家世不好，父亲身份很卑贱，但他很有德行。孔子就这样回答他：“这个‘仁’嘛，你在出门去做事时，好像是去接待贵宾；你在驱使老百姓干活时，好像是在承担大的祭祀活动，都要严肃认真，小心谨慎。自己所不喜欢的事物，绝不强加给别人。在外处理公家大事时，没有怨恨；在家处理个人小事时，也没有怨恨。这就做到了仁。”冉雍会心地点点头，心明眼亮了，连忙说：“我虽然很迟钝，也要以事实行动来实践您的这些教导。”

“仁”在古代是一个哲学问题，又是一个人伦道德标准，孔子和学生们经常研讨这个“仁”。学生中有个叫司马耕的，字子牛，言语很多，性格急躁，他在向孔子问“仁”时，孔子这样回答他：“所谓的仁，就是那个人言语迟钝。”司马耕一下摸不着头脑，反问道：“言语迟钝，这就叫做仁了吗?”孔子肯定地回答他：“做起来感到为难时，难道说起话来不会迟钝一些了么?”司马耕这才联想起自己，恍然大悟。

一经几言

凡长育人材也，教之在宽，待之以久，然后化成而俗美。　　——程颢

安贫乐道

名人简介

子贡

端木赐（公元前520年—前446年），复姓端木，字子贡（古同子赣）。汉族，东周春秋末年卫国人。孔子的得意门生，孔门十哲之一，“受业身通”的弟子之一，孔子曾称其为“瑚琏之器”，在孔门十哲中以言语闻名。万仞宫墙典故，出自子贡称赞孔夫子之学问高深。

名人经验

孔子的学生子贡常年追随老师，聆听的教诲最多。有一次，他恭恭敬敬地向

老师问道："一个人很贫穷，但并不去巴结奉承富翁；另一个人很富裕，但对穷苦人却不骄傲自大。这两人，怎么样呢?"孔子回答他说："都可以了啊。但是，这两种人还不如安于贫穷又乐于道义，即使很富裕但又谦虚讲究礼貌的人啊!"

子贡手中正捧着老师编的《诗经》这部教材，记起了《卫风》中《淇奥》有"如切如磋，如琢如磨"两句，就再问老师道："《诗经》上说：'匠人们制工艺品时，把骨头、牛角、象牙、玉石取来后，先开料，再动锉子，然后细细琢刻，最后打磨抛光。'大概这就是您所要说的意思了吧?"孔子望着子贡智慧的双眼里有一股求知的热忱，高兴地说："端木赐（子贡）啊，现在可以开始和你讨论《诗经》了。因为把已知的事情告诉你后，你就能举一反三，推知出你所不知道的事情了。"

一经几言

该教的是思考的方法，并非思考的结果。 ——［德］顾立德

让我给你讲故事

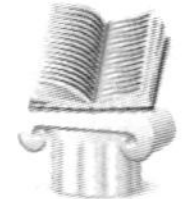

名人简介

苏霍姆林斯基

苏霍姆林斯基（1918—1970），苏联最有名望的教育家。1948 年起担任其家乡所在地巴甫雷什中学的校长。1957 年当选俄罗斯联邦教育科学院通讯院士。1968 年当选苏联教育科学院通讯院士。1969 年获乌克兰社会主义加盟共和国功勋教师称号，并获 2 枚列宁勋章和 1 枚红星勋章。

名人经验

苏联最有名望的教育家苏霍姆林斯基对小学生的教育，在方法上灵活多样。他把讲童话故事作为自己在学校的教育方法之一，收到了非常好的效果。

这是一个暑假后的一天，苏霍姆林斯基所带的班级计划去野营训练。考虑到要带的东西比较多，有一位同学建议，两个人结成一对，有的东西可以合用，这样可以减轻旅途负担。这一建议受到班主任苏霍姆林斯基的赞扬，孩子们开始兴

高采烈地自由组合。大家都有了对子，唯独平时有些骄傲的学生安德烈卡还没有结成对子，他伤心地哭了。

苏霍姆林斯基把安德烈卡叫到一边，询问情况，知道是同学都不愿和他结对子。安德烈卡委屈地认为，是同伴们嫉妒他。苏霍姆林斯基深知这个学生的天性，认为这是一个很好的教育时机，便直截了当地对安德烈卡说："你要明白，安德烈卡，如果你老是认为你是最聪明的人、最有才能的人、最好的人，那么到头来你就会成一个最孤立的人……"

"但是，实际上我就是在解题上比谁都强，并比谁都快地背会诗歌……多少次您都表扬我说：'好样的，安德烈卡，安德烈卡学得很快……'我比谁都懂得多，这难道是我的错?"孩子哭得更伤心了。苏霍姆林斯基意识到，说教显然对这个孩子没有多大效果。他思索着如何对这位男孩子进行解释，才能让他懂得、认识并接受……

"安德烈卡，咱们找个荫凉的地方坐下，我给你讲一个故事，这个故事与我们这件事十分相似，愿意听吗?"安德烈卡点点头。他们来到大橡树的树荫下，坐在一条长凳上，苏霍姆林斯基讲了一个"菊花和葱头"的故事："在一家农舍旁，长着一株菊花。菊花老是沾沾自喜：'你们瞧，我多美啊！在这地方我是最美的。'在菊花旁边长着一棵葱头，一颗普普通通的葱头。夏末，葱头熟了。绿色的茎叶蔫了，葱头散发出辛辣的气味。菊花扇动鼻子，'呸，你发出一股多难闻的味道呀！'它对邻居说道。'我真感到奇怪，人们干吗要种这种植物呢？想必是为了熏跳蚤……'葱头没有做声，它把自己视为灰姑娘。这时，农舍的女主人从屋子里走出来朝菊花走去。菊花屏住了呼吸。她想：女主人马上就会说，她的花多美啊。菊花由于心满意足，已经感到有点飘飘然了。没想到女主人走近菊花却弯腰拔起了葱头。她端详着葱头，惊呼了一声：'多好看的葱头啊！'菊花感到困惑了：难道葱头会被认为是好看的吗?"

听完了这个故事，安德烈卡眼泪已经干了。从这个故事中他悟出了一个道理：人各有所长，各有所用，不能自作聪明，看不起同学。他羞愧地低下了头，一言不发。苏霍姆林斯基采用这种讲童话故事的方法，使小学生易于接受，并从类比中受到了应有的教育。

一经几言

会学的人举一反三，稍经点拨，即能跃进。所谓会学，条件很多，除了悟性高以外，还要足够的人生经验。

——傅雷

严 师

名人简介

卢瑟福

卢瑟福（1871—1937），20 世纪最伟大的物理学家之一，在放射性和原子结构等方面都作出了重大的贡献。1895 年在新西兰大学毕业后，获得英国剑桥大学的奖学金进入卡文迪许实验室，成为汤姆生的研究生。1898 年，在汤姆生的推荐下，担任加拿大麦吉尔大学的物理教授。1907 年返回英国出任曼彻斯特大学的物理系主任。1919 年接替退休的汤姆生，担任卡文迪许实验室主任。1925 年当选为英国皇家学会主席。1931 年受封为纳尔逊男爵，1937 年因病在剑桥逝世，与牛顿和法拉第并排安葬。

名人经验

中国有句俗语：严是爱，宽是害。

英国物理学家卢瑟福在平时的教学和科研中，非常注意对年轻人的能力与作风的培养，提出极为严格的要求。他极力反对学习中的死记硬背，经常教导身边的人要学会思考。对于实验工作，他更要求学生做到尊重事实，一丝不苟，决不可忽视任何一个可疑的现象，丢掉一个测量数据。

有一天深夜，卢瑟福看到实验室里的灯光还亮着，推开门一看，只见一个助手正坐在工作台前。卢瑟福和蔼地问："这么晚了，你还在这里干什么？"

"我在工作，教授。"助手脱口而出。

"那你白天做什么呢？"

"在工作。"

"那么，你早晨也工作吗？"

"是的，教授，"助手喜形于色地说，"早上我也工作。"

助手本以为这一下可以得到教授的夸奖了。然而，出乎意料的是，他得到的却是教授板着面孔提出的严厉的责问："请问，这样一来，你用什么时间来思考呢？"

卢瑟福的一生，大部分时间是在实验室里度过的。他总是亲自动手做实验。有一次，他和一位助手一起做一项重要的实验。卢瑟福负责观测仪器，从闪烁计数器上读数。助手在一旁做记录。

实验开始了，卢瑟福要助手立刻记下读数。这时候助手突然慌乱了起来。

“你怎么啦?”卢瑟福关心地问。助手结结巴巴地回答说：“我……我忘了把实验记录本带在身边了，教授。”说完他随手抄起一张纸，记下刚才的读数。

卢瑟福一把从助手手里夺过纸，大声地说：“我早就说过，测量结果不许随便记在零散纸上，你怎么忘啦?”

“是……是的，教授。”助手支支吾吾地说，“那现在我记在哪里呢?”

卢瑟福提高嗓门，严肃地说：“记在你的袖子上!”停了片刻，他又补充了一句，“这样就不会丢失了!”

一经几言

即使是普通孩子，只要教育得法，也会成为不平凡的人。

——［法］爱尔维修

实践出真知

名人简介

居里夫人

居里夫人（1867—1934），法国物理学家和化学家。原籍波兰，姓斯可罗多大斯卡。巴黎大学理学博士。由于长期接触放射性物质，1934 年 7 月 4 日因恶性白血病逝世。玛丽·居里的成就包括开创了放射性理论，发明分离放射性同位素技术，以及发现两种新元素钋和镭。在她的指导下，人们第一次将放射性同位素用于治疗癌症。尤其因为是成功女性的先驱，她的典范激励了很多人。但她最终因接触放射性物质，死于白血病。

名人经验

居里夫人通过四年的不断试验和探索，终于从矿渣中发现了镭这种新元素，成为一位两次获得诺贝尔奖的女性科学家。她不仅自己重视实践，在教育子女方面也是如此。

大女儿绮瑞娜上学的时候，老师向她和她的同学提出了一个问题：满满一缸水，任何物体放进去都会使水溢出，为什么把金鱼放进去，水却不会溢出来?同学们绞尽脑汁，纷纷提出自己的看法。有的说，因为金鱼的身体特别光滑，有的说，因为金色的密度小，等等。可老师说回答得都不对。绮瑞娜越想越觉得这个问题不好回答，回到家里，她把情况告诉了母亲。居里夫人并没有急于回答女儿的问题，而是说："为什么不实际做一下呢？"绮瑞娜去做试验了，一次，两次，三次，她把金鱼放进盛满水的鱼缸里，水都溢了出来。于是，她得出了结论：老师的题目出错了！由于居里夫人的教育有方，后来绮瑞娜也获得了诺贝尔奖。

一经几言

讲教育者，其事常分三宗：曰体育，曰智育，曰德育，三者并重。

——严复《原强》

太阳中间的温度

名人简介

费米

费米（1901—1954），美国物理学家。出生于意大利罗马。1925年1月至1926年在佛罗伦萨大学工作，开始研究费米—狄拉克统计问题。1926年任罗马大学理论物理学教授。1929年任意大利皇家科学院院士。1934年用中子轰击原子核产生人工放射现象，开始中子物理学研究，被誉为"中子物理学之父"。1938年获得诺贝尔物理奖。1938年12月任教于哥伦比亚大学。1944年费米加入美国籍。

名人经验

诺贝尔奖得主、美籍华裔物理学家李政道博士在多次演讲中都提到了这样一个故事。

1940年他到美国读研究生，导师是大师级的物理学家费米教授。费米教授每周用半天时间跟李政道讨论问题，他的主要目的是训练，让学生对一切物理问题都能够自己独立思考，找到答案。费米每次讨论时都会提问题让李政道回答。

有一次，费米问李政道："太阳中间的温度是多少？"李政道答："大概是一千万绝对温度。"费米问："你是怎么知道的？"李政道说："是从文献上看来的。"费米问："你自己有没有算过？"李政道答："没有，这个计算比较复杂。"费米告诉李政道："作为一个学者，这样不行，你一定要自己思考和估计，你不能这样接受人家的结论。"李政道问："那怎么办？这里面有两个公式。这两个公式，看起来倒也不是最复杂，真要算起来，却并不那么简单。"费米说："你能不能想一

个其他的方法来计算？”李政道说：“想什么办法呢？没有大计算器。”费米说：“我们一块来做一个大的计算器。”

费米教授当时自己正在做着很重要的物理实验，跟做计算器一点关系也没有，但是他放下手中的实验，与李政道一起做起了计算器。不久，李政道用自己的计算器，用新的方法计算出了太阳中间的温度。

李政道说，费米教授看重的并不仅仅是做这样一次计算，他是让学生明白，作为一个科学家，你不能轻易接受别人的结论，你必须自己亲手实验，而且要尝试使用新的方法。

这件事情让李政道一生受益无穷。李政道感慨地说：自己是幸运的，在学生时代有幸碰上了费米教授，这件事情使自己得出任何事情都要以身作则的人生结论，使自己在以后的无论学术研究还是做人处世当中，都始终坚持想新方法、脚踏实地，同时也激发了自己对科学研究、解决问题的兴趣。

一经几言

教诲你的人，才真是爱你的。

——［苏］高尔基

一分钟

名人简介

班杰明（1865—1947），美国著名的数学家和教育家。在北俄亥俄州大学取得理学士（1888）和文学硕士学位（1891）。德鲁瑞学院的数学和物理学教授。创办了《美国数学月刊》。

班杰明

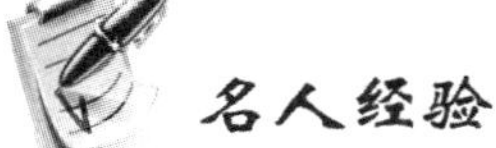

名人经验

著名教育家班杰明曾经接到一个年轻人的求教电话，于是与那个向往成功、渴望指点的年轻人约好了见面的时间和地点。

等到那位年轻人如约而至时，班杰明的房门敞开着，眼前的景象令年轻人颇感意外——班杰明的房间里乱七八糟、狼藉一片。

没等年轻人开口，班杰明就招呼道：“你看我这房间，太不整洁了，请你在门外等候一分钟，我收拾一下，你再进来吧。”班杰明一边说着一边就把房门关上了。

不到一分钟的时间，班杰明又打开了房门，并热情地把年轻人让进客厅。这时，年轻人的眼前展现出另一番景象——房间里的一切已变得井然有序，而且有两杯刚刚倒好的红酒，在淡淡的香水气息里还漾着微波。

可是，没等年轻人把满腹的有关人生和事业的疑难问题向班杰明讲出来，班杰明就非常客气地说道："干杯。你可以走了。"

年轻人手持酒杯一下子愣住了，既尴尬又非常遗憾地说："可是，我……我还没向您请教呢……"

"这些——难道还不够吗？"班杰明一边微笑着一边扫视着自己的房间，轻言细语地说，"你进来又有一分钟了。""一分钟……一分钟……"年轻人若有所思地说，"我懂了，您让我明白了一分钟的时间可以做许多事情、可以改变许多事情的深刻道理。"

班杰明舒心地笑了。年轻人把杯里的红酒一饮而尽，向班杰明连连道谢之后，开心地走了。

一经几言

教人者，成人之长，去人之短也。唯尽知己之所短而后能去人之短，唯不恃己之所长而后能收人之长。

——魏源

还有哪些问题不清楚

名人简介

赫胥黎

赫胥黎（1825—1895），英国著名的博物学家，达尔文进化论最杰出的代表。1825 年出生在英国一个教师的家庭。早年的赫胥黎因为家境贫寒而过早地离开了学校，但他凭借自己的勤奋，靠自学考进了医学院。1845 年，赫胥黎在伦敦大学获得了医学学位。毕业后，他曾作为随船的外科医生去澳大利亚旅行。也许是因为职业的缘故，赫胥黎酷爱博物学，并坚信只有事实才可以作为说明问题的证据。

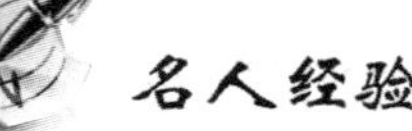

名人经验

英国生物学家赫胥黎正在给学生上课。他那生动的演讲，透彻的解说，以及抑扬顿挫的语调和有力的手势，把学生们的注意力深深地吸引住了。赫胥黎讲完了预定的人类学课程，这时离下课的时间不多了？接着，赫胥黎便问学生："大

家对今天讲课的内容还有哪些问题不清楚?”学生们纷纷提出一些问题，赫胥黎一一作了简要的回答。

在每堂课结束之前留下几分钟让学生提问，这已经成为赫胥黎的一种独特的教学方法。由于培养了学生经常向老师提问请教的良好习惯，以至于在有一堂课将结束时，出现了这样一则趣闻：“学生们还有什么问题不清楚?”一位学生站起来：“老师，只有一个部分不清楚。”赫胥黎问学生是哪个部分，学生说：“老师，就是您站在我和黑板中间遮住了我的视线的那一部分。”顿时，全班学生都对老师发出敬爱和善意的笑声。赫胥黎自己也开心地笑了。

一经几言

教人至难，必尽人之材，乃不误人。——张载《语录抄》

牛顿的第一课

名人简介

巴罗

巴罗（1630—1677），英国著名数学家。1643 年入剑桥大学三一学院，1648 年获学士学位，1649 年当选为三一学院院委，1662 年任伦敦格雷沙姆几何教授，1664 年任剑桥首届卢卡斯教授，1672 年任三一学院院长。巴罗最重要的科学著作是《光学讲义》和《几何学讲义》。巴罗最先发现了牛顿的天才，并于1669 年举荐牛顿继任卢卡斯教授。牛顿（1643—1727），生于英格兰，被誉为人类历史上最伟大、最有影响力的科学家。微积分、万有引力定律和经典力学的发现者。1669 年任剑桥大学卢卡斯数学教授席位直到 1701 年。1703 年任英国皇家学会会长，1706 年封爵。

牛顿

名人经验

1661 年 6 月 5 日，十八岁的牛顿上剑桥大学读书，他在拘谨和不知所措中接受巴罗教授的问话：“艾萨克·牛顿先生，你是志愿入学吗?”

“是的。”

“你对学习有什么要求?”

“我想学习有关力和运动方面的东西，也想研究数学……”

“你知道伽利略的实验吗？”牛顿摇摇头，因为他连这名字都没有听说过。“铅球有大有小，让它们同时从塔上落下来，你看哪个先到地面？”

牛顿想了想，有点怯意地说：“不做一下不知道。”

“是吗？伽利略也这么想。可是亚里士多德说是重的先到达地面，你认为怎么样呢？”

亚里士多德是古希腊的大哲学家，其名如雷贯耳，牛顿是早已听说过的。他回答说：“我想他是正确的。”

“你确信如此吗？”

牛顿犹豫起来了。教授语重心长地说：“你只是想亚里士多德的话不会错，如果真如此，你是不是不必探究真理，不必作新发现，只要相信古人的话就行了？”

牛顿有点惊慌失措了。

“伽利略让大小铅球同时从比萨斜塔上掉下来，结果与亚里士多德所说的不一样，两个球同时落地。”

“亚里士多德也错了吗？”

“古典学派的人不肯面对这个事实，他们说伽利略一定使用了魔术，可是，无论谁来做，结果都一样。”

教授接着说：“……伽利略研究天体得出结论，说地球会运行转动，被保守的罗马教廷判为异端，送上宗教法庭，几乎送命……这一点，你要牢记心上，牛顿先生，你要多多努力啊。”

这是牛顿的第一课，敢于怀疑是寻求真理的好导师。

一经几言

教师的成功是创造出值得自己崇拜的人。先生之最大快乐，是创造出值得自己崇拜的学生。

——陶行知

汤姆生的两条规矩

名人简介

汤姆生

汤姆生（1856—1940），英国物理学家，电子的发现者。他在曼彻斯特的欧文学院学习了工程学，后到剑桥大学三一学院。1884年他成为卡文迪许物理学教授，后任卡文迪许实验室主任。他推导出阴极射线存在于带负电的粒子，他称之为“微粒”，这种微粒现在称为电子。1897年他的发现为人所知，并在科学圈内引起了轰动，最终于1906年被授予诺贝尔物理学奖。极富戏剧性的是，他

的儿子乔治·汤姆生后来因证实电子是一种波而被授予诺贝尔物理学奖。

名人经验

汤姆生带领学生设计了一个实验，终于捕捉到电子，此后名声大振，被誉为“一位最先打开通向基本粒子物理学大门的伟人”。

有一天，他的学生们围着他七嘴八舌地问道：“这个方法也不算太难，为什么过去争吵了二十多年就没有人去做个实验呢?”

“事情并不这样简单，我刚开始实验时，曾在两块金属板之间加上一个电场，射线并不偏转。这是由于有气体的存在压力太高。要解决这个问题就先要解决真空条件，而当时真空技术才刚刚使用，很不完善。可知一项研究总是和当时的技术发展水平相联系的。所以，电子的发现并不是我个人特别聪明，这是前人经过许多知识和技术方面的积累，到现在才水到渠成了。”

“老师，这个积累是全社会共享的，为什么同一个时间，同一个实验室，有人能够利用它去实现新的突破，有的人就做不到呢?”

“所以，我要给你们立两条规矩：第一，接受一个新题目后，首先要将这方面的知识系统复习，特别要注意前人已有的成果，这样既避免重复劳动，又可站在巨人的肩膀上登攀。第二，必须学习好实验技术，全套仪器都要亲手制作，尽量不使用现成的。”

学生中不知谁怯生生地说了一句：“这样不是太费时间了吗?”

“不，费点时间有利于培养你们的创造力。实验室是培养会思考、有独立工作能力的人，不是要造就一些死成品。你们不仅是实验的观察者，更重要的是实验的创造者。老师不能教给你所有的知识，而你们掌握了创造能力后却可以得到前人都得不到的知识。”

这些本就十分聪明的高才生们毕恭毕敬地围在汤姆生身边聆听师训，他们以后牢记这一教诲，刻苦读书，勇于创新，这一批学生中竟出了50多名卓有成效的大物理学家，其中便有威尔逊、玻尔、卢瑟福等9人获得诺贝尔奖。汤姆生在卡文迪许实验室任教授和主任辛苦执教34年，桃李满天下，育人成果远超过了那些具体的物理发现。

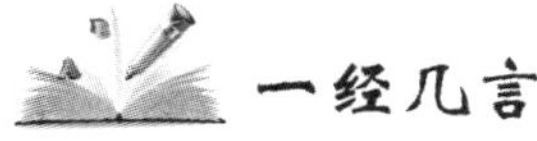

一经几言

教师的教育劳动的独特之处是，为未来而工作。今天在孩子身上所培养起来的，要在几年之后，甚至是几十年之后才会成为一个成熟人的公民性、道德和精神面貌的因素。

——［苏］苏霍姆林斯基

失败和成功

名人简介

巴甫洛夫

巴甫洛夫·伊凡·彼德罗维奇（Иван Петрович Павлов，1849—1936）俄国生理学家、心理学家、医师、高级神经活动学说的创始人，高级神经活动生理学的奠基人。巴甫洛夫 1875 年毕业于彼得堡大学，1879 年毕业于军事医学研究院，1883 年获医学博士学位。1884 年起在军事医学研究院任副教授、教授，领导过实验医学研究所生理研究室工作。1901 年为彼得堡科学院通讯院士，1907 年为正式院士。晚年他又领导了苏联科学院生理研究所（现巴甫洛夫生理研究所）的工作。

名人经验

一个学生哭丧着脸走到著名的生理学家巴甫洛夫跟前，诉说自己一次重要的动物实验失败了。

“从你上次实验取得成功时的那副神情，我就知道你这次肯定要失败。”巴甫洛夫说。

“老师，您的第一篇科学论文发表时，难道不高兴吗？”学生不解地问道。

“我的心情与其说是高兴倒不如说有点沉重，因为我想到：在科学的崎岖小路上，要想取得即使是一点点的前进，可也真不容易啊！”

“您当时一定还想得很多吧？”

“是的。学者在成功面前，首先应该想到的是获得成功之前的挫折和教训，而不是成功后的赞扬和荣誉。这对年轻人尤为重要。”巴甫洛夫说得是这样语重心长，那位学生惭愧地低下了头。

一经几言

教师的生命是从教师职业开始的，教师在自己的职业中和工作要求中寻求生活的满足。

——［德］第斯多惠

“纽约州的州长”

名人简介

罗杰·罗尔斯

罗杰·罗尔斯是纽约州第五十三任州长，也是纽约历史上第一位黑人州长。他出生在声名狼藉的贫民窟。在这儿出生的孩子，长大后很少的人获得较体面的职业。然而，罗杰·罗尔斯是个例外，他不仅考入了大学，而且成了州长。

名人经验

“我一看你修长的小拇指就知道，将来你一定会是纽约州的州长。”这一句话，改变了一个学生的人生。

这句话出自美国纽约大沙头诺必塔小学校长皮尔·保罗之口，话语中的“你”是指当时一名调皮捣蛋的学生罗杰·罗尔斯。小罗尔斯出生于美国纽约声名狼藉的大沙头贫民窟，这里环境肮脏、充满暴力，是偷渡者和流浪汉的聚集地。恶劣的生存环境使罗尔斯从小就受到了不良影响，读小学时经常逃学、打架、偷窃。一天，当他又从窗台上跳下，伸着小手走向讲台时，校长皮尔·保罗将他逮个正着。出乎意料的是，校长不但没有批评他，反而诚恳地说了上面的那句话并给予语重心长的引导和鼓励。

当时的罗尔斯大吃一惊，因为在他不长的人生经历中只有奶奶让他振奋过一次，说他可以成为五吨重的小船的船长。他记下了校长的话并坚信这是真实的。从那天起，“纽约州的州长”就像一面旗帜在他心里高高飘扬。罗尔斯的衣服不再沾满泥土，他的语言不再肮脏，他的行动不再拖沓和漫无目的。在此后的40多年间，他没有一天不按州长的身份要求自己。51岁那年，他真的当上了纽约州的第一位黑人州长！

一经几言

教师的世界观，他的品行、生活，他对每一现象的态度都这样或那样地影响着全体学生。

——［苏］加里宁

学问的价值

名人简介

欧几里得

欧几里得（约公元前 330—前 275），古希腊数学家，被称为“几何之父”。他活跃于托勒密一世（前 323—前 283）时期的亚历山大里亚，他最著名的著作《几何原本》是欧洲数学的基础，提出五大公式，发展欧几里得几何，被广泛认为是历史上最成功的教科书。欧几里得也写了一些关于透视、圆锥曲线、球面几何学及数论的作品。

名人经验

有一个传说讲，欧几里得的《几何原本》的最后、最精彩的一章，是被他的妻子在一次大发脾气中投进火中烧掉的。如果这个故事是真实的，那么他的妻子的那场震怒极可能并不是欧几里得挑起来的。因为，古代作家们告诉我们说，欧几里得是一个“温和仁慈的老头”，他的学生们简直把他当作偶像来崇拜，因为他“像一个父亲那样引导他们”。然而有时他也用辛辣的讽刺来鞭挞“孩子们”，使他们驯服。

曾有一个学生在学习了第一定理之后，问道：“学习几何究竟有什么实际好处？”于是，欧几里得转身叫佣人：“格鲁米阿，拿一点儿钱给这位先生，他没有钱是不肯学习的。”

像古希腊的大多数学者一样，欧几里得对于他的科学研究的“实际”价值是不大在乎的。他喜欢为研究而研究。这个人羞怯谦恭、与世无争，“平静地生活在自己家里”。在那尔虞我诈、到处充满勾心斗角的世界里，他对于人们吵吵闹闹所作出来的俗不可耐的表演则听之任之。他说，“这些浮光掠影的东西终究会过去，但是，星罗棋布的天体图案，却是岿然不动。”

一经几言

教师个人的范例，对于青年人的心灵，是任何东西都不可能代替的最有用的阳光。

——［俄］乌申斯基

拥　有

名人简介

苏格拉底

苏格拉底（公元前469—前399），古希腊哲学家，唯心主义者。生于雅典。据说被奴隶主民主派控以传播异说、毒害青年、反对民主之罪，由法庭判以死刑。认为哲学的目的不在于认识自然，而在于“认识自己”。强调“美德即知识”，知识的对象即“善”。苏格拉底好谈论而无著述，其言行大抵见于柏拉图的一些对话和色诺芬的《苏格拉底言行回忆录》中。在逻辑学方面，亚里士多德曾指出苏格拉底的主要贡献在于首次提出归纳和定义的方法。在伦理学方面，他是最早强调知识和行为有联系的人。

名人经验

有一次，苏格拉底和弟子们聚在一起聊天，一位家庭相当富有的学生趾高气扬地面向所有的同学炫耀：他家在雅典附近拥有一望无边的肥沃土地。

当他口若悬河大肆吹嘘的时候，一直在他身旁不动声色的苏格拉底拿出了一张世界地图，然后说：“麻烦你指给我看看，亚细亚在哪里？”

“这一大片全是。”那个学生指着地图洋洋得意地回答。

“很好！那么，希腊在哪里？”苏格拉底又问。

学生好不容易在地图上将希腊找出来，但和亚细亚相比，的确是太小了。

“雅典在哪儿？”苏格拉底又问。

“雅典，这就更小了，好像是在这儿。”学生指着地图上的一个小点说。

最后，苏格拉底看着他说：“现在，请你再指给我看看，你家那块一望无边的肥沃土地在哪里？”

学生急得满头大汗，当然还是找不到。他家那块一望无边的肥沃土地在地图上连个影子也没有。他很尴尬地回答：“对不起，我找不到！”

一经几言

教学就像航海一样：是船的帆和风给船以动力，教师的作用只是掌舵、指导船的航行。

——［英］耶胡迪·梅纽因

让大脑绕个弯儿

名人简介

柏拉图（约公元前427—前347），是古希腊时期重要的思想家，也是西方文化中最伟大的思想家和哲学家之一。曾到过埃及、小亚细亚和意大利南部从事政治活动，企图实现他的贵族政治理想。在哲学上建立了欧洲哲学史上第一个庞大的客观唯心主义体系。公元前387年在阿加德米体育馆附近设立了一所学院，此后执教40年，直至逝世。他一生著述颇丰，其教学思想主要集中在《理想国》和《法律篇》中。柏拉图是西方客观唯心主义的创始人，其哲学体系博大精深，对其教学思想影响尤甚。

柏拉图

名人经验

柏拉图跟苏格拉底学习了八年，刚开始的时候，他对自己的老师并不是那么信服。

有一天，苏格拉底带着柏拉图去探访一位朋友，走到一条乡间土路上时，年轻的柏拉图见有不少马车载着货物朝前走，便对苏格拉底说：“老师，我们比一下脚程如何？”苏格拉底微微一笑，说：“好的。”

“那我们穿过前面的城镇后会合，谁先到达，谁就是胜者。”说完，柏拉图就向前奔去。

柏拉图喜爱活动，体力充沛。他走得很快，但路上的行人和车辆太多了，有好几次，柏拉图冲撞在马车上，他不得不慢了下来，进了城镇，柏拉图暗暗着急，因为前面是个集市，街道两边摆满了货物，中间是拥挤的车辆和人流。再往前走，竟有满满的一车货物严实地堵在路上。等柏拉图穿越城镇后，愣了，原来，苏格拉底已经气定神闲地站在会合点了。

柏拉图气喘吁吁，惊讶地问：“您怎么这么快就到了？”

苏格拉底指指另一条道，又指指自己的脑袋，见柏拉图仍一脸茫然，便说：“很简单，当我看到路上有很多载着货物的马车时，我并没有像你一样，急于前奔，而是动了脑子，我猜想前面的城镇肯定有集市，那么，拥挤自不必说，所以，我便从岔路上绕了过来。”

柏拉图恭恭敬敬、发自内心地喊了声“老师”，自此才算真正服了苏格拉底。

一经几言

教师决不可忘记，对于种种冲突只要能在一种健康气氛中加以解决，那么冲突也会具有教育价值。与学生所发生的冲突是对教师的最大考验。

——［奥］布贝尔

第四篇　爱“才”如命的中外识才重才经验

开篇语

世上人才有千万，得用者寥寥。识才、重才、爱才、惜才、荐才永远是教育实施过程中最美妙的旋律。“经世之道，识人为先”，“举贤荐才，为政之要”。在中国古代历史上，就流传着许多这样的故事，“伯乐相马”、“三顾茅庐”、“文王用子牙”等，世人皆知，家喻户晓。

人类社会发展进入21世纪，众多新的政治、经济、科技名词不断涌现，但没有哪一个词比人才更能引起人们的重视和思考。中国特色社会主义总设计师邓小平同志曾经说过：“改革经济体制，最重要的，我最关心的，是人才。改革科技体制，我最关心的，还是人才。”人才的创造力是不可估量的，当今的一切国际竞争包括经济、科技等实力的竞争，归根结底是人才的竞争。人才已成为推动生产力发展的核心要素。

识才重才，要有一身胆魄，带几分果断。真理往往掌握在少数人手里，这少数人，便是人才。人才周围，是非常伴。周遭大环境、大舆论往往会影响我们的判断力，要想在是是非非中辨析、重用人才，没有一身胆量很难做到。人才的成长，时机往往很关键，发现人才后能果断地重用也很重要。当千里马垂垂老矣，又哪有建功立业的机遇呢！

识才重才，要有一双慧眼，且懂得欣赏。金在沙中，需辨析得法，方能取之；幼木虽小，承阳光雨露，亦可参天。渴望被欣赏是人的一种基本精神需求。社会生活中，每一个人都渴望得到别人的欣赏。培根说：“欣赏者心中有朝霞、露珠和常年盛开的花朵，漠视者冰结心城，四海枯竭，丛山荒芜。”人才往往个性鲜明，接受不了其个性，就难以发挥其才能；容忍不了其缺点，就无法欣赏其优点。

识才重才，要有一颗爱心，且多些耐心。发现人才是能力，善用人才是本领。人才往往有一股闯劲，敢为前人所未敢为之事。于是就难免会有失误乃至失败，就难免遭嫉恨，甚至被打击。对此，就要“取其一，不责其二；即其新，不究其旧”。“试玉要烧三日满，辨才须待七年期”，对人才多些耐心，多些爱心，多些热诚，多给他们些时间和机会。尤其在困难之际，伸出援助之手。不以一时

之成败论英雄，更不能一棍子打死。

不学未必为长夜，六经未必为太阳。——嵇康

唯求实学不重文凭

名人简介

杨德森

杨德森（1929—　），我国精神医学界著名精神病学临床学家、教育家、行为医学开创者，应激、成瘾相关研究的学术带头人。湖南湘阴县人。1953年湖南医学院（原湘雅医学院）毕业，1959年于该校获硕士学位。1962年起在湖南医科大学任讲师、副教授、教授，1990年起担任博士生导师。1992年起受聘为国务院学位委员会临床医学评议组成员。曾任湖南医科大学副校长。

名人经验

我国著名精神病学临床学家杨德森教授招收研究生有一条硬性原则：考生即使笔试成绩优秀，如果复试过不了关，仍会被他毫不留情地淘汰。因此，被录取的学生多以考入“杨门”为荣。

已是国家级教学名师的张亚林教授至今也忘不了他进入“杨门”的曲折故事。只有初中学历的他临近考研，却被告知“没有本科学历，不具备考试资格”。张亚林愤愤不平，提笔给杨德森教授写信：“我没有上过大学，但不说明我没有能力上大学。是败絮、是金玉，自然都逃不过您的‘火眼金睛’。”正在美国考察的杨教授了解情况后回信：“唯求真才实学，不重一纸文凭。”功夫不负有心人，张亚林以医学专业成绩第一名走进了湖南医科大学，成为杨德森教授的学生，也是我国第一位行为医学的研究生。

1979年，杨德森作为我国第一批受到美国精神病学会邀请的学者，访问美国，之后几次出国进修与合作科研，并与美国同行建立了友好关系。许多知名专家、世界卫生组织总部与西太区专家，先后来到湘雅第二医院进行指导和培训。杨德森鼓励学生学好英语，到国外学习深造。他的学生绝大多数出国后又回到了国内，回到了他的身边。即使是没有回来的，也一直保持着合作与交流。学生们

深有感触地说："杨老师的惜才爱才，使你没有理由离开他。"

一经几言

朝有矜节之士，则野无贪冒之人。 ——房玄龄《晋书》

把科学院的"大炮"都调来了

名人简介

钱学森

钱学森（1911—2009），著名物理学家，火箭专家，被誉为"中国导弹之父"。浙江杭州人，生于上海。1934年毕业于交通大学机械工程系，1934年在美国麻省理工学院和加利福尼亚理工大学学习。1938年获博士学位后留校任教并从事火箭研究。1955年10月冲破重重阻力回国，1958年起长期担任火箭导弹和航天器研制的技术领导职务。曾任中国科学院力学研究所所长，第七机械工业部副部长、国防科工委副主任、中国科技协会名誉主席、全国政协副主席等职。

名人经验

中国科学技术大学的校园里多年来一直都流传着这样一个故事。

钱学森主持中国科学技术大学力学系工作时，为了让学生打好基础，聘请了大批一流科学家为学生授课，当时阵容的豪华程度令当今学子羡慕不已！

新学期开学，钱学森在全系大会上宣布聘任教师的名单时，兴奋地说："我把科学院的'大炮'给你们调来了！"科学院技术科学部的主任、著名物理学家严济慈讲授普通物理课；1956年与钱学森先生同时获得国家自然科学一等奖殊荣的吴文俊先生讲授高等数学课；化学课也是由当时刚从美国留学回来的蒋丽金博士讲授。后来，钱学森又陆续聘请了著名科学家钱临照、卞荫贵、林同骥、郭永怀等先生授课，自己亲自讲授"星际航行概论"课程。

钱学森多次说："这些一流学者都有繁重的任务在身，但培养科学技术人才是一项光荣任务，再多白一些头发又算什么？""他们知识渊博，对科学都有成熟和特有的看法，他们讲课，会给学生以深刻的启发。"

一经几言

大众教育应是政府的第一课题。 ——［法］拿破仑

化为“春泥”育后学

名人简介

袁隆平

袁隆平（1930— ），“世界杂交水稻之父”。出生于北京，祖籍江西德安。1953 年毕业于西南农学院，分配到湖南安江农校任教。1964 年开始杂交水稻研究，1971 年调入湖南省农业科学院，1978 年晋升为研究员，被评为全国劳动模范。1995 年当选为中国工程院院士，现任国家杂交水稻工程技术研究中心主任。2001 年获得首届国家最高科技奖。2009 年 9 月被评为新中国成立以来感动中国人物。

名人经验

杂交水稻之父袁隆平院士爱才、惜才，为了奖掖后学，他不遗余力。

1987 年，获得联合国教科文组织科学奖后，袁隆平把 1.5 万美元奖金悉数捐出，建立了“袁隆平杂交水稻奖励基金”。他又陆续将各种奖金捐出，累计达 100 万元人民币。多年来，他每年都把自己与美国水稻技术公司合作所获的顾问费捐出，设立“所长基金”，专门用来资助年轻科研人员以及科研项目。福建农业大学的一位博士后，开展多倍体水稻育种的探索性研究，但苦于经费不足，抱着试试看的心情向袁隆平求助。袁隆平得知后极力支持，拨出专款，并热情鼓励。湖南省溆浦县有位高考落榜的女青年，摸索种桃树的新技术。她在研究中遇到了难题，给袁隆平写信求教。袁隆平认为她的研究有前途，热情写信予以指导。女青年在他的帮助下，终于培育出了“天下第一桃”的新品种。

现在，袁隆平的研究中心已经形成高水准的科研梯队，高级研究人员超过 30 名，占科研人员总数的一半，他的第一代学生李必湖、周坤炉、尹华奇都已成为农业科学专家。袁隆平培养的几名学生毕业后被他推荐到国外留学，后来留在美国工作。有人说：“你培养的人才都飞了，算是白费心血了。”袁隆平却不这么认为，他认为：“中国杂交水稻事业的未来，需要大量超过袁隆平的人才。优秀人才的成长需要广阔的自由天地，让他们都窝到我的手下，受着我的思想束缚，怎么能超过我呢？”

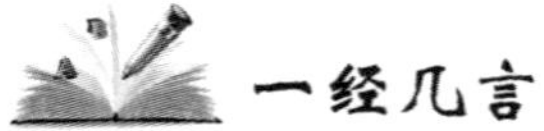

一经几言

呆笨到只能从切身经验中学习的人，一定呆笨得从经验中也学不到任何重要的东西。

——［美］唐·马奎斯

对自己吝啬的“散财童子”

名人简介

曾呈奎

曾呈奎（1909—2005），著名海洋生物学家。福建厦门人。美国密执安大学理学博士、美国俄亥俄州立大学荣誉理学博士。1980 年当选为中国科学院院士，1985 年当选为第三世界科学院院士，世界水产养殖学会、国际藻类学会终身荣誉会员。曾任山东大学海洋系系主任、海洋研究所副所长，中国科学院海洋研究所所长，山东省科协、山东省侨联名誉主席，中国海洋湖沼学会、中国海洋学会、中国水产学会、中国藻类学会名誉理事长。

名人经验

著名的教育家曾呈奎关爱人才是出了名的，别人遇到困难，他慷慨解囊，大把花钱，从不吝啬，被人们称为“散财童子”。几十年来，受到过曾呈奎接济的人到底有多少谁也数不清。

中国科学院海洋研究所年轻学者王广策在第一次出国进修时，曾呈奎主动拿出 300 元美金让他带上，以供不时之需，免除了他初次出国的尴尬。每当提起此事，现在已经是博士研究生导师、研究室负责人的王广策就饱含泪水说：“曾老关心我们胜过关心自己的子女。”

中国科学院海洋研究所图书馆原馆长王壁增，在“文化大革命”中被遣送回老家当农民，失去了经济来源。他爱人带着三个孩子在青岛靠每月 50 元的工资生活，非常艰难。曾呈奎知道后，不顾自己当时也在落难之际，在每天遭受批斗的情况下，悄悄地在经济上资助王家。几十年后，王壁增的孩子都已长大成才，有的远在加拿大留学。每当忆起当年这些往事，王家一家人都深深感谢曾呈奎这位大恩人。20 世纪 50 年代初，山东大学水产系一名学生毕业后想留校继续学习海藻学，但没有经济来源，生活无着，难以如愿。曾呈奎知道后，便每月供给他生活费，使这位学生又留校学习两年，如愿以偿。

曾呈奎对待工作、对待他人是“散财童子”，对待自己却处处精打细算，锱铢必较，又成了“守财奴”。平日里，他给工作人员写便条，用的是旧台历纸。使用的信封，也是用过的旧信封。研究所早年发的科考服，他一穿就是十几年。在外吃饭，偶尔剩下馒头和菜，他也带回宿舍，下顿热热再吃。

曾呈奎一生获奖无数，但他获得的最后一项荣誉却不是来自科研领域。在他逝世前的一个月，躺在病榻上的他荣获了国家民政部授予的“全国爱心捐助奖”。曾呈奎一生俭朴，却从自己的工资和稿费、奖金中累计拿出 30 多万元捐献给社会慈善事业。青岛市慈善总会成立后，曾呈奎就与慈善总会约定在自己有生之年每年捐款 1 万元。2004 年 12 月 10 日，他的各种脏器功能已经衰竭，生命已进入倒计时，但是经过抢救苏醒过来的他，第一件事就是表示要向慈善总会再捐款 2 万元。当天下午，青岛市慈善总会的工作人员赶到医院，含着热泪在病床前为曾呈奎办理了接收手续。2005 年 1 月 12 日，曾呈奎先生已进入弥留之际，当他得知中科院海洋所正在为印度洋海啸灾区组织捐款时，又托人代他捐款 1000 元，这是他生命即将结束的前八天，此时此刻他心中想的仍然是他人，他的爱心超越了国界。

一经几言

风俗弊坏，由于无教。

——康有为

鼎力荐钱穆

名人简介

陈旭轮

陈旭轮（1898—1960），江苏常熟人。1920 年江苏省第一师范学校毕业；1924 年，东南大学文史地科毕业，任东吴大学历史讲师。1931 年，任苏州女子师范学校教务主任，支持学生抗日救国，反对党化教育，后被指控侮辱三民主义去职。1936 年任常熟县立图书馆长。1938 年赴沪，任东吴大学、华东基督教联合大学教授。1945 年 10 月，出任常熟县立中学校长。新中国成立后，迄 1957 年，续任常熟县立中学校长。

名人经验

钱穆先生是现代著名历史学家，国学大师。成名之前，钱先生在中学教国文，是一个潜修君子，不事标榜。这样一个普通老师怎么会有机遇登上当时最优秀的教会大学——燕京大学的国文讲席呢？众所周知，顾颉刚于他有知遇提携之恩。但有一段佳话却鲜为人知。

东吴大学教授陈旭轮，兼任苏州中学教师，与钱穆同事，互为知音，乃君子之交。陈旭轮是个识才之人，非常看重钱穆的学术才能。钱穆也把他看作学术上的知音，每部著作脱稿后，总把原稿给陈旭轮先睹为快，并请指正。一次，陈旭轮读了钱穆新著《先秦诸子系年》，认为这是一部“谨严不朽之名著”，钱穆学力之精博，考据之严密，“吾同学同志中，无此能力，可以匹敌”。同时，陈旭轮为钱穆不得他人赏识而慨叹。每有学人来苏，他总忘不了把苏州中学的钱穆夸赞一番，并真诚地称钱穆为“畏友”。

1929 年 5 月，“新文学泰斗”胡适受苏州青年会的邀请来苏讲演。陈旭轮受苏州女子师范和苏州中学之托请胡适演讲。陈旭轮与胡适是素交，见面寒暄后，即提出演讲的要求，胡适爽快地答应了。

陈旭轮说：“适之，你知道苏州中学有个钱宾四（注：钱穆字宾四）么？我看他的考据之学，恐怕还在你之上呢！”胡适素有容人之量，乐于取人之善，忙问：“明天可以一见吗？”

第二天，胡适与钱穆在讲演会前见了面。胡适拿出陈旭轮的纸条，对钱穆说：“天一（注：陈旭轮字天一）向我推荐你，还说你的考据之学在我之上呢。不过，钱先生把老子的年代定在庄子之后，我不敢苟同。”会后，钱穆陪胡适游拙政园，相谈甚欢，胡适给钱穆留了上海的地址，要钱穆有事便去上海找他。钱穆给胡适留下了深刻的印象。

过了不久，燕京大学史学教授顾颉刚回苏州家中省亲。陈旭轮觉得这又是举荐钱穆的好机会。他陪顾颉刚到苏州中学的宿舍拜访钱穆，这是钱穆和顾颉刚的第一次会面。隔数日，陈旭轮又约钱穆回访顾颉刚。在这次见面中，顾颉刚说：“先生的《系年》一书，我昨夜匆匆翻阅一过。据我看，先生不应长久在中学教国文，应去大学讲授历史。中山大学副校长朱骝先（家骅）嘱我物色人才，现在我想推荐先生去，先生以为如何？”

自此，钱穆登上大学讲席，后来终成一代史学通儒，与胡适并驾齐驱，人称“北胡南钱”。

一经几言

父母经常絮叨孩子的过失，就有损于孩子的自尊心，这是不正确的。

——［日］木村久一

破格录取臧克家

名人简介

闻一多

闻一多（1899—1946），中国现代伟大的爱国主义者，坚定的民主战士，中国民主同盟早期领导人，诗人，学者。原名闻家骅，字友三。1925年5月回国后，历任国立第四中山大学（1928年更名为中央大学，1949年更名为南京大学）、武汉大学、青岛大学、北京艺术专科学校、政治大学、清华大学、西南联合大学教授，曾任北京艺术专科学校教务长、南京第四中山大学外文系主任、武汉大学文学院院长和青岛大学文学院院长。

名人经验

1930年的夏天，预科班学生臧克家报考青岛大学。考试科目有两门，数学和国文。在数学考试时，臧克家交了白卷；国文考试总共两道题目，他也只写了三句杂感：“人生永远追逐着幻光，但谁把幻光看成幻光，谁便沉入了无底的苦海。”数学得零分，考完后，臧克家以为自己肯定不能读大学了。没想到，一段时间后，发榜单上竟然有自己的名字。臧克家很意外，也被弄糊涂了。

开学报到时，一位职员看到臧克家，兴奋地对他说：“你的国文得了九十八分呢，闻一多先生判卷子非常严格，能得个五六十分就不错了。”后来，大家才知道，是闻一多先生破格录取了臧克家。

果不其然，臧克家没有辜负闻先生的期望，很快就发表了一首又一首新诗，并于1933年出版了轰动一时的诗集《烙印》，后来誉满诗坛。

一经几言

各级教育，应于训练上一律励行劳动化，俾青年心理上确立尊重职业之基础，且使获得较正确之人生观。

——《中华职业教育社宣言》

两弹元勋背后的老人

名人简介

叶企孙

叶企孙（1898—1977），上海人。中国卓越的物理学家、教育家，中国物理学界的一代宗师。1918 年毕业于清华大学，后赴美深造，1920 年获芝加哥大学理学学士学位，1923 年获哈佛大学哲学博士学位。1924 年回国后，历任东南大学副教授，清华大学教授、物理系系主任和理学院院长。他还是中国物理学会的创建人之一，曾任中国物理学会第一、第二届副会长，1936 年任会长。

名人经验

1999 年 9 月 18 日，中共中央、国务院、中央军委在北京召开大会，隆重表彰研制“两弹一星”的功臣，23 位科学家获得“两弹一星功勋奖章”。熟悉这些科学家经历的人会不约而同地想起一个人，因为这 23 位科学家中有 9 人是他的学生，有 2 人是他的学生的学生，还有 2 人的事业也与他有着密切的关系。这个人就是叶企孙，中国物理学界元老，清华大学物理系和理学院的创始人，清华大学长期的校领导核心人物之一。

叶企孙很早就看到中华民族近百年来挨打受欺的根本原因和治本之道。这就是需要做实实在在的增强国力的工作，要使科学事业在中国生根，要培养爱国的、掌握最先进的科学技术的英才。他教导学生：“作为一个青年，搞物理学要看国家的需要，不要仅凭兴趣。”

叶企孙不仅识才，而且惜才、重才，心胸宽，能用人，从不计较个人得失。学生中吴有训才学俱佳，叶企孙 1935 年主动推荐他代替自己担任物理系主任，1937 年 2 月，他又辞去理学院院长一职，推荐吴有训继任。物理学家王守竞很有才华，叶企孙对他赞赏有加，1968 年叶企孙身陷囹圄，还不忘向有关部门推荐，希望他们请王守竞回国，施展才干。

叶企孙对待学生更是慈爱有加，在学业上严格要求，在生活上热心帮助，努力发掘他们的长处，为他们铺设成功之路。华罗庚早年在清华大学算学系做职员，没有学历，但很有数学才华，叶企孙作为理学院院长，特批提升他为教员，并帮助他出国深造。在叶企孙直接和间接引导下，取得很高学术成就的人，并非个别。1957 年夏，中国科学院副院长吴有训说：“我们不仅向叶先生学习他那渊

博的知识，还应该学习他的人品。他与清华有着血肉关系，每当重要关头，他都挺身而出。清华能办成一流大学，人才辈出，叶老起了重要作用，但他从不居功，往往是功成身退，总是以一个普通教员自居。”

一经几言

古者政教未洽，不备其礼。——司马迁《史记》

甘当伯乐荐才俊

名人简介

傅抱石

傅抱石（1904—1965），现代画家。原名长生、瑞麟，号抱石斋主人。江西新余人。早年留学日本，回国后执教于中央大学。1949年后曾任南京师范学院教授、江苏国画院院长等职。擅画山水，中年创为“抱石皴”，笔致放逸，气势豪放，尤擅作泉瀑雨雾之景；晚年多作大幅，气魄雄健，具有强烈的时代感。人物画多作仕女、高士，形象高古。著有《中国古代绘画之研究》《中国绘画变迁史纲》等。

名人经验

1931年7月，北平艺术学院院长徐悲鸿游历南昌。一天，有人介绍当时名不见经传的傅抱石给他认识。当看到傅抱石的绘画、印章作品时，徐悲鸿连声赞道：“有才气，有才气！”随后，他嘱咐傅抱石晚间再来详谈。

第二天，徐悲鸿这位艺术大家竟又登门拜访傅抱石。傅抱石以连夜刻制的印章相赠，徐悲鸿则当场挥毫，画了一幅《嬉鹅图》回赠给傅抱石。画印会友，成为文坛的一段佳话。

就在这次见面中，徐悲鸿还提出要帮傅抱石出国深造，傅抱石感激不已。之后，徐悲鸿便不辞劳苦，为傅抱石出国留学奔波斡旋。平时他根本不愿接触权贵，但为了傅抱石，他去了省府行营主席熊式辉的官邸，并送上一幅许多人求之不得的《奔马图》。熊式辉同意了徐悲鸿的建议与要求，并批拨一千元大洋，这为傅抱石远赴日本留学以及后来在艺术上的精进奠定了基础。

文怀沙在一次演讲中谈到了徐悲鸿提携傅抱石的事，他说：“徐悲鸿是个有个性、有脾气的艺术家，眼界很高，一般人不会放在眼里，但他对年龄比他小很多的傅抱石十分器重，竭力帮助，这可见傅的才华，也足见徐的胸怀。”

一经几言

国将兴，必贵师而重傅；贵师而重傅，则法度存。国将衰，必贱师而轻傅；贱师而轻傅，人有快，人有快而法度坏。

——《荀子·大略篇》

慧识华罗庚

名人简介

熊庆来

熊庆来（1893—1969），著名数学家。生于云南弥勒县，字迪之。1913 年赴比利时学习采矿。1915—1920 年先后就读于法国格伦诺布尔大学和蒙彼利埃大学，获得理学硕士学位。1921 年，回国后先后在云南甲种工业学校、东南大学、南京高等师范大学、西北大学、清华大学担任教授。1937 年任云南大学校长。1949 年在法国从事数学研究。1957 年在中国科学院数学研究所工作。

名人经验

1931 年，清华大学算学系主任熊庆来教授在《科学》杂志上读到一篇论文，这篇文章专门讨论“五次方程的不可解”问题，题目为《苏家驹之代数的五次方程式解法不能成立的理由》。

巴黎大学理学博士出身的熊庆来被这篇论文吸引，越看越高兴，便问周围同事：“这个华罗庚是哪国留学生？”无人回答。熊庆来再问：“这人是在哪个大学教书的？”还是无人回答。过了一会儿，一位江苏籍的教师忽然想起他弟弟有个同学叫华罗庚，拿过杂志一看，果然是“华罗庚”三个字，便说：“这个华罗庚哪里是在什么大学教书！他只读过初中，听说在金坛中学当事务员。”当时，年方 20 岁的华罗庚在一所中学当会计，仅初中学历。但这位数学青年的低学历，没有抵挡住熊教授的爱才之心，他当即决定聘请华罗庚前往清华大学算学系担任资料员，月薪 40 元，希望能为华罗庚的数学兴趣提供优越的发展平台。入清华大学后第二年，华罗庚升为助教；第四年升为教员，给一年级学生上微积分课。1936 年，华罗庚得到中华文学教育基金会乙种资助金 1200 美金，赴英国剑桥留学深造一年。此后 5 年时间里，华罗庚果然连续发表了十几篇数学论文。

显然，若无熊庆来先生的鼎力相助，破格提携华罗庚，想必华罗庚的人生轨迹是不可能得到如此大的改变的。一位只有初中学历的中学会计，要想进入中国数学的最高殿堂——清华大学算学系，再得到公费留学机会，难度一如登天。可以说，没有熊庆来，自然也就不可能有后来的华罗庚。

一经几言

孩子的自然倾向常常被父母的溺爱纵容所妨害。——［捷］夸美纽斯

艺术大师与小学生

名人简介

刘勃舒（1935—　）江西永新人。1955 年中央美术学院研究生班毕业。历任中央美院国画系副主任、中央美院副院长、中国画研究院常务副院长，中国美术家协会副主席，文化部高级职称评审委员，第八届、九届全国政协委员。现任中国美术家协会副主席，中国画研究院院长、研究员，全国政协委员。

刘勃舒

名人经验

现代著名画家刘勃舒从小非常喜欢徐悲鸿的画，自己也非常喜欢画马。

有一天，还在南昌实验小学读四年级的小勃舒怀着无比崇敬和忐忑的心情给这位大师写了一封信，并随信将自己临摹徐悲鸿画册的几幅画附上，请求得到大师的指导。其实，小勃舒并没有奢求能够得到任何回音，毕竟人家是蜚声中外的著名的大画家。

没料到，几天过后小勃舒就收到了大师的亲笔复信。在信里，徐悲鸿亲切的称呼这个年仅十岁的小朋友为“勃舒小弟弟”。在信里，大师热情洋溢地说：“我的学生很多，乃又在千里之外，得一颖异之小学生，真是喜出望外……学画最好以造化为师，故画马，即以马为师，画鸡即以鸡为师。不必学我，真马较我所画之马，更可师法也。”他还鼓励小勃舒说：“需立志要成为世界第一流艺术家，勿沾沾自喜渺小成就。”从此之后，两人俨然师徒之谊，徐悲鸿不断写信指导和鼓励小勃舒。小勃舒也没有辜负大师的期望，后来终于成为一名杰出的画家。

一经几言

孩子是映照父母行为的一面镜子。 ——［荷］斯宾诺莎

爱才、重才、竭力育才

名人简介

何鲁

何鲁（1894—1973），四川省广安县人。先后就职东南大学、上海中法通惠工商学校、大同大学、第四中山大学、云南大学、重庆大学，任教授、教务长、重庆大学校长。解放后，还担任过西南军政委员会委员、西南文化教育委员会副主任、西南行政公署文委主任。1956年高等院校院系调整时调北师大数学系任教。后又调中国科学院出版社工作。“文化大革命”中，他惨遭迫害，1973年9月13日病逝于北京，享年80岁。

名人经验

1919年，何鲁从法国里昂大学毕业回国，眼见国家四分五裂，贫穷落后，便决心从教育着手，大量培养人才，以救中华于水火。皖南事变后，白色恐怖笼罩重庆，进步学生和教师读书看报都受到限制，只得白天躲到防空洞去读，晚上钻进被窝打着电筒读。学生们当时还有一个安全的去处，就是何鲁家里。何先生时任重庆大学校长。

何鲁因爱才、重才而竭尽心力育才，为育才经常“散财”。著名物理学家严济慈在东南大学读书时，胸存大志但家境贫苦，何先生不但在学业上给予精心指导，还供其食宿，后又资助其出国留学。著名数学家华罗庚的成名作《堆垒素数论》写成后，当时的国家教育部无人能评审。何鲁酷暑高温下挥汗审勘，他在阅稿过程中，常常击案叫绝：“此天才也！”审毕即为该书作长序介绍，并以他“部聘教授”（当时全国只有6名）的声望坚持给华罗庚授数学奖。此外，原中科院副院长吴有训、钱三强，原子物理所长赵中尧，化学所长柳大纲，数学家吴新谋、吴文俊，哲学家何兆清，四川大学中文系主任林如稷，美国纽约大学地理学教授伍承祖等，都是何鲁精心培育的高徒。至于受过他经济援助的，光重庆大学就不下百人。

1936年，眼见重庆大学第一届毕业生有许多人面临失业，他便决心在广安、重庆各办一所中学，让有志教育事业者就业。后来，这两所学校不仅接纳了不少贫

困学生，还先后掩护过许多进步师生和中共地下党员。于是，社会上有人攻击那里是赤色分子的避难所。何鲁怒斥道：“学术至公也，教育至大也。我只聘有真才实学、能教书育人者为师，哪能分哪帮哪派？如果他信仰共产主义，就连舌耕糊口的权力都没有了吗？口称信奉三民主义，如果孙中山先生在，能允许这样乱来吗？”

一经几言

教你的孩子缄默，他就很快学会说话了。 ——［美］富兰克林

打破常规录人才

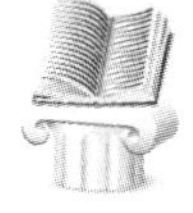

名人简介

陈望道

陈望道（1891—1977），教育家、修辞学家、语言学家，原复旦大学校长。《共产党宣言》的中译本作者，对中共建党起到了重要的理论奠基作用。1920年夏，与陈独秀、李汉俊、李达等人在上海组织马克思主义研究会，投身革命活动。陈望道长期任教于复旦大学和新中国成立前的上海大学，20世纪50年代后，他又被任命为复旦大学校长，直到1977年去世，是这一名校任期最长的校长之一。在新中国成立后许多年间，陈望道致力于倡导语文改革，曾任国务院科学规划委员会语言组副组长。

名人经验

1944年复旦大学招生，湖南青年张啸虎报考新闻系被录取。张啸虎的录取是很特殊的，他数学考了零分，但作文（一篇白话文，一篇文言文）都得一百分。按照规定，主科如果有一门吃了“鸭蛋”（零分），就不能录取，但张啸虎的作文得了一百分，是“史无前例”的。新闻系主任陈望道认为一个投考新闻系的学生，一支笔这样棒，应该破格录取。经过他力争，常规终于被打破，张啸虎被破格录取。

这事传开后，颇为轰动。新闻系开迎新晚会的那天，陈望道特地向大家介绍了张啸虎，许多同学都要这位“才子”站起来让大家瞧瞧。那时，年轻的张啸虎还有点腼腆，站起来时红了脸。

这位“才子”20世纪50年代初在辽宁广播电台工作，1957年后沉沦了20余年，1979年才进入佳境，任湖北省社会科学院研究员、文学研究所所长。有文论、散文、译文等著译二百余万字。

一经几言

教育的最初目的在于学习“学习的方法”，剩下的人生则是在边应用边学习之中度过。

——［法］莫洛亚

仗义留住建国精英

名人简介

王季范

王季范（1884—1972），教育家。湖南湘乡人。1911年湖南优级师范毕业，任教于湖南省立第一师范。后任长郡中学校长，育群中学（现长沙市八中）董事长，创办衡郡女子职业学校。抗日战争期间坚持对学生进行爱国主义教育，宣传抗日救亡，支持进步青年赴延安参加革命，同情和支持中国共产党和中国革命。1949年长沙和平解放后，王季范三次致电毛泽东，祝贺中国革命取得胜利，提出“用贤才、立法制、崇道德”的三条治国意见，是第一、第二、第三届全国人大代表。

名人经验

清末民初，为图救国大计，许多仁人志士舍弃高官厚禄，甘受清贫，教育救国，王季范先生就是其一。王季范以优异成绩考入长沙优级师范（湖南大学前身）学习数学。毕业后来到湖南第一师范任教，很快升为训育主任。

1914年，毛泽东入第一师范读书，王季范对毛泽东不仅在经济上解囊相助，在学业上认真教诲，还尽力支持其革命活动。1915年，一师爆发了著名的“驱张运动”。正在一师求学的毛泽东在君子亭蘸墨挥毫，负责起草了《驱张宣言》，尖锐地抨击校长张干如何对上逢迎、对下专横、办学无方、贻害青年的弊政，文笔犀利，理直气壮。宣言写成后，毛泽东组织同学印成传单广为散发。气急败坏的张干当即决定开除毛泽东等17名带头“闹事”的学生。

“张干做得太绝了！”王季范对毛泽东等学生受到处分愤愤不平。他对家人说：“这批学子志向高远，抱负不凡，我得替他们说说话，撑撑腰。”他找到杨昌济先生商量对策。王季范说：“《驱张宣言》中列举的事实不无道理，怎么能作出开除学生的决定呢？”杨昌济接口道：“毛泽东这样的优等学生也被开除，学校打算培养什么样的人才？”两人商议后，决定联合全校教员，与张干评理。于是，

王季范又联络徐特立、方维夏、袁吉六、符定一等先生，倡议召开全校教职员工会议。会上，王季范等人仗义执言，据理力争，为学生们鸣不平。张干狼狈不堪，在强大压力下，只得撤销对毛泽东等17名学生开除学籍的处分。王季范支持进步学生的行动，受到全校师生的交口称赞。

一经几言

教育既是社会生活的反映，也是适应社会生活的工具。——［瑞士］皮亚杰

陈寅恪提携后生

名人简介

陈寅恪

陈寅恪（1890—1969），江西义宁（今修水县）人。中国现代最负盛名的历史学家、古典文学研究家、语言学家。1926年6月，他只有36岁，就与梁启超、王国维一同应聘为清华国学研究院的导师，并称“清华三巨头”。陈寅恪长期致力于教学和史学研究工作。他热爱祖国，治学严肃认真，实事求是，在史学研究中写出了高水平的史学著作，为人们开拓了历史的视野，对我国史学研究作出了巨大的贡献，一直受到人们的崇敬。

名人经验

陈寅恪留学哈佛时被誉为“哈佛三杰”之一，给人的印象是狂妄、孤傲。其实对朋友和门生，他是一位慈眉善目的和蔼长者。

陈寅恪对人宽容，又乐于助人。当年清华的一位学生因为一个小问题被老师否决了成绩，弄了个不及格，陈寅恪觉得不公平，为这位学生据理力争。在提携后生方面，季羡林感慨最多。他说自己改攻梵文，主要就是在旁听陈先生的一堂课后受的影响。1945年，正准备回国的季羡林向陈寅恪汇报学习情况。尽管陈寅恪根本不了解季羡林的学业，但是仍然鼓励季羡林，并把他推荐给胡适，就这样，季羡林一帆风顺地当上北大教授。季羡林晚年追忆陈寅恪时深情地说，“如果没有他的影响，我不会走上现在走的这一条治学之道，也同样来不了北大。”

陈寅恪还推荐朱延丰给胡适翻译史学。他向主管中研院史语所的傅斯年推荐过张荫麟，并写有深情洋溢的推荐信。而此二人都成了卓有建树的教授、史学家。

一经几言

教育就是“世界范围普遍公认，谙熟凡能考虑到的最好的事”。

——［英］阿诺德

把教授当宝贝

名人简介

竺可桢

竺可桢（1890—1974），中国卓越的科学家和教育家，当代著名的地理学家和气象学家，中国近代地理学的奠基人。又名绍荣，字藕舫，浙江上虞人。1936 年，竺可桢出任浙江大学校长。在任 13 年间，他为浙大建设倾注了全部心血，提出“求是”二字为校训。抗战期间，浙大为避免陷入日寇铁蹄之下而向山区搬迁。竺可桢为选校址在外奔波，妻子张侠魂与次子竺衡先后病逝，浙大师生闻讯后均为之感动不已。抗战胜利后，竺可桢对浙大师生反对独裁、争取民主爱国运动给予支持，所以在校内科学、民主和进步思想始终占上风，以致国民党特务骂浙大是“共产党的租界”。1949 年 4 月，人民解放军渡过长江，竺可桢拒绝国民党要他去台湾的要求，前往上海等待解放。

名人经验

竺可桢当浙大校长时，爱护、关心、支持苏步青的故事被传为佳话。

苏步青当时是浙江大学数学系的主任，只有 30 多岁。竺可桢 1936 年接任浙大校长，1937 年抗战爆发，学校被迫内迁，先到建德，然后到江西的泰和，后来又到广西宜山。苏步青在日本留学时娶了教授的女儿，小孩很多，1937 年在建德时已有五个小孩，都很小，逃难要搬家，小孩那么多，非常困难。从建德迁到广西宜山时，苏步青把妻儿送回了老家温州。后来日军打到广西，浙大又从广西宜山迁到贵州遵义和湄潭。稳定下来之后，竺可桢对苏步青讲，把家眷接过来。苏步青说这要一大笔钱。竺可桢说钱不必担心，当即给了他 2 000 元，而且还找到当时的浙江省主席朱家骅，要了他的手谕，要求“沿途军警不得盘查，一律放行”。抗日战争的时候，中国的老百姓遭到日军残暴的蹂躏，所以中国人对日本鬼子非常仇恨。他妻子是日本人，如果一不小心，让人家知道了她是日本人，很可能就被打死。竺可

桢就想得这么周到，开了特别通行证，最后使他们安全地到达了贵州。

后来在贵州，苏步青有了八个孩子，教授的工资不够维持这个家庭。有一次竺可桢从遵义到湄潭去视察，见苏步青在晒白薯干。竺可桢想，教授这样怎能做好工作？于是他便向教育部为苏步青申请部聘教授，校聘教授变成部聘教授，工资要翻一番，从原来的350元变成700元。他还让苏步青的两个小孩到浙大附中去住校，住校伙食就不用花钱，可住校他家里棉被不够，又特批他们住在家里，在学校吃饭不要钱。后来，苏步青每次谈到浙大竺校长时，都非常感慨地说：“竺校长是把我们教授当宝贝啊！”

一经几言

教育是人的第三只眼睛，它给人一种洞察周围世界的能力。

——［印］萨拉夫

信有师生同父子

名人简介

陈垣

陈垣（1880—1971），历史学家、宗教史学家、教育家。广东新会人。在宗教史、元史、考据学、校勘学等方面著作等身，成绩卓著，受到国内外学者的推崇。他毕生致力于教育事业，从教70多年，任过46年大学校长，1926—1952年，任辅仁大学校长；1952—1971年，任北京师范大学校长。1949年以前，他还担任过京师图书馆馆长、故宫博物院图书馆馆长。历任第一、第二、第三届全国人民代表大会常务委员会委员。

名人经验

在中国现代高等教育的百余年风雨历程中，产生了一批有思想、有成就的杰出校长，他们的大学教育理念、办学实践活动以及人格魅力等，无疑都是中国高等教育史上十分宝贵的精神财富。陈垣就是他们中的杰出代表之一。在教育活动中，陈垣十分注意发现人才，培养人才，他不仅从名校网罗名师来校授课，而且不拘一格从社会上挖掘没有学历，没有教学经历，但有真才实学的学者到校执教，其中最为人们津津乐道的是发现和培养启功。

1933年，启功得遇陈垣。陈垣对启功的评价是“写、作俱佳”，并决意培养他。对启功这样的可造之才，陈垣爱惜有加，乃至在很长一段时间里，陈垣称启功为“小孩”。陈垣先安排启功到辅仁附中教国文，结果不到两年，便被分管附中的某院长以他“中学未毕业就教中学不合制度”为由而辞退。1935年，陈垣又安排启功到辅仁大学美术系任助教，美术系的领导仍是那位院长，一年多后，该院长再次以“学历不够”为由将启功辞退。

尽管启功被辞退了两次，陈垣仍坚持认为，启功不应被埋没，便于1938年秋季开学时，请他回到辅仁大学任国文系讲师，教授大一普通国文。这是陈垣亲自掌教的一门课程，从此启功再没有离开辅仁大学和教学岗位。

1971年陈垣逝世后，启功撰写了一副对联：“依函丈卅九年，信有师生同父子；刊习作二三册，痛余文字答陶甄。”由此足见二人“父子”情深。

一经几言

教育是人类文明的传递。

——［美］威尔·杜兰

真器局，真度量

名人简介

蔡元培

蔡元培（1868—1940），近代著名革命家、教育家、政治家。字鹤卿，浙江绍兴人。中华民国首任教育总长，1916—1927年任北京大学校长，革新北大，开“学术”与“自由”之风；1920至1930年，蔡元培同时兼任中法大学校长。他为发展中国新文化教育事业，建立中国资产阶级民族制度做出了重大贡献。

名人经验

民国初期中国文化界的那些人，对蔡元培先生都充满敬意，无论是新派还是老派，在对蔡先生的尊敬上，大体是一致的。蔡先生掌北大时，取的是兼容并包的态度，这个态度不是不讲原则，而是在最高原则确定以后，对知识和人才的爱护，而这一切都是出于本真，出于至诚，所以说兼容并包绝非一种简单的管理手段，实则是一种精神气质。

梁漱溟年轻的时候在上海《东方杂志》发表一篇论文《究元决疑论》，被蔡元培偶尔看到，蔡元培知他对印度佛学有研究，即决定请他到北大任教。梁漱溟

回忆说：“记得有一天，蔡先生约我与陈仲甫先生（独秀）相会于校长室，提出请我担任印度哲学一门课程（陈先生新聘为文科学长，相当于今所谓文学院长）。我说我何曾懂得什么印度哲学呢？印度宗派那么多，我只领会一点佛家思想而已。要我教，我是没得教的呀！蔡先生回答说：你说你不懂印度哲学，但又有哪一个人真懂得呢？谁亦不过知道一星半点。我们寻不到人，就是你来吧！我总不敢冒昧承当。先生又说，你不是喜好哲学吗？我自己喜好哲学，我们还有一些喜好哲学的朋友，我此番到北大，就想把这些朋友乃至未知中的朋友，都引来一起共同研究，彼此切磋。你怎可不来呢？你不是要当老师来教人，你当是来共同学习好了。他这几句话打动了我，我只有应承下来。”

梁漱溟当时只有 24 岁，没有上过大学，但蔡元培读过他的文章，看出了他的才华，后来梁漱溟的作为证实了蔡先生的眼光。

一经几言

教育有六则：①自单纯进复杂；②始于具体终于抽象；③凡训蒙方法，皆与历史上人类教育一致；④自经验进理论；⑤优给自进之道；⑥以小儿快乐为目的。

——［英］斯宾塞

教授中的教授

名人简介

陈寅恪

陈寅恪（1890—1969），江西义宁（今修水县）人。中国现代最负盛名的历史学家、古典文学研究家、语言学家。光绪二十八年（1902），陈寅恪随兄衡恪东渡日本，入日本巢鸭弘文学院。1905 年因足疾辍学回国，后就读上海吴淞复旦公学。1910 年考取官费留学，先后到德国柏林大学、瑞士苏黎世大学、法国巴黎高等政治学校就读。第一次世界大战爆发，1914 年回国。1918 年冬又得到江西官费的资助，再度出国游学，先在美国哈佛大学随篮曼教授学梵文和巴利文。1921 年，又转往德国柏林大学、随路德施教授攻读东方古文字学，同时向缪勤学习中亚古文字，向黑尼士学习蒙古语，在留学期间，他勤奋学习、积蓄各方面的知识而且具备了阅读梵、英、法、德和巴利、波斯、突厥、西夏等八种语文的能力，尤以梵文和巴利文特精。文字是研究史学的工具，他国学基础深厚，国史精熟，又大量汲取西方文化，故其见解，多为国内外学人所推重。

名人经验

最早发现并引荐陈寅恪这匹“千里马”的是“饮冰室主人”梁启超。19世纪20年代，清华国学院刚刚成立，梁启超向校长曹云祥力荐陈寅恪。曹云祥问：“陈寅恪是哪国博士？”梁启超答：“他不是学士，也不是博士。”校长又问：“他有没有著作？”梁启超答：“也没有。”校长拒绝道：“既不是博士，又没有著作，这就难了！”梁启超大怒：“我梁某算是著作等身了，但总共还不如陈先生寥寥数百字有价值！”曹云祥一听，十分震惊，这才同意聘请陈寅恪。

陈寅恪在国外陆续留学二十余载，潜心读书和研究，不仅学贯中西，而且通晓三十多种文字。由于他始终对博士、硕士之类的学位淡然处之，所以连大学文凭也没拿过。幸亏梁启超慧眼识珠，才使得这位旷世奇才没有“遗于野”，也才成就了这位日后清华园里大名鼎鼎的“教授中的教授”。按理说，梁启超对陈寅恪有知遇之恩，陈寅恪对梁启超不说感恩戴德，至少也应礼让三分吧。但是，因为一个古人陶渊明，他们之间的恩怨一度被传得沸沸扬扬。

陶渊明出生在东晋末期，是有名的隐士。东晋灭亡后，陶坚决归隐，誓不与新政权合作。他的举动，关系到所谓的“名节”问题，也引发了后世的长期争论。作为史学大家的梁启超，自然也有自己的一家之言，他认为陶渊明弃官归隐最主要的动机，是当时士大夫廉耻扫地，他纵然没有力量移风易俗，起码也不肯同流合污，把自己的人格丧掉。陈寅恪提出了针锋相对的意见，认为陶渊明“耻事二姓”才是可信的。同时，针对梁启超本人“无论从政还是从教，都不在乎在清朝还是在民国”的做派，陈寅恪批评他“取自身之思想经历，以解释古人之志向行动”。

陈寅恪的批评不仅力道十足，而且尖酸刻薄。有好友相劝：“梁公对你有知遇之恩，你这样做，就不怕别人说你忘恩负义？”陈寅恪笑答：“错了，我这样做才是对梁公最大的尊重，也才没有辜负他对我的赏识和抬举。”那么，梁启超又是怎么想的呢？当有人嘲笑他“引狼入室”时，他回敬了一句耐人寻味的话：“无论是批评陈寅恪还是讥讽我的人，都把我们看得太小了。”

一经几言

教育之目的，在使儿童成为自主自治之人物，而非受治于他人之物。

——［荷］斯宾诺莎

欲栽大木柱长天

名人简介

杨昌济

杨昌济（1871—1920），又名怀中，字华生，号板仓先生，湖南长沙县人。伦理学家，教育家。曾赴日本、英国留学。关心毛泽东、蔡和森、萧子升等一批进步青年，鼓励他们努力向上，树立正确的人生观。任北京大学教授期间，协助蔡和森等筹措赴法勤工俭学旅费，介绍毛泽东去北大图书馆工作。著有《劝学篇》等文，译有《西洋伦理学史》等书。

名人经验

板仓先生杨昌济，是一个影响毛泽东一生的人物。正是他的慧眼识珠，才让学生时代的毛泽东脱颖而出，更因为他的悉心引导，让青年时代的毛泽东胸怀天下。杨昌济曾亲笔书写了一副对联：“自闭桃源称太古，欲栽大木柱长天”，以此抒发他决心以教书育人为天职，培养经国济世之才的情怀。

在第一师范教书期间，杨昌济的学生数以千计，但他却对毛泽东尤其欣赏。在1915年4月的日记中，他对毛泽东的出身、经历，专门作过一段详尽的记载：

“毛生泽东，言其所居之地为湘潭与湘乡连界之地，仅隔一山，而两地之语言各异。其地在高山之中，聚族而居，人多务农，易于致富，富则往湘乡买田。风俗纯朴，烟赌甚稀……资质俊秀若此，殊为难得。余因以农家多出异才，引曾涤生、梁任公之例以勉之。毛生曾务农二年，民国反正时又曾当兵半年，亦有趣味之履历也。”一位学贯中西颇有名望的老师，专门就一个普通学生的家世和履历写下一篇日记，已属少有；“资质俊秀若此，殊为难得”的评价，出自于一向严谨的杨昌济之口，则更为鲜见。从中人们不难看出：杨昌济对出身农家的学子毛泽东，是何等看重！

杨昌济与学生毛泽东树立了教与学的典范。杨昌济博学多才，睿智过人，尤善识别人才，栽培人才。毛泽东个性鲜明，天生倔强。杨昌济明白“世间大才少通才”的道理，反对应试教育观念，反对陈规陋习，倡导学生的个性自由，尊重学生的个性发展，使毛泽东这棵大树才能在一师肥沃的土壤里茁壮成长。杨昌济不仅以他的哲学和伦理学思想熏陶了毛泽东这个农家出身的青年学子，尤以他高尚的人格、廉洁的节操和严谨的治学精神赢得了毛泽东的衷心敬佩与爱戴。毛泽东日后称他是“给我印象最深的教师”，“一个道德高尚的人”。

一经几言

教则易为善，善而从正，国之所以治也；不教则易为恶，恶而得位，民之所以殃也。

——李觏

“封建社会一个好人”

名人简介

严修

严修（1860—1929），字范孙。近代著名的教育家、学者，也是革新封建教育、推进教育现代化的先驱。原籍浙江慈溪。曾任清末翰林院编修、贵州学政和学部左侍郎。1904 年，与张伯苓赴日本考察教育，回津后改家馆为敬业中学堂，即南开中学前身。1919 年，与张伯苓一道创办南开大学，1923 年增办南开女中，1928 年增办南开小学，被尊称为“南开校父”。

名人经验

严修是南开大学的奠基人，也是中国教育近代化进程中倡导新式教育的先驱。同时，他推荐、资助周恩来到欧洲留学，堪称周恩来的恩师。1989 年，中国人民政治协商会议第七届二次会议专门通过议案，褒扬严修一生倡导新学的功绩和培育英才对祖国的贡献。

严修慧眼识贤才，对周恩来在南开中学、南开大学就读时所显露的才华十分赏识。1919 年五四运动前夕，周恩来从日本回到天津，经严修、张伯苓同意免试进入南开大学文科。开学前，严修在自己家里设宴欢迎周恩来。严修 1920 年 1 月遭反动当局逮捕身陷囹圄，7 月出狱。严修一如既往看重周恩来。他与张伯苓商量以他在南开设立的“严范孙奖学金”资助周恩来出国深造。10 月，他给驻英国公使顾维钧写信，介绍周恩来去英国留学。周恩来到达欧洲后，一直与严修书信往来。为资助周恩来，严修特在严家账目上为周立了户头。除第一年用款是他交给周支票外，周恩来在欧洲 3 年的用款都是他让人转寄的，每半年一次，准时不误。

严修在经济上对周恩来的帮助，不仅使其免受饥苦，而且周恩来不必像其他旅欧学生那样勤工俭学。美国记者斯诺写的《西行漫记》中说：“周在欧洲时，他本人的经费支持者是南开大学的创办人严修。与其他中国学生不同，周在法国

时，除短期在雷诺厂研究活动外，并未参加体力劳动。他向一位私人教师学习法语一年后，即以全部时间从事政治活动。”周恩来在欧洲参加共产党后，有人曾劝严修不要再给周恩来资助，但他不为所动，以“人各有志”奉答，继续寄钱给周恩来。这件事充分体现严修作为教育家识才、爱才的慧眼与胆识。对此，周恩来十分感激。他曾经深情地说：“严老先生是封建社会一个好人。”

一经几言

教之治性，犹药之治病。 ——孙绰

门生才俊盈天下

名人简介

陈荣昌

陈荣昌（1860—1935），昆明人。光绪八年（1882）壬午科乡试解元（单人第一名），翌年赴京参加会试，连捷进士，点翰林，被授予翰林院庶吉士、编修，后又加侍讲衔，曾任武英殿纂修、国史馆协修、贵州学政、贵州和山东提学使、云南学务处总参议、学务公所议长等职，辛亥革命后任云南国学专修馆馆长。

名人经验

提起近代云南知名人士，不得不提陈荣昌。陈荣昌是清末德高望重的教育家，曾担任昆明经正书院山长（院长）和云南高等学堂总教习（教务长），期间培养了大批应时之才，文教界的袁嘉谷、秦光玉、王灿、方树梅，军政界的李根源、罗佩金、李鸿祥、周钟岳、李曰垓，科技界的陈一得皆为其门生。弟子袁嘉谷曾赞曰：“门生才俊盈天下。”

陈荣昌是国学大家，一代宗师，尤其是识才、荐才之高风亮节，可为世范。光绪二十一年（1895），陈荣昌担任乙未科会试第十八房同考官，在审阅广东试卷中，发现一考生见解超凡，才华出众，就在试卷上加批，向分管该房的考官、吏部侍郎李文田推荐，建议录取。但主考官、吏部尚书徐桐却认为该试卷“文字皆背绳尺，必非佳士，不可取”。陈荣昌不顾忌讳，硬荐强保，但终因徐桐阻挠未能录取。这位考生，就是后来戊戌变法运动中坚、国学大师梁启超。

光绪二十八年（1902）清廷诏开经济特科，由各省督抚保荐人才应试。云贵总督魏光焘最初保荐陈荣昌，陈荣昌力辞并荐其得意门生袁嘉谷。袁嘉谷不负师

望，高中一等第一名的经济特元。

一经几言

君权之轻重，与民智之深浅成正比例。 ——严复

三请爱因斯坦

名人简介

弗莱克斯纳

弗莱克斯纳（1866—1965），美国著名教育批评家和改革家。1884年，弗莱克斯纳进入约翰·霍普金斯大学学习，毕业后回到家乡路易斯维尔建立了弗莱克斯纳教师学校。1905年关闭学校进入哈佛研究院学习心理学和哲学。20世纪30年代创立普林斯顿高等研究院，后任普林斯顿大学校长。弗莱克斯纳的大学理念受到高等教育界的广泛关注，促进了高等教育和大学特别是研究型大学的快速发展，在美国高等教育界乃至全世界都有着深远影响。

名人经验

很多中国人都知道刘备三请诸葛亮的故事，但世界上还有个三请爱因斯坦的故事，知道的人也许不多。

20世纪30年代，美国著名教育家弗莱克斯纳接受了两位富翁捐献的一笔巨款后，在风景秀美的普林斯顿办起了高等研究院。为了在高起点上建好研究院，他到处物色世界上第一流的学者来此工作。1932年初，当求贤若渴的弗莱克斯纳得知大名鼎鼎的德国物理学家爱因斯坦到美国加州理工学院讲学时，他立即前往拜访，并提出了聘他担任教授的请求，爱因斯坦没有答应。后来，爱因斯坦又去英国讲学，弗莱克斯纳又跟到英国再次恳求，爱因斯坦还是没有答应。弗莱克斯纳并没有灰心。这年夏天，爱因斯坦从英国回到柏林附近的寓所，弗莱克斯纳又紧跟到那里，再三恳求。最终应了中国那句古话，精诚所至，金石为开，爱因斯坦终于答应到普林斯顿去任教，在此后还加入了美国籍。

当爱因斯坦登上开往美国的轮船时，这件事在科学界引起了轰动。法国有一位著名的物理学家预言："当代物理学之父迁到美国，美国将会成为世界物理学中心！"这位物理学家的预言后来成为现实。弗莱克斯纳三请爱因斯坦的故事，也成为世界科学史上的一段佳话。

一经几言

你知道用什么办法必使你的孩子成为不幸的人吗？这个方法就是对他百依百顺。

——［法］卢梭

化学界的“伯乐”

名人简介

路易斯

路易斯（1875—1946），美国化学家。生于马萨诸塞州的韦思纽顿。1891年起，他先后在内布拉斯加大学和哈佛大学学习，1899年获得哲学博士学位。后去德国莱比锡大学和哥廷根大学进修，曾在物理化学家奥斯特瓦尔德和能斯特的指导下从事研究工作。1901年返回哈佛大学任教。1905—1912年在马萨诸塞州工业学院任教，并致力于物理化学研究，1911年成为教授。1912年后任加利福尼亚大学伯克利分校化学系主任。

名人经验

1946年3月23日，美国加州伯克利市春寒料峭。加利福尼亚大学伯克利分校化学系主任、著名化学家、化学教育家吉尔伯特·路易斯教授永远闭上了眼睛，与世长辞。一时间，来自世界各地的唁电如雪花般飞往伯克利市。

悼念仪式结束后，在浩浩荡荡的送葬队伍里，他的学生群体特别引人注目。尤里，重氢重水的发现者，1934年诺贝尔化学奖得主；乔克，超低温化学的应用技术发明者，1949年诺贝尔化学奖得主；西博格，镎、镅、锔和锫等元素的发现者，1951年诺贝尔化学奖得主；科比，用碳－14测定历史年代的发明者，1960年诺贝尔化学奖得主；开尔文，光合作用机理的研究和发现者，1961年诺贝尔化学奖得主。这也许是科学史上最荣光的送葬队伍之一了吧。而这一切都缘于路易斯教授三十年如一日的诲人不倦，他堪称当今化学界最成功的“伯乐”。

1912年，学生尤里报考路易斯教授的研究生。尤里出生于印第安纳州农村的一个农民家庭。中学毕业后，因无力上学，曾去当了3年小学教师，后来才考上蒙大拿大学。毕业以后他改攻化学专业。路易斯并没有因为尤里年龄大、化学基础较差等不足而看轻他，相反却慧眼独具，认为在尤里身上有着独特的坚韧不拔、吃苦耐劳等农家子弟的特色，是棵好苗子。于是，他对待尤里十分亲切。当时路易斯自己正在研究有关氢元素和水的课题，这直接影响了尤里后来的研究方向。果然，在老师的引导和启示下，后来尤里在这方面作出了杰出贡献。1931年尤里从重水中分离出重氢，荣获1934年的诺贝尔化学奖。

路易斯在加利福尼亚大学伯克利分校任教的33年里，自始至终都以积极启发、独立思考、因材施教等方法教育学生，前面讲到的尤里就是其中一个典型的例子。由于路易斯指导有方，教学得法，伯克利分校化学系培养出大量优秀人才。

虽然路易斯自己没有获得过诺贝尔奖，但在他领导和指导的研究生中有5人先后获得过诺贝尔奖。在整个科学的殿堂里，路易斯是站在巨人身后耀眼的明星。

一经几言

庆赏刑罚，通类而后应；政教习俗，相顺而后行。

——荀况《荀子·大略篇》

洋“伯乐”冯·卡门

名人简介

冯·卡门（1881—1963），匈牙利犹太人。美国工程力学大师，航天技术理论的开拓者。1944年牵头组成科学顾问团，为研究火箭技术创造条件。二战后被派往德国考察火箭，提出研制导弹的计划。他对振动空气动力学的发展作出了杰出贡献。1963年2月18日，美国政府向他颁发“国家科学勋章”。

冯·卡门

名人经验

1963年2月18日，为了表彰冯·卡门对科学技术和教育事业的杰出贡献，肯尼迪总统授予他美国第一枚科学勋章。按计划，肯尼迪总统要亲自向冯·卡门颁发勋章。当总统及其随从一到，来自世界各地的友人就向授勋地点蜂拥而去。双脚患关节炎的81岁高龄的冯·卡门，摇摇晃晃走到台阶前时，好像由于疼痛难忍，突然停下来。这时，肯尼迪总统迅速赶上去一把将他扶住。冯·卡门抬起头来朝这位年轻的总统看看，然后把扶他的手轻轻推开。“总统先生，”他微微一笑说，“走下坡路是不用扶的，只有向上爬的时候才需要拉一把。”

1936年初秋的一天，冯·卡门遇见这样一件事。有一个中国学生要求同他谈一次话。这个学生不是本院的，而是刚刚在麻省理工学院获得硕士学位的钱学森。在加州理工学院，人们都知道同冯·卡门单独会面是很难得的事情，因为，他实在是太忙了。面对这样直率的请求，冯·卡门思考良久。他感到这位学生一定有什么特殊的情况，需要他帮助。于是，他在百忙中挤出时间，接见了钱学森。后来，当冯·卡门回忆这次同钱学森的会面时曾写道：“1936年的一天，钱学森来看我，征询关于进一步进行学术研究的意见。这是我们的第一次见面。我抬头看见一位个子不高、仪表严肃的年轻人，他异常准确地回答了我所有的问题。他思维敏捷，富于智慧，顿时给我以深刻印象。我建议他转到加州理工学院来继续深造。”

钱学森在回忆这次有决定意义的会面时，对冯·卡门教授亲切的话语仍记忆犹新：“密斯特钱，希望你到加州来，到这里来。你在这里可以得到你所需要的知识。我相信我们会合作得很好。”

冯·卡门这位洋伯乐慧眼识英才，收了钱学森为他的入室弟子。这一双向选择，使钱学森跨出了人生道路上关键的一步，它改变着钱学森生命的轨迹。在以后的数十年里，冯·卡门为他的科学世界开辟了一个又一个新的领域。钱学森对冯·卡门感怀不已。他曾不止一次地写文章表达对这位科学大师的感激之情。他曾经写道：“我师从世界著名的权威、厂程力学和航空技术的权威冯·卡门。他是一位永远使我不能忘记的恩师。”

一经几言

劝学修礼，崇化厉贤，以风四方。——司马迁《史记·儒林列传》

诺贝尔奖得主的幼儿园

名人简介

卢瑟福

卢瑟福（1871—1937），20世纪最伟大的物理学家之一，在放射性和原子结构等方面都作出了重大的贡献。卢瑟福从小家境贫寒，通过自己的刻苦努力，这个穷孩子完成了他的学业。这段艰苦求学的经历培养了卢瑟福一种认准了目标就百折不回勇往直前的精神。后来学生为他起了一个外号——鳄鱼，并把鳄鱼徽章装饰在他的实验室门口。因为鳄鱼从不回头，他张开吞食一切的大口，不断前进。

名人经验

如果你仔细研究历届诺贝尔奖得主的师承来历，将会有一个惊人的发现。20世纪伟大的物理学家卢瑟福的名字熠熠生辉。我们更加会认为他是一位伟大的物理导师，他以敏锐的眼光去发现学生的天才，又以伟大的人格去关怀他们，把他们的潜力挖掘出来。在卢瑟福身边的那些助手和学生们，后来绝大多数都工作得非常出色，其中更包括了为数众多的科学大师们。

卢瑟福在剑桥任职后不久，选择了一批非常出色的助手和学生。卢瑟福很喜欢他们，常常管他们叫“孩子们”。卢瑟福没有亲生的儿子，这些“孩子们”都像他的亲生儿子那样，受到他的关怀和照顾。每当发现谁在搞什么新的发明，他就从早到晚和他们一起进行实验、研究，甚至深夜里还往实验室打电话，给予及时的指导和亲切的鼓励。

丹麦物理学家玻尔曾回忆说，卢瑟福最乐于关心年轻的学生，每当学生向他陈述自己的科学见解时，他总是像在倾听一位公认的科学权威的意见似的。卢瑟福提出原子核模型以后，玻尔提出改进意见，卢瑟福闻讯后，与玻尔作了多次长谈，并给予热情指导。玻尔一举成名的科学论文，就是由卢瑟福亲自审阅并推荐发表的。后来，他又全力支持玻尔创建理论物理研究所，这个研究所后来成为驰名世界的哥本哈根学派的中心。玻尔曾经多次说过：“对我来说，卢瑟福教授几乎是我的第二个父亲。”

另一位卓越的青年科学家是苏联人卡皮查，他是卢瑟福一手培养起来的优秀科学家之一。卢瑟福为卡皮查专门建造了一个高压实验室，并给予热情的指导。当卡皮查由于长期劳累而患病之后，卢瑟福让他到外地去疗养，后来又发给他麦克斯韦奖金，以帮助他完成学业。卡皮查后来成为卢瑟福的得力助手。1934年卡皮查回国后，被苏联当局留在国内，并被选为苏联科学院院士。由于条件限制，卡皮查没有可以工作的实验室，不能继续从事他的科学研究，显得彷徨和苦闷。他唯一能同俄国以外自由通信的科学家，就是他的老师卢瑟福。卢瑟福至少每隔两个月给卡皮查写一封长信，叙述他们的生活，介绍他本人和他的学生的科学成就，并希望他能回到卡文迪许实验室。这些热情洋溢的书信，给处于困境的卡皮查以极大的鼓舞。但是由于种种原因，卡皮查回剑桥的希望未能实现。后来卢瑟福决定把新建的实验室的全套设备送给卡皮查，借以表达对心爱的学生的怀念。数十年以后，当卡皮查重读这些信件时，备受鼓舞。1978年，84岁高龄的卡皮查，因研究低温物理学所取得的杰出贡献，获得了诺贝尔物理学奖。

在卢瑟福的精心培养和扶持下，一大批才华出众的年轻人迅速成长为科学新人。当他们在剑桥工作时，犹如行星围绕太阳一样。卢瑟福为科学界培养出大批

出类拔萃的科学家，助手和学生中有 13 人先后获得诺贝尔奖金。在人类科学史和人才学史上，卢瑟福的贡献是极为罕见的。他的实验室被后人称为“诺贝尔奖得主的幼儿园”。

一经几言

人类有禽兽的一面，也有天使的一面。教育家的目的是锻炼一个人的灵魂，以天使的一面打垮禽兽的一面。

——［伊朗］巴禾乌拉

破土而出的力量

名人简介

奥斯特瓦尔德

奥斯特瓦尔德（1853—1932），德国著名化学家，物理化学的创始人。奥斯特瓦尔德出生于俄国拉脱维亚里加，1872 年入爱沙尼亚多尔帕特大学学习，1878 年获化学博士学位。1881 年任里加工业大学化学教授。1887 年任莱比锡大学物理化学教授，1898 年兼物理化学研究所所长，1906 年退休。1909 年获得诺贝尔化学奖。

名人经验

在科学研究中，一种新的理论和创造要被学界认可可能是一件困难的事情。瑞典著名物理化学家阿列纽斯在早期的研究中就碰到了这样的问题。

1882 年，23 岁的阿列纽斯对当时很少有人问津的一个重要项目进行研究，并将此研究撰写成博士论文，题为《电解质的导电性研究》，他满怀希望地把引以为得意之作的论文寄回了他的母校乌普萨拉大学进行评议，却得了个四等的评价。在当时，“四等”意味着参加博士考试的失败。对于年轻的阿列纽斯来说，这是个沉重的打击。不甘心就此失败的阿列纽斯把这篇落选的博士论文又抄写了若干份，分寄给当时多位知名科学家。

在众多的科学家当中，唯独德国里加高级工艺学校教授奥斯特瓦尔德对他这篇落选的论文青睐有加并给予了高度评价。要知道，那个时候的奥斯特瓦尔德是被公认的物理化学的创始人，他的认可，对一个年轻的科学家是一个多大的鼓励。1884 年 8 月，奥斯特瓦尔德从德国的里加亲自去瑞典访问了年轻的阿列纽斯，并代表里加高级工艺学校授予他博士学位。由于奥斯特瓦尔德的巨大影响，阿列纽斯摆脱了困境。同年11月，他被委任为乌普萨拉大学物理化学讲师。在这之后，奥斯特瓦尔德对阿列纽斯的研究工作继续给予大力帮助，从而使他在原来基础上进一步发展了电离理论，并使这一理论逐渐为科学界广泛理解。1903年，阿列纽斯终于因这一重要成就而荣获诺贝尔化学奖。

一经几言

世界上最好的教育是由求生的挣扎得来的。 ——［英］菲力普斯

名师点奇才

名人简介

麦克斯韦

霍普金斯，英国数学家，剑桥大学教授，生平不详。麦克斯韦（1831—1879），是继法拉第之后集电磁学大成的伟大科学家。1847年进入爱丁堡大学学习数学和物理。1850年转入剑桥大学三一学院数学系学习，1856年在苏格兰阿伯丁的马里沙耳任自然哲学教授。1860年到伦敦国王学院任自然哲学和天文学教授。1873年出版了电磁场理论的经典巨著《电磁学通论》，1871年受聘为剑桥大学新设立的卡文迪许试验物理学教授，负责筹建卡文迪许实验室，1874年建成后担任这个实验室的第一任主任。

名人经验

麦克斯韦无疑是19世纪英国最伟大的物理学、数学奇才，他惊人的想象力、闪电般的思维能力、讥诮幽默的诗句，征服了一个世纪的科学界。麦克斯韦也是幸运的，一个偶然的机会，他遇上了伯乐，那就是剑桥大学的教授、著名数学家霍普金斯。

一天，霍普金斯到图书馆借书，他要的一本数学专著恰巧被人先借去了。一般学生是不可能读懂那本书的，教授有些诧异，向管理员询问借书人的名字，管理员回答说："麦克斯韦。"数学家找到麦克斯韦，看见年轻人正埋头作摘抄，笔记上涂得乱七八糟，毫无秩序。霍普金斯不由得对这个青年发生了兴趣，诙谐地说："小伙子，如果没有秩序，你永远成不了优秀的数学家!"后来，麦克斯韦成了霍普金斯的研究生。

霍普金斯学问渊博，培养出了不少人才。有多方面成就的威廉·汤姆生和数

学家斯托克斯，都出自他的门下。麦克斯韦在导师的指导下，首先改进了杂乱无章的学习方法。霍普金斯对他的每一个选题，每一步运算都要求得很严格。那时，麦克斯韦还参加了剑桥大学的斯托克斯讲座。斯托克斯比他大 12 岁，在数学和流体力学方面都有建树，他在数学上的重要发现在科学史上曾经有记载。经过两位优秀数学家的指教，麦克斯韦进步很快，不出三年就掌握了当时所有先进的数学方法，成了有为的青年数学家。霍普金斯对他的评价是：“在我教过的全部学生中，毫无疑问，这是最杰出的一个！”

尤其重要的是，麦克斯韦不是一个抽象的数学家。这一点也要归功于他的老师。当时的数学家有两派，一派以古希腊的毕达哥拉斯为鼻祖，认为世界的本原就是抽象的数，数学决定一切；另一派以 17 世纪的笛卡尔为代表，他指出数学是客观事物的定量反映，也是一种知识工具。这位解析几何的创始人，曾经针对那些纯粹的数学家说：“没有什么比埋头到空洞的数学和抽象的图形中更无聊的了。”这两种对立的态度，导致人们对数学持有两种不同的看法。一种把数学看成纯粹的符号，为数学而数学；另一种却把生动的物理学概念同数学结合起来，把数学当成研究物理学的手段。霍普金斯和斯托克斯都属于笛卡尔派。麦克斯韦受到他们的直接影响，很重视数学的作用。他一开始就把数学和物理学结合起来。这一点对他以后完成电磁理论是非常重要的。

一经几言

受过教育的人们容易领导，但不容易对他们进行压制，容易管理，但不可能对他们进行奴役。

——［英］布鲁艾姆

放飞卢瑟福

名人简介

卢瑟福

卢瑟福（1871—1937），20 世纪最伟大的物理学家之一，在放射性和原子结构等方面都作出了重大的贡献。卢瑟福还是一位杰出的学科带头人，被誉为“从来没有树立过一个敌人，也从来没有失去一位朋友”的人。在他的助手和学生中，先后荣获诺贝尔奖的竟多达 12 人。1922 年度诺贝尔物理学奖的获得者玻尔曾深情地称卢瑟福是“我的第二个父亲”。科学界中，至今还传颂着许多卢瑟福精心培养学生的小故事。

名人经验

卢瑟福在成名之前一直是汤姆生的得力助手，他不时迸发的天才智慧总能给老师汤姆生带来一个又一个惊喜。汤姆生发现电子后，逐渐地将一些独立的研究工作交给卢瑟福，训练他“独挑一摊儿”的能力。

1898 年的一天，汤姆生接待了一位加拿大客人。他是一位烟草商，但对科学教育事业有格外的热心肠，计划出资在他的家乡蒙特利尔的麦吉尔大学建立一个实验室，并聘请一些在科学研究方面有前途的年轻人去从事研究，同时在学校里任教。他找汤姆生是请求帮忙，看看有没有合适的人选。

人选是现成的，卢瑟福就是一个。但汤姆生费了思量。科研方面，卢瑟福是一个得力的助手，品德方面，卢瑟福是一个称心的学生。舍不得！但是，那里有卡文迪许所无法相比的优越条件——资助者报价，薪金是 500 镑，而且聘的是一名教授。另外，汤姆生也想到，卢瑟福是一个天才青年，或许让他远离一个权威对他的创造性的发挥更有益处。

他决定找卢瑟福谈一谈，看看他本人的意向如何。

谁知，此事一提起，卢瑟福表示坚决拒绝，他说他不愿意离开卡文迪许，不愿意离开剑桥，不愿意离开伦敦，特别是不愿意离开老师。

这样，汤姆生就打算把事情放下了。只是，他似乎觉得事情不当如此作罢，于是，回家后把情况给夫人讲了。

汤姆生夫人不但是一位贤惠的妇女，而且是一位具有远见卓识的巾帼精英。她一听丈夫讲起，就意识到了新环境对卢瑟福个人发展的重大意义。因此，她坚持让丈夫割爱，并坚决说服卢瑟福前往应聘。

事情就这样定了下来，最终，卢瑟福听从了汤姆生的劝告，答应下来。汤姆生在推荐信里写道：“我从未有过一个学生在开创性的研究中，其热情或能力能超过卢瑟福先生。”

进入麦吉尔大学之后，卢瑟福像是换了一个人。在这里，他恢复了本性。有人说他“出名地喧闹”，“特别喜欢开玩笑、说粗话”。在实验室里，他会正步行进，一边走，一边高唱“前进，基督的信徒们!”他本性恢复了，也焕发了青春——科研上的青春。他很快便有了重大发现：他发现了从放射性元素钍发出一种放射性气体。后来，卢瑟福和化学家弗雷德里克·索迪一起观察到了放射性元素的自动蜕变现象。这是 20 世纪物理学主要发现之一，但这仅仅是卢瑟福伟大的科学旅程的前奏。

一经几言

水性虽能流，不导则不通；人性虽能智，不教则不达。——马总

一生最大的发现

名人简介

戴维

戴维（1778—1829），英国著名化学家。1801年，在英国皇家学院讲授化学；1803年，被选为英国皇家学会会员；1807年，出任学会秘书；1812年，受封为爵士，出版了《化学哲学原理》；1820年任皇家学会主席。戴维是一氧化二氮呼吸麻醉作用的发现者，他还用电解的方法制得了金属钠、镁、钙、锶、钡和非金属元素硼和硅，成为化学史上发现新元素最多的科学家。

名人经验

众所周知，戴维是18世纪英国最著名的化学家。他热情奔放，擅长演说，实验技术高明，年轻时就做出了不少惊世之举而成为举世瞩目的化学家。当人们夸奖戴维的功绩时，列举了他在科学上的三项重大成就：一是电解法分离碱金属和碱土金属；二是证明氯是元素；三是发明安全灯。但是，戴维自己却摇头说：“我一生最大的发现是法拉第。”

1812年，21岁的法拉第萌生了从事科学研究的强烈愿望，他写信给英国皇家学院院长求助，遭到拒绝，是戴维最初接纳了这个年轻人。有一天戴维收到一封信和一本368页装帧精细的书，书的封面写着：戴维演讲录。书中却是手写体，还有许多精美的插图。信中写道：“我是印刷厂装订书的学徒，热爱科学，听过您的四次演讲。现将笔记整理呈上，作为圣诞节的礼物。如能蒙您提携，改变我目前的处境，将不胜感激。——法拉第。”戴维联想到自己的身世，感慨万端，他马上给法拉第写信，约他一个月后会面。他俩第一次谈话在学院实验室窗边的一条长凳上进行，从谈话中戴维发现法拉第是个人才，就让他当了自己的助手。虽然有很多清理和洗刷仪器等勤杂工作，法拉第却能耳濡目染戴维和他的助手们有关科学的谈论以及他们的实验过程，他感到很高兴。戴维很快就看出了法拉第的才能，逐渐放手让他多参与实验甚至独立工作。1825年法拉第最终接替戴维任皇家学院实验室主任。

法拉第的成功主要来源于勤奋，从一个订书工到科学巨匠，他付出了非同寻常的努力。虽然戴维晚年曾因法拉第取得的巨大成就而嫉妒他，并且打压过他，但是不能不承认正是戴维的培养和提携，为法拉第以后完成的科学成就创造了必要的条件。戴维发现法拉第这样一个杰出人才，这本身就是对科学事业的一个重大贡献。

一经几言

我们了解得最透彻的是那些谁都没有向我们传授过的东西。

——［法］沃维纳格

从神学家手里夺回天空

名人简介

哥白尼

沃伊切赫，生卒年不详。波兰著名的天文学家和数学家。曾任克拉科夫大学教授。编制过天文历表。对2世纪古希腊天文学家托勒密的“地心说”提出了怀疑，并提出异议。认为水星和月球的本轮的中心所形成的均轮应当是椭圆轨道，而不是托勒密所说的正圆轨道。在其影响下，哥白尼开始研究托勒密的地心体系，进行天象观测，并发现地球围绕太阳旋转。哥白尼（1473—1543），出生于波兰。40岁时，哥白尼提出了日心说，并经过长年的观察和计算完成了他的伟大著作《天体运行论》。1533年，60岁的哥白尼在罗马做了一系列的讲演，但直到他临近古稀之年才终于决定将它出版。哥白尼的“日心说”沉重地打击了教会的宇宙观，这是唯物主义与唯心主义斗争所取得的伟大胜利。哥白尼是欧洲文艺复兴时期的一位巨人。他用毕生的精力去研究天文学，为后世留下了宝贵的遗产。

名人经验

在神权统治时期的中世纪欧洲，天体被称为“圣岸”“圣角”，天文学隶属于神学而非科学。神学家们认为，天空充满“各种等级的天使和一个套着一个的水晶球”，而“静止不动的地球”，就居于这些水晶球的中心。太阳围绕着地球运转，因为“上帝”创造太阳的目的，就是要照亮地球，施恩于人类。对神学家的这些荒诞说法，年轻勤奋的哥白尼产生了怀疑。

在波兰克拉科夫大学求学期间，同哥白尼最亲近的，是天文学教授沃伊切赫。1494年，哥白尼准备到千里之外的意大利去求学，他非常舍不得离开沃伊切赫老师，就怀着依依惜别的心情，去探望已步入风烛残年的老师沃伊切赫。在那里，他遇见了他的另一位精神导师——意大利著名的革命诗人卡里玛赫。哥白尼向两位老师阐述了自己的观点——

“神学家讲起宇宙的时候，总是说地球是静止不动的。他们的理由有四条。依我看，它们都站不住脚。……还有天体的轨迹，应该把它颠倒过来，让太阳静止不动，叫地球绕着太阳旋转。这样，日升月落的现象才能得到更合理的解释。”

这是向神学的挑战！卡里玛赫霍地站起来，快步走到哥白尼跟前，一把搂住他，激动地说：“有魄力！有眼光！你去解放太阳吧，去从神学家手里夺回天空吧！”沃伊切赫一直在低头沉思，他抬起头来，用深沉的声音说：“孩子，你的确抓住天文学的根本问题了。卡里玛赫说得对，你要把这个问题抓得牢牢的，从头开始，开辟天文学的新天地。”

两位老师的赞赏和鼓励，给了年轻的哥白尼莫大的精神动力，帮他打开了天文学科学研究的大门。

一经几言

性虽善，待教而成。　　——荀悦

天才奴仆

名人简介

穆里罗

穆里罗（1618—1682），巴洛克时期西班牙画家、美术教育家。出生于塞维利亚。早年曾是画匠学徒。1660年成为塞维利亚艺术学院创始人之一，并任该学院首任院长，培养了一大批有成就的学生，对发扬西班牙民族艺术传统作出了积极贡献。他是塞维利亚画派的杰出代表。作品分宗教题材画、风俗画两大类。代表作有《乞丐少年》《圣母玛利亚的怀胎》《圣家族》等。其作品在他生前直至19世纪末都极其流行。

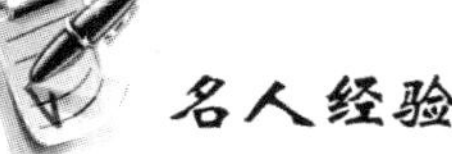

名人经验

西班牙著名画家穆里罗有许多学生。有一段时间，他经常发现画室里有学生

还没有完成的素描，他认为是很有天才的人留下的，可是问及是谁，没有一个学生承认。

一天，画布上出现尚未完成的玛利亚头像，穆里罗惊讶不已，叹道：“这位留画者总有一天会成为我们所有人的大师。”可是没有一个学生知道谁是作者。

穆里罗吩咐身旁年轻的奴仆塞伯斯蒂晚上要特别留神，塞伯斯蒂颤抖着答应了。

塞伯斯蒂在凌晨三点起来，他准备将画涂掉，但又舍不得：“不，不能，让我画完吧！”他进入境界，三个小时后，画完成了，却发现穆里罗和学生们正悄悄地站着看。塞伯斯蒂低垂着头，不敢见画家。

“谁是你的老师，塞伯斯蒂？”“是您，先生。”“可我从未教过你。”“是的，但您教过这些学生，我聆听过。”“你应该受奖励。”穆里罗说。

学生们纷纷提议，有人说奖衣服，有人说奖钱。

有个学生说：“塞伯斯蒂，今日先生心情愉快，你请求自由吧。”

塞伯斯蒂抬起头来，以渴求的目光望着主人说：“先生，请给我父亲自由。”

穆里罗深受感动：“你的画笔显露出你的非凡才能，你的请求表明你心地善良。从现在起，你不再是奴仆，我收你为我的儿子，行吗？……我穆里罗真幸运，竟然造就出一位了不起的画家。”

这件事很快传遍了西班牙，这是当时的贵族们绝不允许的。他们开始疏远穆里罗，也不再去买他的画，人们都说穆里罗是个十足的傻瓜。穆里罗对此却不以为然，他只是一笑：那些傻瓜怎能明白塞伯斯蒂将会是我穆里罗最大的骄傲？事实果如穆里罗所言，在今天意大利的艺术馆藏中，塞伯斯蒂的作品与他恩师穆里罗的名画被摆在同等重要的位置，而且都价值连城。人们只要提到塞伯斯蒂，一定要提到穆里罗的名字。

一经几言

欲任天下之事，开中国之新世界，莫亟于教育。 ——梁启超

第五篇　爱生如子的关爱学生经验

开篇语

从某种意义上说，教育是一种审美。教育的审美对象是鲜活的生命，教育者要用审美的眼光去“读”学生的心灵，挖掘出他们身上的闪光点，促使他们更优秀。“关爱学生，用心培养”作为一句口号很简单，但真要落在实处却考量着每位教育者。关爱学生，不仅要关注学生的学业，也要关心学生的情感、态度、价值观；不仅要关注学生的学习，也要关心学生的生活、健康、品德和习惯；不仅要关注学生的个性发展，也要关心学生民族精神、社会责任感、科学与人文素养、创新精神与实践能力的培育。

教育是一门传承的艺术，教师是一项神圣的职业，教师的魅力在于睿智，教师的灵魂在于师德，教师的伟大在于宽容，教师真正的力量在于关爱。教育的真谛在于一个“爱”字。英国教育家罗素说过：“凡是教师缺乏爱的地方，学生无论品格还是智慧都不能充分地或自由地发展。”可见，爱是教育的前提，是教育的出发点，没有爱就没有教育。

关爱学生在于严格要求。苏联教育家赞科夫曾说：“不能把教师对学生的爱，仅仅设想为用慈祥的关注的态度对待他们，应当同合理的严格要求相结合。”教师对学生的关爱，不是一种纯粹的无目的的情感享受，而是为了促进学生健康成长。因而，关爱学生必须包括严格要求学生，严格要求与温暖关怀共促学生健康成长。

关爱学生在于尊重学生。教师必须尊重学生作为人的价值和尊严。尊重学生的人格，保护学生的自尊心。这种尊重既表现在对学生独特个性行为表现的接纳和需要的满足，又表现在创造良好的环境和条件，让学生自由充分地发现自己，发展自己，体验到自己作为人的一种尊严感和幸福感。教师只有对学生有强烈的爱心和责任感，才会真诚地对待学生，关爱学生，尊重学生，使师爱如阳光雨露般滋润每一位学生的心灵。

关爱学生在于培养学生健康的心理素质。身心健康才是真正健康。在某种程度上，学生的心理健康更重要。学校教育片面发展，学生就不可能有完美的人格。不少学生存在着心理问题，现代教育工作者应通过教育和引导，塑造学生健全的人格，“让学生抬起头来做人”，使之拥有健康的个性和良好的心理素质，以“阳光”心境适应环境，适应社会，赢得学习、生活和事业的成功。

关爱学生在于帮助和保护学生。学生群体多种多样，特别有一些弱势群体，包括孤儿、单亲家庭的孩子、特困家庭的孩子等，教师需要对他们倾注特别的关爱、保护和帮助，鼓起他们自信的风帆。关心爱护学生，还要帮助学生培养良好的身体素质。良好的身体素质应该包括良好的生活和卫生习惯，良好的体能和健康的体魄等。教师要关心鼓励学生热爱体育，积极参加体育锻炼，促使他们健康活泼地成长。

学生是生命中不可缺少的部分

名人简介

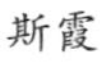

斯霞

斯霞（1910—2004），当代初等教育专家。曾名碧霄，浙江诸暨人。1932年起先后在浙江绍兴、嘉兴、萧山、杭州及江苏南京等地小学任教。曾被评为全国三八红旗手，小学特级教师，当选过全国人大代表、江苏省劳动模范、全国劳动模范。曾任南京市教育局副局长。斯霞毕生从事小学教育，为教育事业呕心沥血，贡献卓著。

名人经验

斯霞，出生于诸暨一个贫寒家庭，先后在浙江绍兴、萧山、杭州等地的小学任教，1932年进入南师大附小工作后，她就再也没离开过小学教育这块希望的土地。在70年的执教岁月里，斯霞老师不仅桃李满天下，而且为教育思想宝库贡献了自己的聪明才智，其中最突出的就是她的“童心母爱”论。她把学生当作自己的孩子一样来看待，学生已成了她生命中不可缺少的一部分。

2003年6月底，斯霞老师因为肾衰竭住进了医院。从那时起一直到去世这段日子里，斯霞老师一直在病床上与病魔作最后的斗争。期间，大部分时间里斯霞老师一直处于神志不清的状态中，但令人感到奇怪的是，每当有学生来探望时，斯霞老师总能睁开双眼，准确地叫上学生的姓名，让在场的每一个人都感叹不已。斯霞老师为什么能记起每个学生呢？据知情人介绍，斯霞老师在任教期间对她的每一个学生都十分了解，都要逐一进行家访，这些细致入微的工作给老人留下了永不磨灭的记忆。

在教一年级时，孩子们还没来报到之前，斯霞老师会拿着学生的名单，一家一家去家访，了解孩子的个性特点，有什么喜好，所以当斯霞老师在开学见到孩

子们时，对他们已经非常熟悉了。

斯霞老师70多岁时还和孩子们玩老鹰捉小鸡的游戏，帮孩子们甩长绳。退休后的很多年，90高龄的她坚持每天都到学校看看。每年的六一儿童节，她要走遍学校的30间教室，看看每个孩子；后来，斯霞老师的行动越来越不方便，她还是坚持每天“踱”到学校；再后来，她由女儿扶着来学校看看。

一经几言

谦虚的学生珍视真理，不关心对自己个人的颂扬；不谦虚的学生首先想到的是炫耀个人得到的赞誉，对真理漠不关心。思想史上载明，谦虚几乎总是和学生的才能成正比例，不谦虚则成反比。

——［俄］普列汉诺夫

接触“哥德巴赫猜想”

名人简介

沈元

沈元（1916—2004），空气动力学家，航空工程学家，中国科学院资深院士。福建福州人。1940年毕业于西南联合大学航空工程系。1943年赴英国留学，1945年获伦敦大学帝国理工学院哲学博士学位。1946年回国。曾任清华大学航空工程系教授、系主任，福州私立英华中学教员。新中国成立后，历任清华大学航空工程学院院长，北京航空学院副院长、院长、名誉院长，北京航空航天大学教授、名誉校长，国务院学位委员会委员，中国科学院物理学数学部委员，民盟中央科技委员会副主任，中国航空学会第一、二届理事长，中国空气动力学研究会名誉理事长，中国力学学会第一、二届副理事长。

名人经验

这是作家徐迟在《哥德巴赫猜想》中描述的陈景润受恩师鼓励，最早接触“哥德巴赫猜想”的故事。

陈景润考入福州英华书院念高中。在这里，他有幸遇见使他终生难忘的沈元老师。沈老师曾任清华大学航空系主任，当时是陈景润的班主任兼数学、英语老师。沈老师学问渊博，循循善诱，同学们都喜欢听他讲课。有一次，沈老师出了一道有趣的古典数学题：“韩信点兵。”大家都闷头算起来，陈景润很快小声回答：“53人。”全班同学被他计算的速度之快惊呆了，沈老师望着这个平素不爱说话、衣服褴褛的学生，问他是怎么得出来的。陈景润的脸羞红了，说不出话，最后是用笔在黑板上写出了方法。沈老师高兴地说：“陈景润算得很好，只是不敢讲，我帮他讲吧！”沈老师讲完，又介绍了中国古代对数学的贡献，说祖冲之对圆周率的研究成果早于西欧1000年，南宋秦九韶对“联合一次方程式”的解法，也比意大利数学家欧拉的解法早500多年。

沈老师接着鼓励说：“我们不能停步，希望你们将来能创造出更大的奇迹，比如有个‘哥德巴赫猜想’，是数论中至今未解的难题，人们把它比做皇冠上的明珠，你们要把它摘下来！”课后，沈老师问陈景润有什么想法，陈景润说：“我能行吗？”沈老师说：“你既然能自己解出‘韩信点兵’，将来就能摘取那颗明珠，‘天下无难事，只怕有心人’啊！”那一夜，陈景润失眠了，他立誓：无论成败如何，他都要不惜一切地去努力！

一经几言

爱世界、爱他人、爱自己的学生，意味着与他们保持这样一种交往关系：不是事先决定好怎样让他们成为我希望的样子，而是以这种方式接受他们——接受我们对于彼此的局限性，而不是只是想象中的可能性。

——［加］大卫·杰弗里·史密斯

仁爱之心比什么都重要

名人简介

林巧稚

林巧稚（1901—1983），著名医学家，中国妇产科学的主要开拓者、奠基人之一。北京协和医院第一位中国籍妇产科主任，中国医学科学院副院长，中华医学会副会长。1946年受聘兼任北大医学院妇产科系主任。为胎儿宫内呼吸、女性盆腔疾病、妇科肿瘤、新生儿溶血症等方面的研究作出了贡献。她是中国科学院首届学部委员（院士），是第一至第五届全国人大代表，荣获全国三八红旗手等荣誉称号。

名人经验

1921年夏天，20岁的林巧稚参加北平协和医院招生考试，在最后一场英语笔试时，她旁边一女同学中暑晕倒了。林巧稚立即放下没答完的考卷，把那位女同学送往附近医院。她等忙完了赶回来，考试已经结束了。主考老师认为：首先，从林巧稚已完成的部分试卷看，她的英语和数理化基础知识掌握得

很扎实，如不是中途耽误时间，完全可能得高分；其次，从她舍己为人和对病人体贴入微的举动看，她具备一名医生的宝贵素质，因为医生的仁爱之心比什么都重要。最后院方综合各科成绩，并考虑到其在考场表现出的无私与果断，破例录取了她。

学校的正确决定使中国后来有了一位名垂青史的优秀妇产科专家。20 世纪 30 年代初，她对胎儿宫内呼吸、女性生殖道结核进行研究；20 世纪 40 年代末，开始对滋养细胞肿瘤和其他妇科肿瘤进行研究；20 世纪 50 年代，她提出和组织了北京地区大规模的子宫颈癌普查普治，对新生儿溶血症诊治成功；20 世纪 60 年代成功切除病人体中重达 56 斤多的巨瘤；20 世纪 80 年代主持编纂《妇科肿瘤》。她为新中国妇产科学的创建和发展倾注了大量心血，20 世纪 50 年代筹建了北京妇产医院，为我国妇产科学界培养了一代又一代优秀接班人。她带头主编科普读物，造福了亿万妇女儿童。她不仅医术高明，医德医风与奉献精神更是有口皆碑。自她走上工作岗位到临终前夕，她心中装着的只有妇女、儿童的安危。

在半个多世纪里，她亲手接生了 5 万多个孩子，许多父母给孩子起名为“念林”“怀林”“敬林”，以表达对她的敬爱和纪念。她把毕生精力无私地奉献给人民，被誉为“卓越的人民医学家”。

一经几言

把热爱自己的专业和热爱自己的学生结合起来才是一个好教师。　——佚名

关爱学生胜过儿女

名人简介

陈鹤琴

陈鹤琴（1892—1982），中国近现代教育家。浙江上虞人。陈教授是一位爱国民主主义者，并且随着中国人民民主革命的发展而不断地进步。他在美国留学期间，曾受杜威、克伯屈的实验主义和进步主义教育思想的影响。回国以后面对旧中国旧教育的因袭旧法、脱离生活、死读书本，便立志改革旧教育、创造新教育。陶行知先生走在前面，他跟在后边。陶行知先生批判旧教育的一句名言：“教死书，死教书，教书死，读死书，死读书，读书死”，对陈教授的教育思想影响很大。因而陈教授把这句话改成：“教活书，活教书，教书活，读活书，活读书，读书活。”因此，陈教授提出“活

教育”的口号，试图用“活教育”来改革中国的旧教育。

名人经验

陈鹤琴对学生关怀备至，胜过自己的儿女。有几个事例广为流传。

有一个学生的父亲去世，家庭经济困难，眼看就要失学。陈鹤琴设法把她母亲接来，安排在图书馆工作，使这个学生能够读下去。还有一个学生的祖父强迫她嫁给姐夫当填房，并以断绝经济支持相要挟。陈鹤琴给那个学生的家乡的地方长官写了封信，请他秉公处理，保护学生的正当权益。那位地方长官很敬佩陈鹤琴，责令那个学生的祖父按时供应她必需的钱粮，并尊重她婚姻自主。后来，那位地方长官竟放弃官职俸禄，慕名而来，到陈鹤琴的幼师学校任教。

一经几言

班主任对学生发生教育影响，不只是由于他的知识，而且由于他的道德威望。教育者的人格，他的道德面貌，对学生意识性格的形成，对他们的共产主义行为习惯的养成，都能发生决定性的影响。 ——［苏］包德列夫

给学生写生日贺信

名人简介

孙家栋

孙家栋，男，1929年生，营口市人。是运载火箭与卫星技术专家、中国科学院院士、国家宇航科学院院士、西安电子科技大学空天研究院院长。历任国防部五院一分院设计部研究室主任、七机部五院院长、航空航天部副部长、中国航天工业总公司科技委主任等职。现任中科院院士、航天科技集团公司高级技术顾问、国家航天局特别顾问、总装备部科技委顾问。1999荣获“两弹一星”功勋奖章。获得2009年国家最高科学技术奖和2010年CCTV中国经济年度人物奖终身成就奖。根据国际天文联合会第77508号《小行星通报》，小行星第148081号正式命名为孙家栋星。

名人经验

孙家栋院士1958年从苏联学习回来后分配到运载火箭技术研究院，在钱学森领导下工作。孙家栋比钱学森小18岁，是学生，也是晚辈。2009年4月8日是孙家栋80岁生日，3月3日，钱老给他写了一封贺信，在信中都是用“您”称呼孙家栋：

“孙家栋院士：您是我当年十分欣赏的一位年轻人，听说您今年都80大寿了，我要向您表示衷心的祝贺！

“您是在中国航天事业发展历程中成长起来的优秀科学家，也是中国航天事业的见证人。自第一颗人造地球卫星首战告捷起，到绕月探测工程的圆满成功，您几十年来为中国航天的发展做出了突出贡献，共和国不会忘记，人民不会忘记。我为您取得的成就感到骄傲。

“希望您今后要保重身体，健康生活，做一名百岁航天老人。谨祝生日快乐！夫人面前代致问候！”

一经几言

不能为了惩罚孩子而惩罚孩子，应当使他们了解这些惩罚正是他们不良行为的自然后果。

——［法］卢梭

为学生看行李

名人简介

季羡林

季羡林（1911—2009），山东临清人。中国著名的古文字学家、历史学家、东方学家、思想家、翻译家、佛学家、梵文及巴利文专家、作家。他精通12国语言，对印度语文文学历史的研究建树颇多。曾任中国科学院哲学社会科学部委员，北京大学教授、副校长，中国社科院南亚研究所所长，中国文化书院院务委员会主席，中科院院士。

名人经验

季羡林对于青年的爱护，是出于他内心的习惯。他的外表着装毫不显眼，穿着非常朴素，曾演绎出不少被人“忽视”的“佳话”来。也许人们见到季先生时的印象，就像见到家乡小溪边放牛的老大爷一样，那么平凡，但又那么亲切。

20世纪70年代，一位刚刚考取北大的年轻人兴高采烈地前往报到。由于初进京城，人地生疏，非常惶恐。这位新生一个人肩扛手提，好不容易找到设在大饭厅的新生报到处。注册、分宿舍、领钥匙、买饭票……手忙脚乱中，该新生把行李托付给一位手提塑料网兜路过的老头儿。年轻人东奔西走，待忙过一切，已时过正午，这时他才想起扔在路边托人照看的行李，当即一路狂奔着找回去，只见烈日下那个老头儿仍呆立路旁，手捧书本，悉心照看地上的行李。年轻人对老头儿千恩万谢，庆幸自己吉人天相，头一次出远门，就碰上好人。

次日开学典礼，只见昨天帮他看管行李的那位慈祥老者，竟也端坐主席台上！年轻人找人一问，原来这老头儿就是大名鼎鼎的北大副校长季羡林！季先生关爱青年就像关爱自己的孩子，犹如慈爱的老父亲般，丝毫没有专家泰斗的架子。

一经几言

从我手里经过的学生成千上万，奇怪的是，留给我印象最深的并不是无可挑剔的模范生，而是别具特点，与众不同的孩子。——［苏］苏霍姆林斯基

爱心造就人才

名人简介

麦克劳德（1876—1935），英国生理学家。阿伯丁大学医学博士。曾任美国克利夫兰西部居留地大学、加拿大多伦多大学、英国阿伯丁大学教授。他将自己的实验室借给班丁使用，使班丁与其助手贝斯特成功地从胰脏中提取胰岛素，与班丁两人共获1923年诺贝尔生理学或医学奖。韦尔登，生平事迹不详。

麦克劳德

名人经验

当孩子调皮捣蛋时，真正的教育不在于严厉呵斥，而在于用一颗充满智慧的爱心去化“罚”为“助”。

一个孩子的母亲，因孩子把她刚买回家的一块金表当成新鲜玩具给摆弄坏

了，就狠狠地揍了孩子一顿，并把这件事告诉了孩子的老师。不料，这位老师却幽默地说："恐怕一个中国的'爱迪生'被你枪毙了。"这个母亲不解其意，老师给她分析说："孩子的这种行为是创造力的一种表现，你不该打孩子，而是要解放孩子的双手，让他从小就有动手的机会。"

"那我现在该怎么办?"这位母亲听了老师的话，对自己的行为后悔不迭。"补救的方法是有的。"老师接着说，"你可以和孩子一起把金表送到钟表铺，让孩子站在一旁看修表匠如何修理。这样，钟表铺就成了课堂，修表匠就成了先生，你的孩子就成了学生，修表费就成了学费，你孩子的好奇心可以得到满足。说不定，他还可以学会修理呢!"

这个故事中的那位老师就是著名的教育家陶行知先生。

英国著名的生理学家麦克劳德上小学时，有一天突发奇想，想看看狗的内脏是怎么样的。于是他偷偷地跟踪一只狗，用套子套住狗的颈项，宰了它，将狗的内脏一件件掏了出来进行观察。谁知这只狗是校长韦尔登家的宠物。校长在痛惜和恼火之中罚麦克劳德画两幅图：人体骨骼图和血液循环图。麦克劳德很认真画成两幅图，校长满意了，并将这两幅图保存起来。

1923 年，麦克劳德荣获诺贝尔生理学或医学奖。当年他的那两幅图现今保存在英国亚皮丹博物馆中。在回忆自己上小学时的"恶作剧"时，麦克劳德说：这么多年过去了，那件事一直萦绕在脑海，不能忘记，更不能忘记那位可敬的小学校长。

一经几言

错误在所难免，宽恕就是神圣。　　　　——［奥］卡尔·波普

睡在汽车里的校长

名人简介

竺可桢

竺可桢（1890—1974），中国卓越的科学家和教育家，当代著名的地理学家和气象学家，中国近代地理学的奠基人。又名绍荣，字藕舫，浙江上虞人。1949 年 7 月，竺可桢应邀到北京参加全国科学工作者代表大会筹备会，在随后成立的中国科学院任副院长（郭沫若任院长）。他首先着手组织成立了中科院地理研究所，又主持完成了中国自然区的划分、制定国家大地图案等工作。他还先后组织了多次大型综合考察活动，足迹遍布

全国各地。1962 年 6 月，他以 72 岁高龄加入中国共产党。

名人经验

竺可桢是担任浙江大学校长时间最长的人之一，他在生活上十分关心爱护学生。有这么一个事例很能说明这点。那是在抗战时期，浙大为躲避日军侵占破坏，迁校址于江西、广西、贵州，条件十分艰苦。有一次，迁徙的师生在一个村子里住宿，教师们刚铺好被褥，一个女学生走了进来，原来是她迟到了，没有地方住了。于是竺校长笑着对那个女学生说："好，你快在这里摊铺，我找个好房子去住。"竺校长马上把自己铺了被褥的地方让给她，自己卷起被子走了。后来，大家了解到，那一晚竺校长在汽车里蜷卧了一宿。

一经几言

当教师把每一个学生都理解为他是一个具有个人特点的、具有自己的志向、自己的智慧和性格结构的人的时候，这样的理解才能有助于教师去热爱儿童和尊重儿童。

——［苏］赞科夫

俯首甘为孺子牛

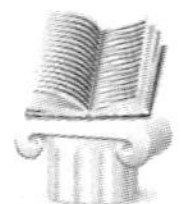

名人简介

徐特立

徐特立（1877—1968），中国无产阶级革命家、教育家。湖南善化（今长沙县江背镇）人。1911 年辛亥革命爆发，徐特立积极参加湖南起义，被推为长沙副议长，翌年又任省教育司的科长。他一身清正进入官场后，顿觉黑暗无比，不久返回教育界，任长沙师范学校校长。1919 年，国内兴起赴法国勤工俭学热潮，年已 42 岁的徐特立也报名前往，成为年纪最大的留学生。在法国四年间，他边做工边学法语，后入巴黎大学学习自然科学。回国后，他任长沙第一女师校长，被公认为湖南的教育界名流。

名人经验

1956 年，徐特立回长沙时，许多女子师范的学生来看他，谈起徐老以前的

一个学生——许德耀。许德耀是湘潭人，由父母包办，很早就结婚了，但她还是冲破家庭的阻力，考进了省立女师。那时候该校对怀孕的女生要取消学籍，所以当时许德耀发现自己入学前就怀孕了时，因求学心切就隐瞒了此事。她临产时正值隆冬深夜，来不及回家，也来不及送医院。徐特立知道后，立即决定让她在校内分娩。这件事当时闹得满城风雨，有人甚至恶意中伤省立女师，是徐特立力排众议，让许德耀得以完成学业，当时生下的那个孩子如今也成了政府官员。

在长沙师范当校长时，徐特立还经常和学生一起吃饭，了解伙食状况，以便及时改进；和学生同寝而睡，督促学生按时休息。有个学生脚上长了疮，他打来热水为学生亲自洗脚，为此还受到一些自命清高的人士讥讽，说他甘为下贱。徐特立说："校长教员关心爱护学生是应该的，我只是做了点好事，就被人家把好处夸大了。"

徐特立就是这样一位朴实的平民教育家，他以一颗诚挚的心，关爱着他的学生，这是一种"孺子牛"的高尚情怀。

一经几言

导师应该记住，他的工作不是要把世界上可以知道的东西全部交给学生，而是使得学生爱好知识，尊重知识，使学生采用正当的方法去求知，去改进他自己。

——［英］洛克

徐特立的民主教育

名人简介

徐特立

徐特立（1877—1968），中国无产阶级革命家、教育家。湖南善化（今长沙县江背镇）人。同年夏天，大革命失败，在不少共产党员叛变脱党时，徐特立却以50岁年龄入党。随后，他参加了南昌起义，任师党代表。部队失败后，他决定同贺龙一起上山打游击，只是因病未能共赴，被派赴莫斯科入中山大学。他学通俄语后，系统研究了马列主义，并同吴玉章、瞿秋白共同研究了汉语拉丁化拼音。1930年末，他赴江西根据地，后在中华苏维埃政府任教育部副部长（部长为瞿秋白）。1934年，他随军长征。一路上，他拄着一根竹杖，扛着防身用的红缨枪，和大家一同行军。瞿秋白在告别时换给他一匹好马，他却总是让给伤病员骑。据统计，长征两万里，徐老骑马不过二千里，人称"徐老徐老真是好，不骑马儿跟马跑"。

名人经验

徐特立主张教育民主，注意引导和调动学生的积极性。

他在长沙师范当校长的时候，当时14岁的田汉和几个喜欢文学的同学经常在自修室的窗户上贴一些打油诗，逗得人们捧腹大笑。其中两首是学习藏头诗的做法，把校长徐特立、老教师首之龙和黄竹村的姓名也嵌了进去。一首说："特立狂涛骇浪中，宝刀血溅首之龙。"另一首写道："黄竹村中鸡犬喧。"两位老教师看后气得浑身颤抖，要求校长严斥学生。

徐特立安慰了两位老教师后，就立即找来学生。田汉说："我们对黄先生和首先生毫无恶意，是一时兴起，开开玩笑，逗大家快乐。"徐校长确信他讲的是真话，又觉得诗句中透露着学生的才智，便和气地告诉他们：喜欢写作是一件好事，只是不要把时间、心思花在游戏笔墨中，最好写些有意义的文篇，锻炼自己的才干。

校长的谈话鼓励了学生们办"窗户报"的积极性。一时间几乎每个自修室的玻璃窗上都贴出了窗户报。田汉办的《祖鞭报》尤为突出，他用痛快淋漓的笔调，抒发了爱国爱民的思想。徐特立便经常把"窗户报"上的优秀诗文转载到自己编的《教育周报》上，老教师们的态度改变了，学生们更是高兴。

一经几言

弟子不必不如师，师不必贤于弟子。

——韩愈《师说》

青年导师

名人简介

胡适

胡适（1891—1962），现代著名学者、诗人、历史学家、文学家、哲学家、教育家，新文化运动的领袖之一。原名嗣糜，后改名胡适，字适之。1937年7月8日，胡适离北平。11日，到庐山，得到蒋介石先生的接见，随后参加庐山谈话会。8月13日，被聘为国民政府"国防参政会"参议员。抗日战争初期，出任国民政府国防参议会参议员，1938年被任命为中国驻美国大使。在美国及加拿大游历及演讲。转游法国、瑞士和普鲁士。10月3日，由欧返抵纽约。5日，赴华盛顿就任。1939年49岁，胡适获得诺贝尔文学奖的提名。在这期间一直担任驻美大使。

名人经验

胡适以“青年导师”著称，在学生中很有影响。他在北京的住处米粮库四号经常有学生前去拜访。他对学生总是口称先生，满脸笑容。如果学生与他谈及学问，他更是满心欢喜。

有一次，一个学生请求拜访胡适，胡适在电话中与他约定第二天上午7时在自己的寓所见面，学生误听为下午。第二天下午7时，学生前去拜访，门房告诉他胡适不在家。学生正想离开，胡适回来了，邀他进屋。两人谈话时，胡适问：“上午在候，何以不来?”学生答：“误听以为下午。”胡适不以为忤，笑道：“我也怀疑你误听，故特地赶回。”学生听后，深受感动。

一经几言

弟子在学成之前，的确需要对师长付出暂时的信任，并暂时搁置个人判断，不过，这并不表示弟子对老师有义务绝对服从和永远受制。

——［英］培根

一件皮袍

名人简介

熊庆来（1893—1969），著名数学家。生于云南弥勒县，字迪之。熊庆来主要从事函数论方面的研究工作，定义了一个“无穷级函数”，国际上称为“熊氏无穷数”。熊庆来在“函数理论”领域造诣很深。1932年他代表中国第一次出席了瑞士苏黎世国际数学家大会，1934年，他的论文《关于无穷级整函数与亚纯函数》发表，并以此获得法国国家博士学位，成为第一个获此学位的中国人。这篇论文中，熊庆来所定义的“无穷级函数”，国际上称为“熊氏无穷数”，被载入了世界数学史册，奠定了他在国际数学界的地位。

熊庆来

名人经验

熊庆来发现有一个叫刘光的学生极有才华，便经常有意指导他读书、研究。

待到刘光毕业时，熊庆来又和另一位同样赏识他的教授共同资助他出国深造，并且按时给他寄生活费。

有一年冬天，因手头一时缺钱，熊庆来便卖掉了正穿着的皮袍，如期将钱汇出。家人无不埋怨地说："你不该这样，冻坏了身体怎么办?!"

他却说："刘光到期收不到钱，就会猜想我是不是遇到什么问题啦，那样便影响他的学业了。"说得家人连连点头。

十年之后，刘光偶尔听到此事，十分感动。熊庆来为他卖掉皮袍成为他刻骨铭心、永不忘怀的一件事。后来，刘光没有辜负熊庆来的期望，成为我国著名的物理学家。

一经几言

对小孩子来说，范例之重要超过批评；让你的孩子说实话，这正是教育他的开始。

——佚名

陈景润的恩师

名人简介

王亚南

王亚南（1901—1969），著名现代经济学家。湖北黄冈人。抗战期间，王亚南曾在周恩来主持的国民政府军委政治部工作过一段时间。直至1949年，他先后被聘为中山大学经济学教授、福建研究院经济研究所所长、厦门大学教授。从1950年起，王亚南担任厦门大学校长直到去世。他是第一、第二、第三届全国人大代表，中国科学院哲学社会科学部学部委员、福建省政协副主席。他一生著述颇丰，共有41部著作（译作）和340多篇学术论文存世。

名人经验

提起王亚南对青年的关怀和爱护，人们首先想到的是著名的数学家陈景润。陈景润大学毕业后分配到中学当教师，工作和生活一度陷入困境。这时候，王亚南了解到他的情况，同情他的境遇，及时让他回到母校厦门大学工作，这对陈景润后来攀登数学高峰是有重大意义的。

其实，陈景润在厦门大学学习期间，王校长已经知道有这么一个学习上埋头

苦干、生活上不修边幅的学生了。当学生会干部向他反映陈景润生活杂乱无章，以致某些同学有意见时，他认为，对青年的某些缺点，应该热情帮助，可以发动和陈景润同宿舍的同学订一个卫生公约，互相督促，帮助他把个人卫生搞好；同时要说服有意见的同学，对某些生活细节不必过于计较。

陈景润回母校后，王亚南又不止一次地关心他的工作和科研。王亚南曾说："陈景润非常用功，这是很大的优点，对这样的青年，应该特别关心。"后来，中国科学院数学研究所要陈景润去工作，王亚南坚决支持，他认为这样更有利于陈景润的成长和提高。

一经几言

凡是天分特别优良的学生应该各科都研究，使世上永远能有具备百科全书式知识的人。

——［捷］夸美纽斯

为穷学生配眼镜

名人简介

傅斯年

傅斯年（1896—1950），近代著名历史学家，古典文学研究专家。山东聊城人。五四运动学生领袖之一，国民党政府中央研究院历史语言研究所的创办者，长期任中央研究院历史语言研究所所长。傅斯年先后在中山大学、北京大学、西南联大任教，曾任北京大学代理校长、国立台湾大学校长。主要著作有《东北史纲》（第一卷）、《性命古训辨证》《古代中国与民族》（稿本）、《古代文学史》（稿本）等。

名人经验

傅斯年先生疼爱学生是众所周知的。在台湾大学任校长时，傅斯年首先想到的是如何发掘到高才生，加以鼓励。他特意举行全校作文竞赛，亲自出题阅卷，看到好文章，就约作者面谈。有一次，他看到一篇好文章，欣赏这个学生的文才。于是，他约这名叫俞大彩的学生谈话，在谈话中，他了解到该生家境贫寒，又患深度近视，就问为什么不戴眼镜，该生默然不答。

傅斯年去世后不久，学校卫生部门的一位负责人将俞大彩叫到家里，交给俞大彩一副眼镜。俞大彩问是怎么回事。这名负责人说是傅校长专门托他到香港为一个叫俞大彩的学生配的。俞大彩接过眼镜，说要给钱，这名负责人说："不用了，孟真（傅斯年）早已付给我了。"这是傅斯年生前为学生办的最后一件事。

1950年12月20日傅斯年因脑溢血猝死于台湾大学讲台，新闻报道曾广播说"傅斯年先生弃世"，被其学生听成了"傅斯年先生气死"。于是台湾大学学生聚众要求校方惩办凶手，直到台湾当局官员出面解释清楚，学生才退去。由此可见傅斯年先生深受学生的敬爱。

一经几言

劳动的崇高道德意义还在于，一个人能在劳动的物质成果中体现他的智慧、技艺、对事业的无私热爱和把自己的经验传授给同志的志愿。

——［苏］苏霍姆林斯基

等我一个小时

名人简介

陶行知

陶行知（1891—1946），汉族，安徽歙县人，毕业于金陵大学（1952年并入南京大学）文学系，中国人民教育家、思想家，伟大的民主主义战士，爱国者，中国人民救国会和中国民主同盟的主要领导人之一。1914年毕业于金陵大学，后赴美国留学。1917年回国，历任南京高等师范学校教授、教务主任等，反对"沿袭陈法，异型他国"，推行平民教育。1932年起，先后创办了"山海工学团"等，成立"中国普及教育助成会"，开展"即知即传"的普及教育运动。

名人经验

盛夏的一天，陶行知的学生高缨听说书店到了一些好书，想去看看。可是自己不认识路，就想请老师陪他一起去。他来到先生窗前，那情景使他吃了一惊：先生打着赤膊，脸上、身上流淌着汗水，正在伏案疾书。高缨不好意思地把自己的来意告诉先生，没想到陶行知很快地回答："现在不成。"高缨失望

了，他很奇怪，先生平时最喜欢和学生在一起，也最愿意帮助人，今天是怎么啦？陶行知好像看出了他的疑惑，手指着晾在窗外的衬衫说："我很高兴陪你去书店，可是我的衬衫还没有干。过一个小时你再来，好吗?"高缨望着那还在滴水的白衬衫，心想：先生找借口吧？他说了一句"那就算了"，不高兴地回去了。

过了一个小时，陶行知穿着还没干透的白衬衫，笑嘻嘻地来找高缨。高缨还躺在床上生闷气呢，见了先生，忙起身一起上街。后来，高缨还是想不通，就去问副校长马侣贤。马先生说："大家都知道陶行知是个名人，可是有谁知道，他为了你们这些孩子，几乎到了山穷水尽的地步！为了坚持办学，他把自己的大衣和呢子裤都送到当铺去了，换来的一点钱解决了一天的菜金。夏天，他只有一件像样的衬衫，这也不稀奇呀!"高缨听着马先生的话，眼圈红了，他的耳边又响起了陶先生上课时讲过的话："为了劳苦大众，我们吃草也干；为了受苦小孩，我们要饭也干!"他的眼前出现了陶先生和同学们一起喝稀饭，鼓励大家"勒紧裤带共渡难关"的情景，他仿佛明白了：为了办学，先生舍得一切!

一经几言

凡为教，目的在于达到不需要教。——叶圣陶

北大首招女生

名人简介

蔡元培

蔡元培（1868—1940），近代著名革命家、教育家、政治家。字鹤卿，浙江绍兴人。蔡元培数度赴德国和法国留学、考察，研究哲学、文学、美学、心理学和文化史，为他致力于改革封建教育奠定思想理论基础。曾任教育总长、北京大学校长、人学院院长、中央研究院院长等职。

名人经验

蔡元培刚担任北大校长的时候，北大的学风并不怎么样。于是，这位校长一上马，就坚决凭考试招生，让许多家境贫寒的穷学生进入了北大学习。那时虽然没有"择优录取"这个词，但是蔡元培已经开始使用了。

同时，蔡元培还打破了大学男女不同校的陋习。1920 年春，北大学生王昆仑的姐姐王兰因病休学在家，想来北大学习，王昆仑就去问校长。曾经有一个天津的女孩子来北大找人，北京城里以讹传讹，说是北大招了女生，闹得沸沸扬扬。蔡元培不管这些风言风语，他只问了句："她敢来吗？"

王昆仑说："她敢。"

"那就让她来试一试吧。"

就这样一试，王兰成了北京大学招的第一个女生，后来又有两个女生入校，开创了中国大学男女同校的新风尚。

值得一提的是，蔡元培虽然提倡男女教育平等，却反对降低女生的录取标准，坚持"择优录取"的原则，真正将男女放在平等的位置上对待。

一经几言

夫子循循善诱人，博我以文，约我以礼，欲罢不能。

——孔丘《论语·子罕》

允许招收旁听生

名人简介

蔡元培

蔡元培（1868—1940），近代著名革命家、教育家、政治家。字鹤卿，浙江绍兴人。他对近代与现代中国教育、中国革命做出了不可磨灭的贡献。自他开始，中国才形成了较完整的资产阶级教育思想体系和教育制度。他提出的"思想自由，兼容并包"的主张，使北大成为新文化运动的发源地，为新民主主义革命的发生创造了条件。同时为中华民族保护了一批思想先进，才华出众的学者。

名人经验

从 1917 年起，北京大学开始招收旁听生，吸引了莘莘学子。有一个姓杜的学生，要求到中国文学门旁听，托他在中国文学门的同学肖劳到教务处代为申请。教务处的人怕麻烦，就敷衍说："座位已经满了，不能再收。"肖劳说："座位没满，还可收好几位同学呢，请先生去看看。"教务处的人说什么也不肯去。

一气之下，肖劳径直闯进了校长办公室。蔡元培见来者怒气冲冲，便和蔼地说：“你先坐下，休息五分钟，五分钟后你再说话。”肖劳坐了一会儿，气渐渐消了。这时，蔡元培才开始问出了什么事。肖劳对校长提起为杜姓同学申请旁听之事，说：“多收一个学生总比少收一个学生好。分明教室里还有座位，教务处的先生硬说座位满了，也不去看看。请校长去教室看看是否有座位。”

蔡元培明白了事情的经过，马上把教务处的人叫过来对质，后者无话可说。蔡元培就拿笔写一个条子：“准予杜××到中国文学门旁听”，交给教务处的人。于是这位杜姓同学就入学旁听了。

一经几言

古往今来杰出的科学家、艺术家、文学家无不都是靠自己学习，才能有所发明，有所创造，谁能教莎士比亚成为莎士比亚？谁能教爱因斯坦发现解释宇宙的根本原理？谁能教鲁迅先生刻画出阿Q的形象？自己的学习和创造是前进的一种动力。

——许国璋

劝喻轻生者

名人简介

陶行知

陶行知（1891—1946），汉族，安徽歙县人，毕业于金陵大学（1952年并入南京大学）文学系，中国人民教育家、思想家，伟大的民主主义战士，爱国者，中国人民救国会和中国民主同盟的主要领导人之一。1946年初在重庆创办社会大学，推行民主教育。他创立的“生活教育”学说，集中了古今中外教育家的思想精华，奠定了我国人民教育的改革和发展的思想基础。“生活教育”学说与当前的社会主义教育学息息相通，为中华民族人民教育事业做出了不可磨灭的贡献。

名人经验

教育家陶行知先生曾创办了晓庄师范学校，那儿离燕子矶不远。

有一天，陶行知听到人们在纷纷谈论，燕子矶下浮起了一具女尸并且是一个学生。他极感不安，立即到学校木工场要了两块木牌，在上面写了几句话劝喻轻生者，并且把它们立在矶头上。一块碑上写着“想一想”三个大字，下面写了几行小字：“人生为一大事来，当做一件大事去。你年富力强，有国当救，有民当爱，岂可轻生！”另一块则写着“死不得”三个大字，下边写着：“死有重于泰山，或轻于鸿毛，与其投江而死，何不如从事乡村教育为中国三万万四千万同胞努力而死！”

陶行知还嘱咐一个在燕子矶旁开茶酒馆的朋友留心，一是酒不要卖得太多，二是留心在矶头徘徊的人，并适时地劝慰。此后，不少来这里自杀的人，看到木牌，听了劝慰后，打消了投江的念头。

一经几言

即使并非中国所固有的罢，只要是优点，我们也应该学习，即使那老师是我们的仇敌罢，我们也应该向他学习。

——鲁迅

为学生而舍爱子

名人简介

蔡元培

蔡元培（1868—1940），近代著名革命家、教育家、政治家。字鹤卿，浙江绍兴人。经历了清政府时代、南京临时政府时代、北洋政府时代和国民党政府时代，一路经历风雨，始终信守爱国和民主的政治理念，致力于废除封建主义的教育制度，奠定了我国新式教育制度的基础，为我国教育、文化、科学事业的发展做出了富有开创性的贡献。教育论著有《蔡元培教育文选》《蔡元培教育论著选》等。

名人经验

1901年，蔡元培在上海南洋公学教书。他经常向学生灌输先进思想，因此学生动辄批评时政，对清廷表示不满。学校当局唯恐学校被政府取缔，就下令严禁学生谈论时政。一些学生为了表示抗议，竟愤而退学。外地学生离校后，住在小旅馆中，几乎无法生活。他们派代表向中国教育会求助。蔡元培、吴稚晖等老师是中国教育会的主要成员，当时就接受了学生的请求。蔡元培自告奋勇，四处奔走找好友借款。当他准备去南京时，他的长子正生着重病。蔡元培为了不让二百多个学生饿肚子，不顾爱子病重，毅然启程。全校师生十分感动，纷纷送他到轮船码头。正当大家挥手告别之际，蔡家的佣人气喘吁吁赶来，高声大喊："先生！大少爷不行了，你快回来。"蔡元培心如刀绞，含泪启程。三天后，蔡元培带着一千多块大洋回到上海，暂时解决了学生的伙食问题，但是他再也看不到他的爱子了。

一经几言

教导员不应当在漠不关心地研究学生的过程中来认识学生，而应当在和他共同工作和积极帮助的过程中来认识学生。 ——［苏］马卡连柯

敢于满足学生的正当要求

名人简介

鲁迅（1881—1936），浙江绍兴人，原名周树人。文学家、思想家、革命家，是中国新文化革命的主将。辛亥革命后，曾任南京临时政府和北京政府教育部部员、佥事等职，兼在北京大学、女子师范大学等校授课。1918年5月，首次用"鲁迅"的笔名，发表中国现代文学史上第一篇白话小说《狂人日记》，奠定了新文学运动的基石。五四运动前后，参加《新青年》杂志工作，成为"五四"新文化运动的主将。

鲁迅

名人经验

鲁迅从日本回国前，托好友许寿裳为他找个工作，当时许寿裳在杭州的浙江两级师范学堂当教务长，在他的极力推荐之下，鲁迅来到两级师范担任初级师范的化学教员和优级师范的生物学教员。

有一次，鲁迅在上生物课时，学生悄悄向他提议，要求加讲生殖系统的内容，鲁迅爽快地应答下来。

讲生殖系统的内容在现今看来是件很正常的事情．但是在当时，却是对封建专制的一个有力冲击。全校师生都惊讶不已，而鲁迅却毫无顾忌地去上课。

上课前，他给学生提了个要求，就是在他讲授的时候不许笑。"不许笑是一个很重要的条件，"他说，"因为我的态度是严肃的，有人笑，严肃的空气就被破坏了。”结果这次上课，学生们都配合得非常默契，效果极佳。别的班没有听课的学生，纷纷来要油印讲义。

鲁迅敢于满足学生的正当要求，敢于开风气之先，他那种锐意革新的精神，深受大家的尊重和喜爱。

一经几言

教师，这是学生智力生活中的第一盏，继而也是主要的一盏指路灯；是他在激发学生的求知欲，教会他们尊重科学、文化和教育。——［苏］苏霍姆林斯基

有教无类

名人简介

孔子（公元前551—前479），名丘，字仲尼，汉族，春秋时期鲁国陬邑（今山东曲阜市南辛镇）人，先祖为宋国（今河南商丘市夏邑县）贵族。孔子集华夏上古文化之大成，在世时已被誉为“天纵之圣”、“天之木铎”，是当时社会上的最博学者之一，被后世统治者尊为孔圣人、至圣、至圣先师、万世师表，是“世界十大文化名人”之首。孔子的儒家思想对中国、儒家文化圈及世界都有深远的影响，全中国各地都有孔庙祭祀孔子。

孔子

名人经验

孔子之前的学校都是官办的，受教育者都是贵族子弟，一般老百姓的孩子是没有资格进学堂的。

孔子创办私学，提出了“有教无类”的进步口号。就是说，任何人都可以受到教育，没有贫富贵贱和国别的限制。他的学生中，有鲁国的颜回、陈国的颛孙师、齐国的公冶长、宋国的司马牛、吴国的子游、楚国的公孙龙，还有一贫如洗的原宪、富商子贡、贵族孟懿子、野人子路、盗贼颜涿聚等。

孔子认为，人一生下来是没有什么差别的，人之所以各不一样，都是后天的影响所造成的。有一天，曲阜城外互乡的一个小男孩来求见孔子。因互乡是鲁国有名的风俗败坏的乡村，所以许多弟子不主张孔子接见小男孩。孔子没有理会弟

子们的劝说，就派颜回把小男孩喊了进来。小男孩进得门来，很有礼貌地向孔子行了礼。

孔子问他：“你来见我有什么事吗?”

小男孩答道：“我父亲让我来问问先生，小孩子到几岁才可以上学呢?”

孔子一听这问话，就满心欢喜地答道：“只要能认得文字，听得懂我的讲义就可以了，年龄大小都是无关紧要的。”

小男孩谢了孔子，出了学馆。孔子见弟子们还在议论纷纷，就说：“我也知道互乡是个坏地方，但是这儿童是纯洁的。他诚心诚意来见我，我只看他眼前的诚心，不问他以前的好坏，我只让他进来相见，不问他出去是做恶还是为善，有什么可非议的呢？你们想，假如我把这小男孩拒之门外，那么生长在不良风俗之乡的人都不敢来见我，岂不是阻塞了他们要改邪归正的道路吗?”

一经几言

教师不是魔术家，而是一个园丁。他可以并且将扶育和培植你们，但成长全靠你们自己！

——［德］凯斯特纳

女神和化学家

名人简介

贝采里乌斯

贝采里乌斯（1779—1848），瑞典化学家。乌普萨拉大学医学博士。斯德哥尔摩大学教授，斯德哥尔摩科学院院士。发展了原子理论，发现元素铈、钙、硒、硅、钍等，并以氧作标准测定了40多种元素的原子量，提出现代原子符号并第一次排出了当时已知元素的原子量表。为区别于无机化学，首先引用了“有机化学”这一概念，并发现“同分异构”现象。著有《化学教程》《动物的化学》《化学总论》等。还编辑出版《物理化学进展年报》等。

维勒

维勒（1800—1882），德国化学家，海德尔堡大学医学博士，哥廷根大学教授。1827年和1828年先后发现了铝和铍两种元素，并从无机物中合成了两种有机物——草酸和尿素，打破了无机和有机两类物质间的人为鸿沟，动摇了“生命力学说”，也指出了有机化学的合成方向。著有《理论化学与应用化学辞典》《基础无机化学》《基础有机化学》《尿素的合成》等。

名人经验

弗里德里希·维勒最终成为了世界上赫赫有名的伟大化学家，他一生中取得了科学研究的累累硕果，但他年轻时曾有过重大失误。他曾因一时疏漏而失去了发现化学元素钒的机会。

1830年，青年化学家维勒在斯德哥尔摩跟随贝采里乌斯从事研究工作，教授曾指定他分析墨西哥出产的黄铅矿石。在分析化验过程中，维勒曾发现过一种特殊的沉淀物，当时他认为这可能是铬的化合物，没有去深究其真实面目。可是过后这一现象又被他的同学瑟夫斯特姆发现。瑟夫斯特姆却紧紧抓住这个现象不放，经过反复实验研究，终于在一年后发现那沉淀物是一种含有新元素的物质，这种新元素就是“钒”。

维勒因为对实验中出现的新现象的疏忽和粗心，错过了机遇，使化学元素“钒”的发现权落到了瑟夫斯特姆手里。维勒在感到震惊的同时，思想上也很苦闷、内疚和失望。他怀着懊悔的心情向他的导师贝采里乌斯叙述了这件事。

不久，他收到贝采里乌斯的回信，老科学家用诗一般的语言，讲述了一个带有神话色彩的故事：

在北方遥远的森林中住着一位名叫吉娜蒂丝的女神，她美丽而且本事超群。

一天，一个名叫维勒的青年来敲女神的门。为了考验这个来者的诚实，女神没有马上去开门，结果维勒走了。

几天后，又有一位青年瑟夫斯特姆来访。他热烈而执著地敲门达整整一个小时之久，女神只好把门打开，将他领入自己的客厅。

瑟夫斯特姆将这个女神带到了人间。女神的到来给人们带来了光芒和幸福，这个女神就是被发现的新元素“钒”。

这个比喻巧妙、意味隽长的信给维勒极大的启示，他重新振作了起来，更加专一勤奋。他终于对科学作出了重大贡献，成为用人工方法合成尿素的发明者。维勒的这一失误表明，在科学面前，不能有半点疏忽和粗心大意。对任何新现象、新问题，都不能单凭经验去作主观的猜测。要善于进行全面的客观的观察与实验，思维要敏捷，注意捕捉科学实践中的一切机遇。因此这件事令维勒终生难忘，他还常常以此为训去教育他的学生及子女。

一经几言

教师不替学生说学生自己能说的话，不替学生做学生自己能做的事，学生能讲明白的知识尽可能让学生讲。

——魏书生

范仲淹济助读书人

名人简介

范仲淹

范仲淹（989—1052），字希文，原名朱说。北宋政治家，文学家，军事家，谥号“文正”。真宗大中祥符八年（1015）进士，恢复范姓，后官至参知政事（副宰相）。范仲淹所作千古名句“先天下之忧而忧，后天下之乐而乐”，已经熔铸成为中华民族的传统美德，成为中华民族宝贵的精神财富。

名人经验

1026年，范仲淹因母亲病故，回南京服丧居住。当时南京留守官晏殊，已风闻范仲淹通晓经学，尤长于《易》经。他邀请范仲淹协助戚氏主持应天府书院的教务。

为了便于工作，范仲淹搬到学校去住。他制定了一套作息时间表。按时训导诸生读书。夜晚，还经常深入宿舍，检查和责罚那些偷闲嗜睡的人。每当给诸生命题作赋，他必定先作一篇，以掌握试题难度和着笔重点，使诸生迅速提高写作水平。

应天府书院的学风，很快就焕然一新。四方前来就读和专意向范仲淹问业的人，络绎而至。范仲淹热诚接待这些远道而来的学者，不倦地捧书为他们讲授。有时，他还用自己的微薄俸禄招待他们吃饭，以致自己家中窘迫不堪。一次，有位游学乞讨的孙秀才前来拜谒范仲淹。范仲淹即刻送了他一千文钱。过了一年，孙秀才又来拜谒，范仲淹一边送钱给他，一边问他为何长期奔讨，不坐下来静心读书。孙秀才悲戚地说，“家有老母，难以赡养；若每天有一百文的固定收入，便足够使用。”

范仲淹对他说：“听语气，你不像乞客。待我帮你在本校找个职事，让你一月可得三千文，去供养老人。如此这般，你能不能安心治学？”孙秀才大喜，从此跟着范仲淹攻读《春秋》。第二年，范仲淹离开南京，孙秀才也辞去职事。

十年之后，朝野上下传诵着有位德高望重的学者，在泰山广聚生徒，教授《春秋》，姓孙名复。就连山东著名的徂徕先生石介也师事于他。这位学者，便是当年那位孙秀才。范仲淹感慨地说：“贫困实在是一种可怕的灾难。倘若孙复一直乞讨到老，这杰出的人才岂不湮没沉沦。”

除了孙复之外，范仲淹还联络和帮助过许多著名的学者。如胡瑗、李觏、张载、石介等。或邀聘他们到自己的管界主持教务，或荐举他们出任朝廷的学官，或指点他们走上治学之路。从海陵到高邮，从苏州到邠州，范仲淹每到一处，总是首先兴学聘师，关心教育；后来他做了宰相时，更下令所有的州县一律办学。而经他指教和影响过的很多人，往往都各有所成。

一经几言

教师常常忘记，品德首先是在人们相互交往中形成的。伟大的义务感，只有当它能在生活实践的每一步中得到生动体现时，才能成为人的行为准则。在培养未来的一代人时，我们应当首先在个人领域，即在青年人靠良心的驱使而产生并得到控制的相互关系领域里，培养最纯洁，最富有人道主义的情感。

——［苏］苏霍姆林斯基

颜渊之死

名人简介

孔子

孔子（公元前 551—前 479），名丘，字仲尼，汉族，春秋时期鲁国陬邑（今山东曲阜市南辛镇）人，先祖为宋国（今河南商丘市夏邑县）贵族。孔子是商朝开国君主商汤的后代，是商朝的宗室。武王伐纣建立周朝，为安抚商朝的贵族，封于亳，国号宋，即宋国，所以是殷商的贵族后裔。

名人经验

颜渊是孔子最喜爱的学生，他一生穷闲，29 岁时便白了头，31 岁时就病死了。爱生去世，71 岁高龄的孔子为之哭得很伤心，捶头顿足大声悲叹道：“唉！老天爷真是要了我的命啊！老天爷真是要了我的命呀！”跟从在身旁的弟子们生怕老师哭坏了身体，劝他说：“老师啊，您哭得太伤心了呀！”孔子老泪哭干，怆然回答说：“是真的太伤心了么？我不为这样的人伤心，我还为什么人而悲痛啊！”

过了些天，鲁哀公问孔子：“您的学生中，谁最好学呢？”孔子缓慢地回答说：“有个叫颜回的最好学。他心里来了火后，会自我克制，很快地消解，从不把愤怒转移到别人身上。有了过错，会马上改正，绝不再犯。自从我中年时收了这个学生后，弟子们就更加亲近和向学了。唉，可惜他短命死了！现在嘛，就没有再发现这样好学的年轻人了。”说到这里，孔子眼里又留下了热泪。

一经几言

教师的爱是滴滴甘露，即使枯萎的心灵也能苏醒；教师的爱是融融春风，即使冰冻了的感情也会消融。

——［津巴布韦］巴特尔

忠于教职的居里夫妇

名人简介

皮埃尔·居里（1859—1906）是法国著名的物理学家和化学家，居里夫人的丈夫。也是“居里定律”的发现者。巴黎大学博士、教授。早期的主要贡献为确定磁性物质的转变温度（居里温度），建立居里定律和发现晶体的压电现象。后与居里夫人共同研究放射性现象，发现钋和镭两种天然放射性元素。

居里

名人经验

1903年11月12日，瑞典科学院决定授予居里夫妇该年度诺贝尔物理学奖金。

按照惯例，受奖者应亲自到斯德哥尔摩领奖并发表演讲。出人意料的是，居里夫妇却没有亲自到会。原因是他们当时都担负着一定的教学任务，尽管他们很看重这一荣誉，但为了不耽误学生的课程，经再三考虑，还是婉言辞谢了出席会议的邀请。他们在给诺贝尔奖金委员会常务秘书的复信中说：“我们两人都有教职，此时请假，势必在课程方面发生重大扰乱。”

忠于职守的居里夫妇把耽误学生几天课看得如此重大，视为对教育工作的“重大扰乱”，可见这两位科学家是多么关心学生，多么重视教学。

一经几言

教师就像蜡烛，点燃了自己，启发了学生。

——［意］路费尼

贝多芬的吻

名人简介

李斯特

李斯特（1811—1886），匈牙利作曲家、钢琴家、指挥家和音乐活动家，浪漫主义音乐的主要代表人物之一，被誉为“钢琴之王”。早年即以卓越的钢琴琴艺驰誉欧洲各国。1865 年在梵蒂冈受剪发礼成为修士，仍从事作曲及教学。1875 年创办布达佩斯音乐学院并任院长。主要作品有交响诗《塔索》《匈牙利》《前奏曲》等 13 首，交响曲《但丁神曲》《浮士德》，钢琴曲《匈牙利狂想曲》19 首，协奏曲 2 部，《高级练习曲集》《帕格尼尼大练习曲》，以及大量钢琴独奏曲与改编曲等。撰有《肖邦》《匈牙利的茨冈人及其音乐》两书及音乐评论。

名人经验

1985 年 9 月，钢琴家安多尔・福尔德斯在萨尔布吕肯市给一批年轻的钢琴家上主课时发现，如果他在某个学生的背上轻轻拍一下，那个学生就会表现得更为出色。如果他在全班学生面前对那个学生杰出的演奏予以赞扬，这个同学便马上超越了自己的原有水平。

福尔德斯 7 岁时，他的父亲要他帮忙在花园里干些活。他竭尽全力地干活，得到了最丰厚的报酬——当时他的父亲亲了他一下说：“谢谢你，儿子。你干得很好！”60 多年后，他父亲的话仍然在他耳边回响。

福尔德斯 16 岁时，由于与音乐教师发生分歧，他处于某种危机之中。后来一个著名的钢琴家艾米尔・冯・萨尔，李斯特的最后一个健在的弟子，来到布达佩斯，要求他为其演奏。

冯・萨尔专心地听福尔德斯弹了巴赫的 C 大调《托卡塔》，并要求听了更多的曲子。福尔德斯把自己的全副身心都投入到弹奏贝多芬的《悲怆奏鸣曲》以及舒曼的《蝴蝶》之中。最后，冯・萨尔起身，在他的前额上吻了一下。

“我的孩子，”冯・萨尔说，“在你这么大时，我成了李斯特的学生。在我的第一堂课后他在我前额上亲了一下，说：‘好好照料这一吻——它来自贝多芬。他在听了我演奏后给我的。’我已经等了多年准备传下这一神圣的遗产，而现在我感到你受得起。”

福尔德斯感到，在他的一生中没有别的什么可以比得上冯・萨尔的赞扬。贝多芬的吻神奇地把他从危机中解脱出来，帮助他成为一位著名的、有

成就的钢琴家。福尔德斯打算把“贝多芬的吻”传给最值得接受这份遗产的人。

一经几言

教师培养学生，主要是教会他动脑筋，这是根本。这是老师给学生的最宝贵的礼物，就是给他一把钥匙，他拿了这把钥匙能够自己开箱子，开门，到处去找东西。

——吕叔湘

名师与高徒

名人简介

沃尔夫

沃尔夫（1679—1754），德国哲学家。1707 年任哈勒大学教授。1743 年任哈勒大学校长。继承了莱布尼茨的哲学并使之更加系统化，首次将哲学分为本体论、宇宙论、心理学、自然神学、伦理学、经济学、政治学等部分，并强调以矛盾律为其主要规律的逻辑学是哲学的基础。认为哲学的一切原理皆可用数学或演绎的方法建立起来。著有《关于上帝、宇宙和灵魂的合理的思想》等。

名人经验

罗蒙诺索夫是 18 世纪俄罗斯的科学家和诗人。他因学习成绩优异而被派往德国马尔宝大学留学，导师是欧洲威望极高的物理学家、化学家沃尔夫教授。罗蒙诺索夫以强烈的求知欲、刻苦学习的劲头和超乎常人的天赋，受到沃尔夫的赏识和器重，沃尔夫不仅在学习研究上悉心指导他，还在经济上慷慨支援他，当他在生活上有不够检点之处时，也总是真诚地提出忠告。罗蒙诺索夫在内心对导师既是尊敬，又是感激，但他对老师的唯心论观点却不盲从，敢于向老师直陈己见。

有一次，德国马尔宝大学校刊《德国科学》上发表了一篇论文，署名作者是罗蒙诺索夫，他批驳了导师沃尔夫教授的一个错误论点，而举荐发表这篇论文的正是沃尔夫。豁达大度的沃尔夫对学生的科学见解是十分尊重的，他喜爱这个敢想敢说、才华出众的青年。在罗蒙诺索夫毕业时，沃尔夫力荐这位学生留校任教，并答应给他良好的科研条件和优厚的待遇。但罗蒙诺索夫想到了他的祖国，回答导师说：“不，我的全部知识都是属于祖国人民的，我要把它毫无保留地献给俄罗斯人民。”

罗蒙诺索夫回国了，但他一生都铭记着导师的关怀和指导，总是以感恩之心回忆与导师相处的日子。

一经几言

教师若很有威信，其影响就会在某些学生身上留下永远的痕迹。

——［苏］加里宁

第一次铭心刻骨的失误

名人简介

苏霍姆林斯基（1918—1970），苏联最有名望的教育家。苏霍姆林斯基在从事学校实际工作的同时，进行了一系列教育理论问题的研究，写有《给教师的一百条建议》《把整个心灵献给孩子》《公民的诞生》等教育专著。

苏霍姆林斯基

名人经验

苏霍姆林斯基在他的教育实践中也曾有过一次这样的失误——

那时，他刚参加工作。一个名叫斯捷帕的男孩，由于过分活泼、顽皮，在一次玩耍中无意把教室里放着的一盆全班十分珍爱的玫瑰花给碰断了。对此，苏霍姆林斯基大声斥责了这个学生，并竭力使这个闯祸的孩子触及灵魂，吸取教训。事后班上孩子们又拿来了三盆这样的花，苏霍姆林斯基让孩子们用心轮流看护，唯独斯捷帕没有获准参加这项集体活动。不久这个学生变得话少了，也不那么淘气了。年轻的苏霍姆林斯基当时想，这倒也好，说明自己的斥责对这个学生起了作用。

在他斥责这位学生的几周之后的一天，放学之后，苏霍姆林斯基因事留在教室里，斯捷帕也在这里，他准备把作业做完回家。当发现教室里只有老师和他两人时，斯捷帕便觉得很窘，急忙准备回家。苏霍姆林斯基没有注意到这种情况，无意中叫斯捷帕跟自己一起到草地上去采花。这时斯捷帕表情迅速变化，先苦笑了一下，接着眼泪直滚了下来，随后在苏霍姆林斯基面前跑着回家了……

这件事对苏霍姆林斯基触动很大。此时，他才明白了，这孩子对于责罚，心里是多么难受。他开始意识到自己以前的做法错了，是不自觉地对孩子的一种疏远，使孩子受到了委屈。因为孩子弄断花枝是无意的，而且对自己的行为感到后悔，愿意做些好事来补偿自己的过失，而自己却粗暴地拒绝了他的这种意愿。对这种真诚的儿童的懊悔，报之以发泄怒气的教育影响，无疑是对孩子的当头一棒。

此后，苏霍姆林斯基汲取了这一教训，在以后的工作中很少使用责罚。通常，他对由于无知而做出不良行为后果的儿童，采取宽恕态度。他认为，宽恕能触及学生自尊心最敏感的角落。

一经几言

教师是学校里最重要的师表，是直接又最有益的模范，是学生的最活生生的榜样。

——［德］第斯多惠

最可爱的人

名人简介

玻尔（1885—1962），丹麦物理学家。1911年获哥本哈根大学哲学博士学位后去英国深造，回国后任哥本哈根大学教授、理论物理研究所所长。在普朗克量子假说和卢瑟福原子行星模型的基础上，提出氢原子结构和氢光谱的初步理论，又提出“对应原理”，对量子论和量子力学的建立起了重要作用。因此，获1922年诺贝尔物理学奖。提出“并协原理”作为量子力学的物理解释，形成以他为首的哥本哈根学派。在原子核理论和解释重核裂变现象等方面也作出过重要贡献。著有《光谱和原子构造理论》和《原子论和自然界的描述》。

玻尔

名人经验

丹麦物理学家玻尔对青年人总是谦虚诚恳，从不盛气凌人。他常常上午与某一青年物理学家一道工作，中午又与另一青年物理学家工作，晚上又与第三者合作。他要求青年人做大量工作，包括要求他们来审查自己的文稿，逐字逐句地反复推敲，仔细琢磨，对每个论点都作长时间的讨论和认真的修改。有一次，他与自己的学生对一篇科学报告连续修改了十多个昼夜，由于过度疲劳，最后签字时竟签错了地方。

玻尔深受青年们的爱戴，大家称他为“最可爱的人”。

一经几言

教师以权威的面目出现，对想学习的学生来说，这常是一种障碍，因为这样一来，学生就不会运用自己的判断能力，而总是依靠教师的意见来解决问题。

——［古罗马］西塞罗

这是奖给我们的

名人简介

摩尔根

摩尔根（1866—1945），美国实验胚胎学家、遗传学家。肯塔基州立学院毕业后在约翰斯·霍普金斯大学获哲学博士学位。哥伦比亚大学教授。美国全国科学院院长。在孟德尔定律的基础上，创立了基因学说。早年从事实验生物学中有关受精、性别决定、再生、发育等工作。1909 年起在果蝇中进行实验遗传学研究，发现伴性遗传的规律。他和他的学生又发现连锁、交换和不分开现象等，从而发展了染色体遗传学说，并进一步证明作为遗传单位的基因是在染色体上作直线排列。获 1933 年诺贝尔生理学及医学奖。主要著作有《基因论》《实验胚胎学》等。

名人经验

1933 年冬季的一天，美国人奔走相告：“摩尔根获诺贝尔奖金啦。”而这时，摩尔根正穿过熙熙攘攘的人群，朝他的实验室奔去。

他急着要见他的学生——布里季斯和斯图尔提万特。这两个人是他的终生助手。他们既是师生，又是朋友。摩尔根在孟德尔定律的基础上，创立了基因学说。他独立地完成过许多研究项目。后来，他同他的学生布里季斯等人密切合作，又发现连锁、交换和不分开现象，等等，从而发展了染色体遗传学说，并进一步证明作为遗传单位的基因是在染色体上作直线排列……正因为这些成就，他获得了诺贝尔生理医学奖。

摩尔根进入实验室，看见他的合作者正在埋头工作，便把他俩叫到身边，兴奋地说："这份奖金我们三人共享。"

"不要这样做吧，"两个学生异口同声地说，"那是奖给您的啊！"

"不，这是奖给我们的！"摩尔根把"我们"两个字说得很重、很响。

一经几言

教师与学生两人之间，不需要第三者参加，常常在一起成为伟大而精选的伴侣。

——［德］赫尔巴特

挽救"困难生"

名人简介

苏霍姆林斯基（1918—1970），苏联最有名望的教育家。苏霍姆林斯基在从事学校实际工作的同时，进行了一系列教育理论问题的研究，写有《给教师的一百条建议》《把整个心灵献给孩子》《公民的诞生》等教育专著。

苏霍姆林斯基

名人经验

一天，苏霍姆林斯基来到了小学生高里亚的家里。这个家给他留下了这样一个印象：高里亚是个非常不幸的孩子，他从小失去了父亲，母亲在他刚满周岁时，又犯了严重的罪行，被判处十年徒刑。高里亚从小住在姨母家，姨母把他看成额外的负担。高里亚成了一个典型的难教育的学生。这就是他的家庭背景。

原来，高里亚从上学一个月后，大家就对他产生了一个鲜明的印象：这是一个懒惰成性、经常骗人的学生。在短短的一段时间里，他就表现出了"难教育"的特点。苏霍姆林斯基根据家访的情况，找来班主任等有关教师共同分析高里亚上述行为产生的原因。他提出了自己的看法：高里亚对自己的行为所抱的态度，是故意装出来的、不自然的。家庭环境的影响，使高里亚对人们失去了信心。对他来说，生活中没有任何神圣的、亲切的东西。苏霍姆林斯基的看法对教师们的思想触动很大。大家一致认为，高里亚所以不好，是因为过去只

看到他恶劣、放荡的一面，而没有主动关心、挖掘他身上闪光的地方。这个学生表现出来的缺点，是在向周围的人对他漠不关心、冷淡无情的态度表示抗议。这样的分析增强了教师们的同情心，大家此后对这个孩子投入了更多的关注之情。

一次，苏霍姆林斯基发现这个孩子单独玩耍，好像很随便的样子，他把高里亚请进了生物实验室，要高里亚帮忙挑选苹果树和梨树的优良种子。虽然高里亚装出不屑栽培树苗的样子，可是孩子的好奇心还是占了上风，他们两人一起做了两个多钟头，直到很累为止。这件事引起了高里亚的极大兴趣，当班主任再次去高里亚家时，已发现他正在施肥栽树。此后班主任老师因势利导，在班级栽树活动中，让高里亚指导别的孩子们。及时的发现和鼓励温暖着这个孩子的心灵。虽然后来高卫亚曾多次反复出现不良倾向，老师们却着眼于长善救失，循循善诱。“功夫不负有心人”，在这个教师集体的共同教育下，这个孩子在三年级时，光荣地加入了少先队，以后还经常帮助有困难的其他同伴，为集体默默地做好事。高里亚好像变成另一个人了。

从这里可以看到苏霍姆林斯基的一个教育理念：热爱孩子、关心尊重孩子，相信一切孩子在教育中能够向好的方面转变。

一经几言

教师越能回想起学生模仿他像模仿伟大的人物一样，他对儿童的影响也就越强烈，他的每一种表扬就越能使儿童感觉快乐，他的每一种责备就越深入儿童的意识中，因而一切教育工作也更将发生无与伦比的良好作用。

——［俄］杜勃罗留波夫

老师，爱是什么？

名人简介

海伦·凯勒

海伦·凯勒（1880—1968），19世纪美国盲聋女作家、教育家、慈善家、社会活动家。她幼年因意外疾病而导致失明及失聪，后来凭借着自强不息的顽强毅力，掌握了英、法、德等五国语言，完成了她的一系列著作，并致力于为残疾人造福。她走遍美国和世界各地，为盲人学校募集资金，把自己的一生献给了盲人福利和

教育事业。她被美国《时代周刊》评为美国十大英雄偶像，荣获“总统自由勋章”等奖项。

名人经验

这是美国女作家海伦·凯勒的一段自述：

我还记得第一次问老师“爱”这个词是什么意思时的情景。当时我认识的字还不是很多。那天清晨，我在花园里摘了几朵刚刚开放的紫罗兰送给莎莉文老师，她高兴地吻我的额头，可那时候除了母亲外，我不习惯其他的任何人吻我。于是莎莉文小姐就轻轻把我搂在她的怀里，在我手上拼写出“海伦，我爱你”几个字。

“爱是什么?”我不解地问。

她把我搂得更紧了，用手指着我的心说，“爱在这里。”这是我第一次感觉到心脏的跳动，可是对她的话我依旧迷惑不解，因为当时除了那些具体、能触摸的东西外，对于抽象的东西我还无法理解。

我闻了闻她手里的紫罗兰，又是拼写又是打手势，“爱是花的香味吗?”

“不是。”莎莉文老师回答。

我感受到了温暖和煦的阳光照耀着我们，又想了想。

“这是不是爱?”我指着阳光射来的方向，“是太阳吗?”

“爱有点像太阳出来之前天空中的云彩。”莎莉文老师回答说。也许她意识到我仍然无法理解，便用更加浅显直白的话语说：“你虽然无法摸到云彩，可是你能够感觉雨水，你也知道在经过一天的酷晒之后？花草树木和干旱大地得到雨水的滋润是多么幸福的事啊。爱也是这样，虽然你触摸不到，但是你可以感受爱带来的幸福和快乐。”

刹那间，我似乎有所领悟她说的话，明白了其中的道理。我感觉到无数线条像雨丝一样穿梭，连接在我和别人的心灵之间。

一经几言

教师站在人们未来专业的摇篮边，因为他应当是第一个能够看出和发展学生能力的人。

——［苏］凯洛夫

天才教师的爱与信任

名人简介

马卡连柯

马卡连柯（1888—1939），苏联著名教育家，作家。1905年起担任小学教师和校长，在15年的教育实践中，积累了丰富的经验，奠定了他的教育思想的基础。1920年先后主持了高尔基工学团和捷尔任斯基儿童劳动公社，从事对流浪儿童和少年违法者的教育改造工作。1935年马卡连柯任乌克兰苏维埃社会主义共和国内务委员部工学团管理局副局长，同时从事写作、理论著述和学术讲演活动。集体主义教育是马卡连柯教育思想体系的重要方面。马卡连柯还提出了尊重和严格要求相统一的教育原则，认为对人的尊重和对人提出严格要求二者是统一的。

名人经验

一个流浪儿，进了教养院后还偷盗农民的财物，组织扫荡农民的瓜田。结果被驱逐出院。他在外流浪了半年，又自动回到院里来。有一天，院长派他骑马进城领取500卢布，并给他一支手枪防身。傍晚时他归来复命，院长问他钞票数过没有，他回答数过了，院长把钱往抽屉里一放，说：“谢谢你跑了一趟，去吃饭吧。”过了两个星期，院长又派他进城取款，这一回是两千卢布。他喊道：“两千！要是我携款潜逃，你怎么办？”院长说：“叫你去你就去，别发神经病！”钱取回来后，院长照样数也不数就收到抽屉里。这位院长，就是苏联著名的教育家，被高尔基誉为“天才教师”的安东·马卡连柯。

马卡连柯或许是所有教育家中最应该受到尊重的了。十月革命后，由于战争与暴乱，许多儿童流浪街头甚至犯罪。1920年10月，马卡连柯受命负责波尔塔瓦少年违法者工学团工作，把这些儿童组织在一起。工学团里有几百名“愚蠢无知，浸透最原始形式的无政府主义精神”的少年违法者。在这样的环境中，马卡连柯连续工作了八年，经常每天工作十五六个小时，有时候隔一夜才睡一觉，最终工学团大获成功，从这里走出了不少优秀的工程师、医生、学者、军官。1927年10月起，他又任捷尔任斯基公社的工作，这个公社的任务也是把那些13至17岁的少年犯和流浪儿改造教育成新人。

在这里，他同样采取了教学和生产劳动相结合的方式，甚至先后以生产盈余

建立了两个苏联初次出现的具有现代化技术设备的工厂，学员每天劳动四个小时，学习四五个小时。这是世界教育史上首次实行普通学校教育与现代化工厂生产劳动相结合的教育机构。后来还盖起了漂亮的大楼，每年向国家上交几百万卢布的利润。

还有这么一个小故事：一次，马卡连柯带着一群费了好大劲才说服了的流浪儿返校。他走在最前面，一直不回头。但是跟在后面的队伍不断地在缩小，孩子们在一个一个地溜掉，等到达学校的时候，后面只有一个孩子跟着。这个孩子看着马卡连柯说："他们都跑了。"马卡连柯平静地回答："我知道。"孩子很奇怪："你为什么不制止他们？"马卡连柯笑着说；"我相信他们一定会回来的。"后来孩子们真的回到了学校，并在他的精心培育下成了有用之才。

这就是马卡连柯。他告诉我们，对教育而言，最重要的或许不是教育艺术和教育方法，而是无限的信任与博大的爱心。

一经几言

打骂是爱，责备是爱，鼓励也是爱，无论是哪一种方式，一定要考虑到学生的感受，考虑到他们是否心甘情愿地接纳。

——佚名

第六篇　勤勉自励的中外执教经验

开篇语

教师高尚师德的养成，需要从个人和社会两方面共同努力。一方面，教师应选择健康的人格理想作为人格发展的价值参照系，加强个人师德的养成与内化，从自律做起，从自身做起，逐步养成好的心性品德，达到高级的思想道德境界。另一方面，社会要创造一个健康的外部环境，为教师个人的健康发展提供良好的外部条件。特别是要逐步改善社会政治环境，提高教师地位和待遇，缓解其个人与社会的矛盾冲突，同时加强舆论引导，用健康、正义、公平的社会环境来促进教师个体高尚师德的养成。

在教师师德养成的过程中，教师的道德教育固然不可或缺，但教师的自我修养更不能被忽视。提高教师自我修养的自觉性——这是由“他律”向“自律”升华的关键，是师德要求内化为教师道德素质的必要条件。师德由“他律”向“自律”阶段的升华，关键就在于教师自我道德的养成。道德教育是教师道德要求内化的外部条件，教师进行自我修养的自觉性才是起根本作用的内因，它在师德内化、师德养成过程中起着决定性的作用。

自律就是强化自我内在约束，用勇于自我批评、自觉接受监督等方法和途径加强自身师德修养。自律包含两个非常重要的修养内容——自警、自励。自警，就是经常警示和告诫自己不要违背道德规范，以自己和别人过往的教训来警示自己保持头脑清醒，不要重蹈覆辙。对教师来说，就是要经常警示和告诫自己，如何具备为人师的德行、为经师的学问。一是警示自己不要违背为人师的原则和师德规范，二是以自己或别人的教训来告诫自己，引以为鉴。自励就是自我勉励，以高尚的情操、严谨的治学态度和科学的精神激励和鞭策自己努力进取。对教师来说，自励就是要经常激励和鞭策自己，做到学为人师、行为世范，为祖国的现代化建设事业、为人类文明和进步作出应有的贡献。自励主要是从积极的方面鼓励自己奋发向上，建功立业。

由于市场经济的某些负面影响，加上社会媒体对金钱、享受、消费等不正确

的导向，当前存在社会风气不纯甚至出现道德滑坡的现象。有些教师表现出精神迷失，信念淡薄，责任与爱心淡薄，不求上进，急功近利。“人总是要有一点精神的。”在这样的大环境下，教师加强自我修养，自我勉励，达到学为人师、行为世范的养成目标，是非常有必要的。古今中外名人的一些座右铭，都有自警、自励的含意。最常见的方式是为自己设立处世、修身、治学等方面的信条或者原则，作为座右铭，或置于案头座右，或悬挂于室内床头，或书于日记扉页，等等，以便能时刻给自己以勉励和激励。自警自励，对于教师的师德养成来说，是很有必要的，也是一个有效的养成途径。

一经几言

教师与学生课堂沟通的纽带和桥梁是师生之间的相互倾听与对话，而关键在教师的耐心倾听。

——周一贯

辽阔的世界，宏伟的人生

名人简介

陈述彭

陈述彭（1920—2008），江西萍乡人。地理学家、地图学家、遥感地学专家，中国遥感应用和地理信息系统科学的创建者和奠基人，地球信息科学的倡导者。1942年毕业于浙江大学。中国科学院院士，第三世界科学院院士，国际欧亚科学院院士，加拿大卡尔顿大学研究教授，原武汉测绘大学名誉教授，法国地理学会荣誉会员。他创建了中国科学院遥感应用研究所、资源与环境信息系统国家重点实验室，为我国大型地图集的研制作出了开创性贡献。

名人经验

“辽阔的世界，宏伟的人生，长年累月，真诚勤奋。不断探索，不断创新，常常周而复始，从不停顿。”这段精美的文字出自歌德的不朽诗篇《上帝与世界》——把“中国遥感地学之父”、中国科学院院士陈述彭的生平事迹、道德风范反映得恰如其分。陈述彭正是以此当作自己的座右铭，时常鞭策自己。

在人和自然界的协调中，最难能可贵的是超前意识。早在1954年，陈述彭编制的《中国地形鸟瞰图》，把透视点放在外层空间的高度上；20世纪60年代他就开始组织手扶跟踪与光电扫描的实验，并借助于航空摄影，倡导航空像片综合利用与遥感系列制图；1970 年他的《航天遥感对地球的宏观分析》发表后，引起科学界普遍关注。20 世纪 70 年代末，他借助国际卫星数据，开展遥感应用工程实验，拉开了我国遥感系列制图的序幕，遥感应用连续在三个五年计划中被列为国家科技攻关重点。

20 世纪 80 年代，他又借助电脑技术与信息科学，致力于推动我国制图自动化地理信息系统的进步，为我国发展应用卫星与卫星应用，实现地面系统“超前”起步奠定了基础，向地球科学的现代化迈上了一个新的台阶。20 世纪 90 年代，陈述彭又洞察到地球科学面临信息时代的挑战，积极参与国际遥感交流与合作，同时更加关注人类生存的环境。面对 21 世纪空间时代和信息社会，为了切实解决一些资源开发与环境保护宏观调控的难题，为了积极参与全球灾害防治等国际研究计划，他认为我们迫切需要加深对地球信息机理的研究，加强人文与自然的协调，不断提高对自然界的动态监测与预测、预报能力，为国家经济建设及区域社会经济持续发展及时提供信息服务。

回首献身科学的 60 个年头，陈述彭说：“作为一个科学家，不应奢望当代的荣誉和理解，需要的是对国家、对人民负责的使命感和时代责任感，要顶天立地，立意创新，勇敢超前，去追求真理。”他是这么说的，也是这样做的。

一经几言

赋有良好素质的教师，总是年复一年地大力精简教材，最后达到必不可少的最低限度，这才是真正的教师。

——［德］第斯多惠

裘法祖的座右铭

名人简介

裘法祖

裘法祖（1914—2008），浙江杭州人。中国科学院院士、著名外科学家、教授、博士生导师；第三届全国政协委员，第四、第五、第六、第七届全国人大代表。1993 年当选中国科学院院士。从事外科医疗、教学、科研工作 60 余载，发表医学论文 200 余篇，主持编写医学教材 40 余本。其刀法以精准见长，被医学界称为“裘氏刀法”。

名人经验

中国科学院院士、中国外科医学奠基人裘法祖有一座右铭：“做人要知足，做事要知不足，做学问要不知足。”在漫长的人生岁月里，他一直忠实地践行着这一座右铭。

裘法祖院士曾担任同济医科大学校长，又是科学院院士，却长期住着 50 多平方米的房子，家里用着 20 世纪五六十年代的旧家具，过着很俭朴的生活，他觉得这就很不错了。这是他“做人要知足”的诠释。

裘法祖是中国腹部外科和普通外科的开拓者，中国器官移植的先行者和权威。他一息尚存，从医不止，早在 20 世纪 50 年代他就名满天下，但他仍不断进取，先后改进了 20 多种普通外科手术，直到 91 岁高龄，还在不懈工作、带研究生。他被德国媒体誉为“永不疲倦的神奇中国医生”。这是他“做事要知不足”的诠释。

裘法祖是留学德国的医学博士，从事外科医疗、教学、科研工作 60 余载，发表医学论文 200 余篇，主持编写医学教材 40 余本，这种“不知足精神”让世人敬仰。这是他“做学问要不知足”的诠释。

人生在世，不外乎做人、做事、做学问这三件事。裘法祖院士的座右铭不仅为我们树立了当代“医圣”的风范，也给所有的后来者以深刻的启迪。

一经几言

课堂教学要引领学生攀登知识的高山，攀登情感的高山，攀登思维的高山，攀登人格的高山。

——孙双金

登山直到高峰

名人简介

任继愈

任继愈（1916—2009），山东平原人。著名哲学家、宗教学家、历史学家，国家图书馆名誉馆长。1942—1964 年在北京大学哲学系任教，历任讲师、副教授、教授。1955—1966 年担任《北京大学学报》人文科学版编辑。1956 年起兼任中国科学院哲学研究所研究员，为新中国培养第一批副博士研究生。1964 年，负责筹建中国科学院世界宗教研究所并任所长；1978 年起招收宗教学硕士生、博士生。1987—2005 年 1 月，任国家图书馆馆长，兼任北京大学教授、中国社科院研究生院博士生导师。1999 年当选为国际欧亚科学院院士。

名人经验

“为学须入地狱，登山直到高峰。”这是著名哲学家、宗教学家、历史学家，国家图书馆名誉馆长任继愈先生自书的一副中堂对联，用以自励。

上联“为学须入地狱”讲治学应当不畏难苦，锲而不舍。这一句化用了马克思的名言：“在科学的入口处，正像在地狱的入口处一样，必须提出这样的要求：这里必须杜绝一切犹豫，这里任何怯懦都无济于事。”下联“登山直到高峰”以登山为喻，激励自己树立雄心壮志，攀登科学高峰。这一句也是化用了马克思的名言：“在科学上没有平坦的大道。只有不畏劳苦，沿着陡峭山路攀登的人，才有希望达到光辉的顶点。”

任继愈一生勤奋治学，勇于创新，始终站在学术研究的最前沿。他提倡沉潜笃实的学风，主张在学术上有几分证据说几分话，有几分把握说几分话，坚持真理，修正错误。他在佛教研究方面的成就被毛泽东同志誉为“凤毛麟角”；他撰写与主编的多种著作多次再版，培养了一代又一代中国学者；他提出“儒教是宗教”的论断，是对中国传统文化性质的总体认识和定位，是认识把握中国传统文化的重大基础性理论贡献，在学术界引起了巨大的震动，具有不可估量的深远影响；为了民族的文化振兴，他以整理传统文化资料为自己重要的历史使命，先后组织领导乃至亲自主持《中华大藏经》（汉文部分）、《中华大典》、新修《二十四史》、《国家图书馆藏敦煌遗书》等多项大规模的文化工程。他主编的《中华大藏经》（汉文部分上编）获全国古籍整理一等奖、国家图书奖荣誉奖。

任继愈在治学研究中以登山直到高峰自励，但是他始终谦虚做人。他说，“如果没有社会的培养，就没有个人的成才。我从不觉得自己有什么了不起，不能把功劳记在我自己的名下。我四十多岁的时候编《中国哲学史》，当时恰好找到我，如果找到别人，也一样能编出来。如果我就此忘乎所以，以为我就是了不起的哲学家了，这和我的实际情况不符。”

一经几言

《论语》问同而答异者至多，或因人材性，或观人之所问意思而言有所到地位。

——程颢、程颐《二程遗书》

纵浪大化中

名人简介

季羡林

季羡林（1911—2009），山东临清人。中国著名的古文字学家、历史学家、东方学家、思想家、翻译家、佛学家、梵文及巴利文专家、作家。季羡林学术研究领域广泛，主要有印度古代语言、中印佛教史、中印文化交流史、东西方文化交流史、比较文学、敦煌学等。此外，其著作汇编成《季羡林文集》，共24卷。生前曾撰文三辞桂冠：国学大师，学界泰斗，国宝。季羡林先生还写有大量散文，在文学界享有极高声誉。

名人经验

“纵浪大化中，不喜亦不惧。应尽便须尽，无复独多虑。”这四句出自东晋诗人陶渊明的《形影神赠答诗》，季羡林一直将它作为自己的座右铭。

季羡林先生的人生道路坎坷艰辛而又丰富多彩。用季先生自己的话说，在这一条十分漫长的路上，走过阳关大道，也走过独木小桥。旁边有深山大泽，也有平坡宜人；有杏花春雨，也有塞北秋风；有山重水复，也有柳暗花明；有迷途知返，也有绝处逢生。在德国十年，季羡林经历了法西斯统治的最黑暗时期，饥饿和战争时刻威胁着他的生命，他牵挂着家里的亲人和遥远的祖国，他通过宣告无国籍的方式来表达对卖国行为的不齿和愤怒。“文化大革命”十年是季先生从身体到思想上的炼狱。“自杀未遂”使他又活了一次。当从“文化大革命”的噩梦中醒来时，他做到了“纵浪大化中，不喜亦不惧”。

季羡林一生追求真实。他在自己的文章中有时找到一些思想感情前后矛盾的地方，对这些文章，他都毫不加以删改，统统保留下来。不管现在看来是多么幼稚荒谬，他都不加掩饰，目的是为了存真。他晚年力辞加在自己头上的三顶“桂冠”——“国学大师”“学界泰斗”“国宝”。他表示：“三顶桂冠一摘，还了我一个自由自在身。身上的泡沫洗掉了，露出了真面目，皆大欢喜。”他说：“每个人都争取一个完满的人生。然而，自古及今，海内海外，一个百分之百完满的人生是没有的。所以我说，不完满才是人生。”

一经几言

把一个比较复杂的问题“退”成最简单最原始的问题，把这最简单最原始的问题想通了，想透了，然后再来一个飞跃上升。这是一个十分精辟的思维方法，用这种方法解决问题，第一可以培养学生良好的心理素质，使之遇“新”不惧；第二可以使学生养成良好的解决问题的习惯。

——华罗庚

永不毕业的研究生

名人简介

蔡尚思

蔡尚思（1905—2008），福建省德化县人。著名历史学家，中国思想史研究专家。历任上海大夏大学讲师，复旦、沪江、光华、东吴大学和武昌华中大学、无锡国专教授，沪江大学副校长、代校长，复旦大学历史系主任、副校长、顾问。担任上海商务印书馆特约编辑，国务院古籍整理出版规划小组顾问，国际儒学联合会顾问、朱熹研究中心名誉理事长，孔子基金会副会长，世界太极学会荣誉会长等众多社会职务。主要著作有《中国思想研究法》《中国传统思想总批判》《孔子思想体系》等。

名人经验

现代历史学家蔡尚思教授，学识渊博、著作宏富。他虽然在学术上有很深的造诣，但他始终以“永不毕业的研究生”自居，勤学、好问、多思，博采众长。

在谈到自己有关治学的精神和经验时，蔡尚思教授谦虚地说：“小学中学等也许可以有毕业，不毕业怕不得升学；至于研究生呢，就不完全一样了。学问知识，无边无底，永远无法毕业，毕业就未免太自限了。因此，我一直不敢要‘毕业证书’，而要以‘永不毕业的研究生’自居，自知到死也是没有资格取得毕业证书的。”

他把从“师”求教的范围扩大。在他的心目中，师不仅有今人，也包括古人。在今人中，不仅有授业师，也包括太老师（老师的老师）；不仅有同业师，也包括异业师；不仅有长辈，也包括后辈；不仅有多长师，也包括一长师；不仅有正面师，也包括反面师；甚至不仅有人类师，也包括动物师。他认为，人也可以从动物身上学到许多东西。

蔡尚思教授学无常师，博学广取，永不自满，被世人称为最谦逊的学者。他以“终生研究生”为荣，在近70年的治学生涯中，时时向自己敲着“永不毕业”的警钟。他81岁高龄从复旦大学岗位上退休，仍然老骥伏枥志在千里，孜孜不

倦著书立说。他创造了104岁的学者、教授的长寿纪录。他有一句名言："年龄有老学无老，健在不休死后休。"

一经几言

不愤不启，不悱不发。

——孔子《论语·述而》

为师之道在于慈

名人简介

陈洪

陈洪（1907—2002），广东海丰人。近代著名音乐教育家、音乐理论家、作曲家、翻译家。早年留法深造，1929年回国后，与马思聪一起创办私立广州音乐院。1937年受萧友梅之聘任国立音专教务主任。1946年任南京国立音乐院管弦系主任，1949年任南京大学艺术系教授。1952—1983年任南京师范学院音乐系主任，1983—2000任南京师范大学音乐系主任、名誉主任。其代表作有《对位化和声学》《视唱练耳》及《曲式与乐曲》等。生前荣获中国音乐金钟奖终生荣誉勋章。

名人经验

"为师之道在于慈"，这是20世纪中国高等音乐教育的开拓者之一、近代著名音乐教育家、音乐理论家陈洪的座右铭，也是他长达半个多世纪教学工作经验的总结。从20世纪30年代上海国立音专时期直到南京师范大学执教的五十多年里，陈洪热爱自己的学生，待学生如友人、如子女，不但在课业上认真负责，而且在感情上有深的交流，深得广大学生的爱戴。

有一次，一位现年70岁的老上海音专学生告诉陈洪，说1937年他在该校教自己时，在课堂上对她不留情面，使她当堂哭出来了。原来，当年陈洪教学生非常严格，态度生硬。这件事对陈洪触动很大。他认为，有严格要求是必要的，但伤害了学生的自尊心，挫伤了他们的积极性就不好了。随着年龄的增长，陈洪的教学方法逐渐改变而倾向于"慈"，后来他教学生态度温和，处处关心他们，想尽办法解决他们的困难。他们有一点进步，都加以表扬，对他们的缺点诚恳地指出，绝对不骂，使他们上课"如坐春风中"，学生们的积极性提高了，学习也主动了，教学效果比过去也好多了。

几十年如一日，陈洪秉持“为师之道在于慈”、“学识与人格必须兼具不可割裂”的教育理念，春风化雨，诲人不倦。他教育有方，培养了一大批音乐人才，如黄贻钧、钱仁康、李德伦、陈传熙等都是他的学生。

一经几言

不论教育者怎样地研究了教育学理论，如果他没有教育机智，他就不可能成为一个优良的教育实践者。这种教育机智在本质上不是什么别的东西，无非是文学家、诗人、演说家、演员、政治家、传教者，一句话，就是一切想跟教育学者一样对别人的心灵发挥某种影响的那些人所需要的那种心理学的机智。

——［俄］乌申斯基

冯友兰的自寿对联

名人简介

冯友兰

冯友兰（1895—1990），河南唐河县人。中国当代著名哲学家、哲学史家、教育家。1924 年，获哥伦比亚大学博士学位，回国后历任中州大学、广东大学、燕京大学教授，清华大学文学院院长兼哲学系主任。抗战期间，任西南联大哲学系教授兼文学院院长。1946 年赴美任客座教授。1948 年末至 1949 年初，任清华大学校务会议主席。1952 年后一直为北京大学哲学系教授。

名人经验

冯友兰教授与金岳霖同岁，他俩 1982 年同为八十八岁。首都学术界祝贺金岳霖教授从事教育和科研工作 56 周年，冯友兰作了一副贺寿联：“何止于米，相期以茶；论高白马，道冠青牛。”上联是祝寿，下联是赞金岳霖的学术。“论”指《逻辑》一书，“道”指《论道》一书。

冯友兰在自己的书房中挂上了一副八十八岁的自寿联：“何止于米，相期以茶；心怀四化，意寄三松。”上联与贺金岳霖的贺寿联相同。冯友兰解释说：“米字”是由八、十、八组成的，我即取其八十八之意；“茶”字的组成是“廿”加“八十八”组成的，我即取其百零八之意。就是说，我不只希望活 88 岁，还希望活到 108 岁呢！

冯教授何以会充满这样的信心，何以会有如此坚韧不拔的毅力呢？他的下联

做了回答。下联中的“四化”是指实现中国的四个现代化，“三松”是指冯友兰教授晚年住所燕南园的庭院中有三株苍松，故他将居室名之为“三松堂”，将全集称为《三松堂全集》。当时冯友兰教授正全力以赴忙于《中国哲学史新编》的写作，自书“心怀四化，意寄三松”以明志自励。

一经几言

不能让规矩扼杀了人才。

——杨昌济

多做好事，少做错事，不做坏事

名人简介

王选

王选（1937—2006），出生于上海。计算机学家。1958—1978年任北京大学数学力学系、无线电系教师。1978—1995年任北京大学计算机研究所所长、副教授、教授。1995—1998年任北京大学计算机研究所所长，方正控股有限公司董事局主席。1995年加入九三学社，是九三学社第十、第十一届中央委员会副主席。1991年当选为中国科学院学部委员（院士），1993年当选第三世界科学院院士，1994年当选中国工程院院士。他最杰出的成果是汉字激光照排，人称“当代毕昇”。

名人经验

王选说过：“我的座右铭是：多做好事，少做错事，不做坏事。”王选曾经给“好人”下过这样的定义：“什么叫好人？北京大学季羡林先生曾说过，‘考虑别人比考虑自己更多就是好人’。根据现实情况，这一标准我觉得可以再降低一点：‘考虑别人与考虑自己一样多就算好人。’”他的这个定义看起来似乎比较宽泛，但更加真实更为准确。

1975年，王选对国家正要开展的汉字激光照排项目发生了兴趣。当时国外已经在研制激光照排四代机，而我国仍停留在铅印时代，我国政府打算研制自己的二代机、三代机。王选大胆地选择技术上的跨越，直接研制西方还没有产品的第四代激光照排系统。针对汉字的特点和难点，他发明了高分辨率字形的高倍率信息压缩技术和高速复原方法，率先设计出相应的专用芯片，在世界上首次使用

“参数描述方法”描述笔画特性，并取得欧洲和中国的发明专利。这些成果开创了汉字印刷的一个崭新时代，引发了我国报业和印刷出版业“告别铅与火，迈入光与电”的技术革命，彻底改造了我国沿用上百年的铅字印刷技术。国产激光照排系统使我国传统出版印刷行业仅用了短短数年时间，就从铅字排版直接跨越到激光照排，走完了西方几十年才完成的技术改造道路，被公认为毕昇发明活字印刷术后中国印刷技术的第二次革命。

王选两度获中国十大科技成就奖和国家技术进步一等奖，并获 1987 年我国首次设立的印刷界个人最高荣誉奖——毕昇奖，被誉为“当代毕昇”。2002 年获 2001 年度国家最高科学技术奖。2009 年 9 月 14 日，他被评为 100 位新中国成立以来感动中国人物。

一经几言

不识庐山真面目，只缘身在此山中。如果我们的语文教育教学工作者能跳出语文看语文，跳出课堂看课堂，跳出课本看课本，多思考语文教学的大策略，从大处着手改革小学语文教学，那么，小学语文教学改革的收效会更大。

——沈大安

素甘淡泊心常泰

名人简介

启功

启功（1912—2005），满族，北京人。中国当代著名教育家、国学大师、古典文献学家、书画家、文物鉴定家、诗人。1935 年任辅仁大学美术系助教；1938 年后任辅仁大学国文系讲师，兼任故宫博物院专门委员，从事故宫文献馆审稿及文物鉴定工作；1949 年任辅仁大学国文系副教授兼北京大学博物馆系副教授；1952 年后任北京师范大学副教授、教授。中国人民政治协商会议常务委员会委员，国家文物鉴定委员会主任委员，中央文史研究馆馆长，中国书法家协会名誉主席，北京师范大学教授、博士研究生导师，九三学社顾问，国家文物鉴定委员会主任委员，中国佛教协会、故宫博物院、国家博物馆顾问，西泠印社社长。

名人经验

“素甘淡泊心常泰，曾履忧危体愈坚。”这是著名教育家、国学大师、古典文献学家、书画家、文物鉴定家启功教授自题的书斋联。

“淡泊”，即恬淡寡欲，不追求名利。宋·苏轼《赵德麟字说》：“今君学道观妙，淡泊自守，以富贵为浮云。”上联即由此化用而来。意思是说，平素乐于淡泊，襟怀坦荡，心里就常安宁平静。启功家中的另一副对联正反映了他素甘淡泊的品格：“立身苦被浮名累，涉世无如本色难。”“忧危”，即忧虑惶惧或忧患危难。《书·君牙》：“心之忧危，若蹈虎尾，涉于春冰。”下联是说，只有经历忧患危难的考验，知困勉行，才能体愈坚强。这里的“体”，既指形体，也指心神、德性。正如中国无产阶级革命家谢觉哉所云：“困难不仅可以磨炼我们的意志，还可以锻炼我们的身体。”

这副对联既是作者精神风貌的生动写照，也是他修身养性经验的精辟总结。启功过惯了几十年的穷日子，后来条件改善了，他的书画作品若论价，何止“一字千金”，但生活上并没有多大变化，仍然是粗茶淡饭，土鞋布衣。他的住所除了有几张极普通的沙发可供人安坐，其他都是老旧家具，还不及一般人家的装修和陈设，不知道的人怎么也不会想到住房的主人竟会是“国宝”级的人物。他说：“我主张生活俭朴，室内家具全是多年不变的老面孔。朋友和学生们来访，只有一杯清茶。可是他们知道我的喜好，来时从不空手，这个送来个洋娃娃，那个带来只玩具熊。我的书柜日益变得名不副实，成了十足的玩具王国。看着那些可爱的小宝贝，我有时会不自觉地笑出声来，好像又回到了童年。”

一经几言

不要教死的知识，要授之以方法，打开学生的思路，培养他们的自学能力。

——丁肇中

忠厚传家　医术济世

名人简介

张锡钧（1899—1988），生理学家。天津人。1920 年毕业于清华学校，同

张锡钧

年留学美国，后获芝加哥大学医学博士、哲学博士学位。1926年回国，曾任协和医学院教授、生理系主任、教务长。新中国成立后历任中国医学科学院实验医学研究所副所长、中国医科大学生理室主任、中医研究院针灸经络研究所所长等，1956年当选为中国科学院第一届生物学部委员。1933年首先创造了用蛙腹直肌进行乙酰胆碱定量生物测定的方法。主要论著有《组织提取物中的胆碱酯》《迷走神经与大脑垂体后叶之反射》等。

名人经验

中国第一代生理学家张锡钧的座右铭是他的父亲张文藻留给他的遗训："忠厚传家，医术济世，不贪荣利，不慕虚名。"

1920年，张锡钧以优秀的成绩毕业于清华学堂，并取得了官费留美的资格，到芝加哥大学深造。张锡钧留美6年期间，荣获西格马塞金钥匙一把。毕业时，他同时取得了芝加哥大学生理学、哲学两个博士学位。

张锡钧回国后，一面从医一面从事生理学的研究工作，后又到英国进行化学传递的研究，并取得了可喜的成果。在戴尔教授的指导下，他和盖德姆博士合作，创造了关于乙酰胆碱的定量生物鉴定法，即蛙腹直肌定量测定法，得到国际生理学界的公认，至今仍被人沿用。戴尔教授1936年因完成了化学传递的研究荣获诺贝尔奖，戴尔教授说："我的成果是和张君与盖德姆的努力分不开的。"

新中国成立之后，张锡钧怀着兴奋激动的爱国心情，投身于生理学的研究事业和医学的教学工作。他共发表论文著述百余篇，在国内外都具有一定的影响，同时他又以勤奋刻苦的治学精神，严谨的科学作风，言传身教，培养了一代又一代的生理学和医学人才。

张锡钧不仅治学严谨，而且"不贪荣利，不慕虚名"。20世纪30年代初，他曾义务协助北京大学生物系讲授生理学。也就在这个时候，在他的协助下，北京大学创建了生理实验室。在筹建过程中，他事无巨细，都亲自过问，亲自检查，但是在实验室建成后，他在室中却只留下了中国实验生理学首创者林可胜教授的照片，让人纪念。当时，国内缺少生理学教材，张锡钧便自己动手主持编写讲稿，编写出最早的一本中文生理学实验指导。虽然这本书的大部分章节是他撰写的，但出版时，他并没有以"主编"自居，而是和参与协作者共同署名。张锡钧学风上的这种谦逊态度和为发展我国生理科学事业默默地贡献自己智慧和才能的高尚精神，堪为后人师表。

一经几言

不要拿强迫和严厉来训练少年们勤学，而应该要引导他们发生兴趣，如此方可发现他们的劲道之所在。

——［希］布拉顿

宠辱不惊 去留无意

名人简介

马寅初

马寅初（1882—1982），中国当代经济学家、教育学家、人口学家。1906 年赴美国留学，先后获得耶鲁大学经济学硕士学位和哥伦比亚大学经济学博士学位。1914 年回国，先后在北洋政府财政部当职员、在北京大学担任经济学教授。1919 年任北大第一任教务长。1929 年后兼任南京中央大学、陆军大学和上海交通大学教授。1938 年初，任重庆大学商学院院长兼教授。1946 年 9 月，到上海私立中华工商专科学校任教。1949 年 8 月，出任浙江大学校长，1951 年任北京大学校长。1979 年 9 月，平反后担任北大名誉校长。1981 年 2 月 27 日，当选为中国人口学会名誉会长。

名人经验

1957 年马寅初预见到中国人口压力太大，认为中国 960 万平方公里土地，6 亿人口正好，人多了土地森林不够、资源粮食也不够，于是提出计划生育的建议。1960 年 1 月 4 日他因发表《新人口论》被迫辞去校长职务，居家赋闲。当时对马寅初的错误批判导致中国计划生育工作晚推行了 24 年，中国人口也由 1957 年的 6 亿增至 1980 年的 10 亿。

面对批判的浪潮，马寅初回家后提笔书写了下面这副对联，挂在书房里用以自勉：

宠辱不惊，闲看庭前花开花落；
去留无意，漫随天外云展云舒。

这是明代洪应明《菜根谭》中的名句，马寅初题写这副自勉联，表达的是视宠辱若等闲，不悲不戚、怡然自得、淡泊明志的生活情操。“宠辱不惊，

闲看庭前花开花落”，是说无论受宠或者被辱，我都不会为此而感到惊讶，悠闲中看那庭里的花儿，有花开时也便会有花落时。“去留无意，漫随天外云展云舒”，是说无论自己是升迁了还是降职了，无论是身处还是离开某个职位，自己都不会因此而在意，只是自由自在地随那天边的云，舒卷自如。这副对联勉励自己宠辱不惊、去留无意，淡泊名利、享受自然，襟怀坦荡、豁达大度。

马寅初因为性情刚直，正直无私，不懂得“转圈”与退让，无论是遇到什么样的激流险滩，总是从容坦荡应对。他的一生可谓历尽磨难：在国民党统治下，他因为抨击四大家族发国难财的劣行而蹲过几年监狱；新中国成立后又因为坚持“新人口论”不肯妥协而遭到严厉的批判。20 世纪 50 年代末遭受批判时，马寅初已经是年近 80 的老人。他之所以能够经受一次次沉重的打击而不倒，而得享百岁高龄，除了自身坚强的意志外，也得益于他以这副对联自勉和坚持不辍锻炼的养生之道。

一经几言

成功的教师之所以成功，是因为把课教活了。如果说一种教学法是一把钥匙，那么在各种教学法之上，还有一把总钥匙，它的名字就叫做“活”。

——吕叔湘

言有易，言无难

名人简介

赵元任

赵元任（1892—1982），汉族，字宣仲，又字宜重，江苏武进（今常州）人，生于天津。1929 年 6 月底被中央研究院聘为历史语言研究所研究员兼语言组主任，同时兼任清华中国文学系讲师，授“音韵学”等课程。1938 年起在美国任教。他是中国现代语言和现代音乐学先驱。

名人经验

王力 1926 年考进清华大学研究院，当时有四位名教授：梁启超、王国维、

赵元任、陈寅恪，只有王力一人跟赵元任先生学习语言学。王力跟随赵元任虽只有短短的一年，但是他在学术方法上受赵元任先生的影响很深。

王力在研究生论文“中国古文法”里讲到“反照句”、“纲目句”的时候，加上一个“附言”，称：“反照句、纲目句，在西文罕见。”赵元任先生批云：“删附言！未熟通某文，断不可定其无某文法。言有易，言无难！”王力看了批语，觉得这是对自己的当头棒喝。但是他当时对此体会并不十分深刻，还没有完全接受教训。

就在这一年，王力写了另一篇论文“两粤音说”。为鼓励学生，赵元任将它介绍给《清华学报》发表出来，但赵元任对其中的某些论断并不满意，比如说这篇文章里关于两粤没有“撮口呼”的说法。

1928 年，赵元任为研究中国方言，到苏州、杭州、广州一带进行调查。在广州时，他发现这一带就有“撮口呼”的读音。此时王力已到法国留学，赵元任专门致函巴黎，向王力指正此事，还特别以“雪”字作为“两粤”有“撮口呼”的实例。

王力在巴黎接到此信，深感惭愧。经过赵元任的两番指正，王力更领会了科学研究中“言有易，言无难”的道理。后来王力在《中国现代语法》自序上说，“元任先生在我的研究生论文上所批的‘言有易，言无难’六个字，至今成为我的座右铭。”王力称这六个字自己“一辈子受用不尽”。

一经几言

成功的教学所需要的不是强制，而是激发学生的欲望。——［俄］托尔斯泰

一生三立座右铭

名人简介

朱光潜

朱光潜（1897—1986），美学家。安徽桐城人。1922 年毕业于香港大学文科教育系，1930 年获英国爱丁堡大学文科硕士学位。1933 年获法国斯特拉斯堡大学文科博士学位。回国后，曾任北京大学教授，四川大学教授、文学院院长，武汉大学教授、教务长。1946 年后任北京大学教授、文学院代院长，中国美学学会第一届会长，民盟第三至第五届中央委员。毕生从事美学教学和研究，是我国现当代最负盛名并赢

得崇高国际声誉的美学大师。

名人经验

现代著名美学家朱光潜一生曾三立座右铭。

朱光潜第一次立座右铭，是在香港大学教育系求学时。他以“恒、恬、诚、勇”四个字作为自己的座右铭。恒，是指恒心，即无论做人做事，都要持之以恒、百折不挠。恬，是指恬淡、简朴、克己持重，不追求物质上的享受。诚，是指诚实、诚恳，襟怀坦白，心如明镜，不自欺，不欺人。勇，则是指勇气，志气，勇往直前的进取精神。这四字不仅集中反映了朱光潜先生求学时的精神状态，而且贯穿了他的一生。朱光潜曾说：“这四个字我终生恪守不渝。”

朱光潜第二次立座右铭，是在英国爱丁堡大学学习期间。朱光潜先生兴趣广泛，学过文学、心理学和哲学。经过比较和思索，他发现美学是他最感兴趣的，是文学、心理学和哲学的共同联络线索，于是把研究美学作为自己终身奋斗的事业。当时，他的指导老师、著名的康德专家史密斯教授竭力反对。他告诫朱光潜说，美学是一个泥潭，玄得很。朱光潜先生认真思索后，决定迎难而上。这时，他给自己立下这样一条座右铭：“走抵抗力最大的路!”从此他全身心地投入到美学研究中，终于写出了《悲剧心理学》《文艺心理学》《变态心理学》等具有开创意义的论著。

朱光潜第三次立座右铭，是在20世纪30年代。座右铭共六个字“此身、此时、此地。”“此身”，是说凡此身应该做而且能够做的事，决不推诿给别人；“此时”，是说凡此时应该做而且能够做的事，决不推延到将来；“此地”，是说凡此地——包括地位、环境——应该做而且能够做的事，决不坐等想象中更好的境地。在这条座右铭的激励下，朱光潜先生不断地给自己树立新的奋斗目标，80多岁时，依然信心十足地工作着。他直到80高龄，还在不倦地撰写学术文章，承担起维柯《新科学》的翻译任务。

一经几言

初期教育应是一种娱乐，这样才更容易发现一个人天生的爱好。

——［古希腊］柏拉图

顾颉刚的自勉联

名人简介

顾颉刚

顾颉刚（1893—1980），江苏吴县人。是现代“古史辨”学派的创始人，也是中国历史地理学和民俗学的开创者，在中国近代学术发展史上有着重要影响，是著名历史学家、民俗学家。顾颉刚1920年北京大学哲学门本科毕业，先后任教于北京大学、厦门大学、中山大学、燕京大学、云南大学、齐鲁大学、中央大学、复旦大学、社会教育学院、兰州大学等，并任北平研究院历史组主任、齐鲁大学国学研究所主任。主编《中山大学语言历史研究所周刊》《燕京学报》《禹贡半月刊》《边疆周刊》《齐大国学季刊》《文史杂志》等。顾颉刚作为史学家享誉中外学术界，影响深远。

名人经验

顾颉刚1920年毕业于北京大学文科中国哲学门，此后先后在厦门大学、中山大学、北京大学、复旦大学等多所大学任教授。任教之余，他始终潜心研究历史学。

20世纪30年代，顾颉刚曾自题“好大喜功，终为怨府；贪多务得，哪有闲时”一联，并请容庚先生用大篆书写，悬挂在书房里，自责自励。

顾颉刚恪守自己的铭言，著述勤奋异常。他感叹学问的范围太大，人类的生命太短促，因此极为珍惜时间。年轻时他常常每天要写七八千字，每天工作多在14个钟头以上。几十年中，他共记笔记达200册，约400万字。他写下了多部著作，成为中国“古史辨”学派的创始人和中国历史地理学、民俗学的开创者。他的主要著作《古史辨》，更是洋洋数百万字。

新中国成立后，顾颉刚主要负责《资治通鉴》《二十四史》等古籍的校点工作。1966年“文化大革命”爆发后，他作为“反动学术权威”被戴高帽受批判，每天要到历史所劳动，直到20世纪70年代初才得以解脱。1971年开始，他担任《二十四史》和《清史稿》的总校工作，1977年完成。他重新获得解放以后，将20世纪30年代立下的座右铭改写为“贪多务得，哪有闲时；文史游观，以逸余年”，悬于书房自励，又定出研究、著述计划，更加勤奋地工作，甚至卧病在床仍手不释卷。

一经几言

传之以心，受之以意，切问近思，而资所学，以施于世。——王安石

不教一日闲过

名人简介

齐白石

齐白石（1864—1957），湖南湘潭人。著名的画家和书法篆刻家。曾任北京国立艺专教授、中央美术学院名誉教授、北京画院名誉院长等职。曾被授予“中国人民艺术家”的称号，1963年诞辰100周年之际被公推为“世界文化名人”。有《白石诗草》《白石印草》《齐白石作品选集》《齐白石作品集》等传世。

名人经验

齐白石是中国当代杰出的书画艺术家。他继承了古代和近代一些绘画大师的传统，师法自然，大胆创新。60岁后融合传统写意画和民间绘画的表现技法，追求“似与不似之间”的境界，形成独特艺术风格，成为蜚声中外的艺术绘画大师。他擅长画鱼虫花鸟，尤其以画虾、白菜著称。

新中国成立的时候，齐白石已经86岁高龄，可他还出任中国美术家协会主席，书画篆刻也更加勤奋。他达90岁的高龄后，每天仍然作画不止，规定每天至少画五幅，并手书了“不叫一日闲过”的字幅，挂在画室的墙上自勉。他还曾刻有一方“天道酬勤”的石印。

有时，因为有特殊原因，一天未画画，他第二天一定要补上。有一天上午，他连续几个小时画了四张条幅，直到吃午饭了还不肯停笔休息。别人正要劝阻，一看他在画上的题字就明白了：“昨天大风雨不曾作画，今朝制此补充，不教一日闲也。”

一次，齐白石过生日，学生、朋友齐来祝寿，从早到晚客人络绎不绝。他笑吟吟地送往迎来，把客人全送走时已是深夜了，只得睡觉休息。可第二天一清早，他就起了床，走到画室，摊纸挥毫就画了起来。他画了一张又一张，家里人劝他吃饭，他顾不上。画完了5张，规定的“作业”完成了，他还在画。家人奇怪地问："您不是已经画够5张了吗？"他说："昨天生日客人多，没作画，今天追画几张，以补昨天的'闲过'。"

一经几言

懂得如何启发，教人的一大艺术。——［印尼］阿米尔

板凳要坐十年冷

名人简介

范文澜

范文澜（1893—1969），我国著名历史学家。浙江绍兴人。1935年，在中法大学任教。1936年，在河南大学任教。1946年4月任北方大学校长。1948年7月，北方大学与华北联合大学合并为华北大学，范文澜为副校长兼研究部主任、历史研究室主任。其所著的《中国通史简编》和《中国近代史》是第一部运用马克思主义观点系统叙述中国通史的著作。

名人经验

"板凳要坐十年冷，文章不写一句空。"这是范文澜同志为自己题写的一副中堂联，他把这副对联作为砥砺自己的座右铭，以勤苦的学风自励，以朴实的文风自勉。

上联写的是做学问的态度与功夫。硬"板凳"再加一个"冷"，而且要"十年"，是说治学的艰苦，要耐得住长期的寂寞，忍得住生活的清苦，这样功底才会厚实，才会出高水平的成果。下联强调写文章要精益求精，内容充实而不繁杂，材料丰富而不堆砌，尤其强调不说不切实际的空话。

范文澜以自己的行动实践了这副对联的宗旨所在。他从事历史科学研究数十年，从20世纪40年代开始在延安的窑洞里编写了《中国通史简编》和《中国近代史》。延安窑洞里既无明亮的灯光，也无舒适的桌椅，范文澜一直是坐在一个冰冷的无靠背的木板凳上写作的，写累了就靠在窑洞的墙上休息一下，歇一会再继续写作。为了使他能更好地写作，他的爱人后来做了一个棉垫子钉在墙壁上，使他便于倚靠休息。这就是他"冷板凳"精神的真实写照。新中国成立后他辛勤耕耘，硕果累累，成为史学界的大家之一。他为修改和完善《中国通史》呕尽心血，工作到最后一息。

范文澜还将这副对联所蕴涵的治学精神勉励年轻一代，这对于青年人是很有教益的。20 世纪 50 年代，他到一所著名大学讲演说：“做学问不是简单的事情，要下苦功，慢慢地来。我经常勉励研究所的同志们下‘二冷’的决心。一冷是坐冷板凳；二冷是吃冷猪肉。意思就是劝同志们要苦苦干，慢慢来。”他一方面经常教导青年人要下苦功，坐得住“冷板凳”，同时又教导青年人写文章要言之有物，不要发空论。1961 年，他针对当时一些文风不正的现象，发表了一篇《反对放空炮》的文章，对历史学界影响很大。范文澜的这副对联，不仅是他毕生严谨治学的生动概括，而且足以使后来者深受启迪与教益。

一经几言

独断和压制只能生长出奴性。——［法］蒙田

文章千古事，得失寸心知

名人简介

傅雷

傅雷（1908—1966），上海市南汇县（现南汇区）人。翻译家，文艺评论家。1927 年傅雷赴法，专攻艺术理论和艺术评论。1931 年秋回国后，傅雷致力于法国文学的翻译与介绍工作，翻译的作品共 30 余种，主要为法国文学作品。20 世纪 60 年代初，傅雷因在翻译巴尔扎克作品方面的卓越贡献，被法国巴尔扎克研究会吸收为会员。

名人经验

我国现代著名文学家、翻译家傅雷一生翻译外国文学名著 34 部，著译达 500 万字。他以翻译与研究巴尔扎克著作的卓越成就，被聘为法国巴尔扎克研究协会会员。他向国人译介的罗曼·罗兰的《约翰·克利斯朵夫》曾深深影响了几代人；他对张爱玲小说的精湛点评，为学界作出了文本批评深入浅出的典范；作为鉴赏家，他写下了对贝多芬、莫扎特和肖邦作品的优美赏析文章。

傅雷 17 岁就开始创作小说，1928 年初赴巴黎大学文科学习，同时到卢佛尔美术史学校听课，由此开始了翻译生涯。1931 年回国，受聘于上海美术专科学

校，担任美术史课与法文课教师，但他性格孤傲，不久后选择了闭门译述的道路。

从事文学翻译事业伊始，傅雷严格遵循“信、达、雅”的原则，给自己定下了“文章千古事，得失寸心知”的座右铭。该座右铭借杜甫《偶题》中的这两句诗，勉励自己以严肃的态度对待翻译事业。傅雷以极其严肃的态度从事文学翻译，在翻译之前，他总要先看四五遍原著，吃透其风格后才动手。翻译过程中一些不懂的地方，他从不敷衍，常常写信向法国友人请教，弄明白了才落笔于纸上。有些长篇译稿，他甚至用数年时间几次重译，直到满意为止。他认为“翻译工作要做得好，必须一改再改三改四改”，“文字工作总难一劳永逸，完美无疵”。

一经几言

独学而无友，则孤陋而寡闻。盖须切磋，相起明也。 ——颜之推

人不可无傲骨

名人简介

徐悲鸿

徐悲鸿（1895—1953），江苏宜兴人。中国现代美术事业的奠基者之一，杰出的画家和美术教育家。1918 年，他接受蔡元培聘请，任北京大学画法研究会导师，1919 年留学法国，后又转往柏林、比利时研习素描和油画，研究西方美术。1927 年回国，先后任上海南国艺术学院美术系主任、中央大学艺术系教授、北平大学艺术学院院长、北平艺术专科学校校长。新中国成立后，任首届中华全国美术工作者协会主席、中央美术学院院长等职。

名人经验

“人不可有傲气，但不可无傲骨。”这是著名画家徐悲鸿的一句座右铭。他是这么说也是这么做的，终其一生，从未失掉作为一个中国人应有的骨气和尊严。

1919 年到 1927 年，徐悲鸿在欧洲留学。那时，北洋政府腐败无能，在外国的留学生，不仅经济上困难，而且在政治上也受歧视。有个洋学生向徐悲鸿挑衅说：“中国人愚昧无知，生来就是当亡国奴的材料，即使是把你们送到天堂里去深造，也成不了才。”徐悲鸿用炯炯的目光注视着这个傲慢的洋学生说：“先生，你不是说中国人不成才吗？那好，我代表我的祖国，你代表你的国家，我们比试比试，等学习结业时，看到底谁是人才，谁是蠢才！”

从此以后，徐悲鸿刻苦努力，经常到罗浮宫、凡尔赛宫等巴黎各大博物馆临摹名作，而且常常是拿着一块面包，带上一壶水，一去就是一整天，不到闭馆时间不出来。

有志者，事竟成。徐悲鸿进入巴黎国立高等美术学校的第一年，第一次作油画人体，就受到法国艺术家弗拉蒙先生的好评。接着，他在几次竞赛考试中都获得了第一名。1924年，他的油画《远闻》《怅望》《箫声》《琴课》等，由于对人物性格刻画得出神入化，在展出时，轰动了巴黎美术界。那个曾向他挑衅的洋学生，也不得不承认自己不是中国人的对手。

徐悲鸿从巴黎留学回国时，早已蜚声海内外了，许多国民党高级军政人员慕名求其作画，有的还摆好盛宴邀请，但他对这些人根本不予理睬。一次，国民党文委主任张道藩登门亲访，求其为蒋介石画一张半身标准像。徐悲鸿断然拒绝：“我是画家，对蒋委员长人头像可没有兴趣，还是另请高明吧！”“给蒋委员长画像你没兴趣，你对什么有兴趣？”张道藩大惑不解。“我对抗日救国感兴趣，我对人民大众有兴趣！”徐悲鸿厉言正色地答道。“我奉劝你还是不要做这样愚蠢的事，到时候你悔恨恐怕就来不及了。”徐悲鸿冷笑道：“悔恨？我只感到自豪！你的座右铭是升官发财，而我却信奉的是：人不可有傲气，但不可无傲骨。”

一经几言

断章取义是学习的蛀虫和腐蚀剂。

——［英］培根

鲁迅的除夕之夜

名人简介

许广平

许广平（1898—1968），祖籍澄海（汕头沟南许地）。1917年就读天津直隶第一女子师范学校预科，担任天津爱国同志会会刊《醒世周刊》主编，并在周恩来领导下参加了“五四”运动。1923年考入北京女子高等师范学校国文系，成为鲁迅的学生。1927年1月，鲁迅到中山大学任教，许任助教和广州话翻译，与鲁迅在白云路租房同居；10月与鲁迅到上海正式同居。1929年，生子周海婴。1932年12月，通信集《两地书》出版。历任

政务院副秘书长、全国人大常委、全国政协常委、全国妇联副主席、民主促进会副主席、全国文联主席团委员等职务。1968 年 3 月在北京病逝，终年 70 岁。

名人经验

据许广平回忆，鲁迅先生的除夕之夜往往是这样度过的：他把一年来写的日记、手稿整理包裹好，在躺椅上坐下来点上一支香烟，回顾一下过去的一年中做了多少工作，有没有虚度光阴，还有哪些工作需要接着做，来年又有哪些新的打算。他如果发现过去的一年里成绩不佳，那是万分不自在的，于是下决心在新年里加倍地工作。

在除夕之夜的爆竹声声中，鲁迅总是和往常一样读书、作文。他 20 岁那年的除夕，写了骚体诗《祭书神文》，表达了自己读书的志向与求购“异籍”的愿望。而这一志向和愿望可以说影响了鲁迅一生所走的道路。1925 年 12 月 31 日，“在一年的尽头的深夜中”，鲁迅为杂文集《华盖集》作了题记。1933 年 12 月 31 日夜，写下杂文集《〈南腔北调集〉题记》。1934 年 12 月 31 日夜，他致信侨居国外的友人，并翻译了一篇外国文学作品。1935 年 12 月 31 日夜半至 1936 年 1 月 1 日晨，他通宵达旦写了《〈且介亭杂文二集〉后记》，真是“送走年尾，迎来岁首”。每逢过年时，鲁迅还最喜欢上书市淘书。

鲁迅在生命的晚年，也一直坚持在岁末年初读书、写作。

一经几言

多年来我一直认为，语文课的主要任务是训练思维，训练语言（同时也训练思想品德），而思维能力和语言能力，儿童时期打下的基础至关重要。

——叶圣陶

梁启超闻过则喜

名人简介

梁启超

梁启超被公认为是清朝最优秀的学者，中国历史上一位百科全书式人物，而且是一位能在退出政治舞台后仍在学术研究上取得巨大成就的少有人物。辛亥革命前，他在与革命派论战中发明了一种新文体，介乎于古文与白话文之间，使得士子们和普通百姓都乐意接受。同时，梁启超还是中国第一个在文章中使用“中华民族”一词的人，他还从日文汉字中吸收了非常多的新词，经济、组织、干部等，皆始于梁启超先生。

梁启超于学术研究涉猎广泛，在哲学、文学、史学、经学、法学、伦理学、宗教学等领域，均有建树，以史学研究成绩最显著。

名人经验

梁启超一生勤奋，于学术研究涉猎广泛，在哲学、文学、史学、经学、法学、伦理学、宗教学等领域均有建树，各种著述达 1 400 万字，三十多年里在政治活动占去大量时间的情况下，他每年平均写作达 39 万字之多。

1920 年以后梁启超退出了政治舞台，专心致力于学术研究，在社会科学的众多领域里，都取得了令人瞩目的成就。但他的老朋友周善培直言不讳地批评他："中国长久睡梦的人心被你一支笔惊醒了，这不待我来恭维你。但是，写文章有两个境界：第一步你已经做到了，第二步是能留人。司马迁死了快 2 000 年了，至今《史记》里的许多文章还是百读不厌。你这几十年中，写了若干篇文章，你想想看，不说读百回不容易，就是使人能读两回三回的能有几篇文章?"

梁启超听了这么刺耳的话，并不生气，他虚心地向周善培请教："你说文章怎样才能留人呢?"周善培认真地回答："文章要留人，必须要言外有无穷之意，使读者反复读了又读，才能得到它的无穷之意，读到九十九回，无穷的还没有穷，还丢不下，所以才不厌百回读。如果一篇文章把所有意思一口气说完了，自己的意思先穷了，谁还肯费力再去搜求，再去读第二回呢? 文章开门见山不能动人，一开门就把所有的山全看完，里面没有丘壑，人自然一看之后就掉头而去，谁还入山去搜求丘壑呢?"梁启超觉得周善培的话很有见地，于是连声称谢，表示虚心接受。从此他写文章更加下工夫，精益求精。

梁启超喜欢写文章大发议论，与人争鸣、论辩。周善培对他这样做学问赶热闹、随流俗的作风不以为然，提出批评："论你的文章，你的资格，应该站在提倡和创立的地位，要别人跟你跑才对，你却总是跟人家跑。不知足固然是美德，但你这种求足的方法成问题，天下学术无穷，你已年近 60 了，哪一天才能达到你满足的愿望呢!"梁启超对这尖锐而又中肯的批评，欣然接受。从此，他在学术研究方面，更加注意轻重缓急，主次分明，取得了更高的成就。

一经几言

儿童学习任何事情的最合适的时机是当他们兴致高、心里想做的时候。

——［英］洛克

陶行知两次改名

名人简介

陶行知

陶行知（1891—1946），汉族，安徽歙县人，毕业于金陵大学（1952 年并入南京大学）文学系，中国人民教育家、思想家，伟大的民主主义战士，爱国者，中国人民救国会和中国民主同盟的主要领导人之一。1917 年秋回国，先后任南京高等师范学校、国立东南大学教授、教务主任等职。开始他富于创意而又充满艰辛的教育生涯。研究西方教育思想并结合中国国情，提出了“生活即教育”、“社会即学校”、“教学做合一”等教育理论。他特别重视农村的教育，认为在 3 亿多农民中普及教育至关重要。

名人经验

陶行知，初名陶文濬。他 1910 年考入金陵大学文科，后来担任《金陵大学学报》中文编辑和主笔。在此期间，他深入研究了明代思想家王守仁的学说，对王守仁“知先行后”“知行合一”的主张非常赞同，因此常以“知行”为笔名，并于 1917 年正式改名为陶知行。

陶行知留学回国后，一直从事教育事业。他一开始奉行“教学合一”的教学主张。后来在教育实践中，他发现这种教学主张还缺少一个“做”字，于是就改为“教学做合一”。这样，他认为王守仁的说法不妥，而相信“行是知之始，知是行之成”，并在他创建的晓庄师范发表演说，阐述这个道理。演讲之后，同事们对他说：“既相信行是知之始，为何仍用‘知行’?”于是，他在 1934 年 7 月正式改名为“陶行知”，并在《生活教育》半月刊上发表了一首题为《三代》的诗：“行动是老子，知识是儿子，创造是孙子。”

一经几言

凡是能够引起学生的思想、工作和智力上的主动精神的方法，是最好的方法。

——［德］第斯多惠

发奋读书

名人简介

辜鸿铭

辜鸿铭（1857—1928），字汤生。中国近现代为数稀少的一位博学中国传统文化又精通西方语言与文化的学者。他精通英文、法文、德文、拉丁文、希腊文、马来文等 9 种语言，获 13 个博士学位。1893 年辜鸿铭任自强学堂（武汉大学前身）方言教习，1911 年辛亥革命后，辞去公职，1915 年在北京大学任教授，主讲英国文学。1924 年，辜鸿铭赴日本讲学三年，其间曾赴中国台湾讲学。他创造性地翻译了中国“四书”中的三部——《论语》《中庸》《大学》，并著有《中国的牛津运动》和《中国人的精神》等书，向西方人倡扬东方的文化和精神，产生了重大的影响，在西方形成了“到中国可以不看紫禁城，不可不看辜鸿铭”的说法。

名人经验

有一次，两广总督张之洞做寿，在府中大宴宾客。一帮文人聚在一起高谈阔论，辜鸿铭也在席间大谈西方学说。谈兴正酣时，他突然发现同是幕僚的沈曾植在一旁一言不发，而且面有不屑之色。辜鸿铭忍不住问道：“沈公为什么一言不发呢?”沈曾植轻描淡写地答道：“你说的话，我都懂，但是你要懂我的话，还需读二十年中国书!”

这番话对他刺激很大，记忆犹深。他知道自己对中国传统文化的了解还很不够，就向张之洞请教。在张之洞的支持和点拨下，辜鸿铭的学识日益精进。以后，他逐渐扩大范围，四部书、骚赋、诗文，无所不览。

二十年后，辜鸿铭再次见到沈曾植，他让人把张之洞的藏书一部一部搬到沈的面前，沈笑着问道：“你这是做什么?”辜鸿铭拱手施礼说：“请教沈老前辈，哪一部书老前辈能背的，我不能背？老前辈能懂的，我不懂?”沈曾植大笑说：“今后，中国文化的重担就落在你的肩上啦!”

一经几言

改变学生学习方式的前提是改变教师的教学方式。要变处处牵着学生走的教师主宰式，为顺着学生的学来“导”的启发引导式。

——崔峦

以貌取人，失之子羽

名人简介

宰予

宰予（公元前522—前458），字子我，亦称宰我，汉族，春秋末鲁国人，孔子著名弟子，“孔门十哲”之一。宰予小孔子二十九岁，能言善辩，被孔子许为其“言语”科的高才生，排名在子贡前面。曾从孔子周游列国，游历期间常受孔子派遣，使于齐国、楚国。唐开元二十七年，宰予被追封为“齐侯”。宋大中符二年（1009年）又加封“临淄公”。南宋咸淳三年（1267年），再进封为“齐公”，明嘉靖九年改称为“先贤宰予”。

名人经验

孔子是我国春秋时期的大思想家、大教育家。他的弟子很多，到他门下学习过的，大约有三千人。

在孔子的弟子中，有个叫宰予的，他口齿伶俐，能说会道。开始时孔子觉得这弟子很不错，但时间一久，孔子就感到这看法不正确。

宰予不肯好好读书，经常睡懒觉。有一天，弟子们都在听孔子的讲义，宰予却鼾声呼呼地大睡午觉，一直睡到日头偏西，还不肯起床。孔子非常恼火，说：“真是一块腐朽的木头，不能雕刻什么东西了；又像是一垛用粪土砌的墙，很难加以粉刷了。”当时，父母过世，儿子都得守丧三年。可是，宰予却向孔子提出说：“儿子守丧三年，时间不是太长了吗?”孔子听了，很不高兴。等宰予走后。孔子对其他弟子说：“宰予这人实在不讲仁义。孩子生下三年，才能离开父母的怀抱。所以，儿子为父母守丧三年，这是天下通行的礼节。”宰予后来做了齐国的大夫，因为参加作乱，全家被杀。孔子认为这是一件很可耻的事。

在孔子的弟子中，还有一个叫澹台灭明的，字子羽，比孔子小39岁。他相貌丑陋，样子难看极了。他要跟从孔子学习，起初孔子对他看不上眼，认为他资质不高。可是他从学之后。处处按照孔子的教导做。他作风正派，不走歪门邪道，如果不是为了公事，从来不去找公卿大夫。

后来，澹台灭明到江南游历，跟从他的弟子达二百人。他制订了一些处世行事的原则，十分认真。人们都称赞他，他的名声传遍了四方的诸侯国家。

孔子听到以后，很有感触。他叹了一口气，对弟子们说：“我以言取人，失之宰予；以貌取人，失之子羽。”意思是说：我单凭一个人的言谈，就相信他的为人好坏，结果对宰予看走了眼；我又单凭一个人的容貌，就判断他的资质高下，结果对子羽也看走了眼。

一经几言

骨曰切，象曰磋，玉曰琢，石曰磨，切磋琢磨，乃成宝器。人之学问知能成就，犹骨象玉石切磋琢磨也。

——王充《论衡》

改造性格、从容、任真

名人简介

傅佩荣

傅佩荣（1950— ），祖籍上海。美国耶鲁大学哲学博士，专攻宗教哲学。曾任比利时鲁汶大学客座教授，荷兰莱顿大学讲座教授，中国台湾大学哲学系主任兼研究所所长。现任中国台湾大学哲学系、所教授。在儒家、形而上学、先秦哲学、宗教哲学等方面长于研究；在教学、研究、写作、演讲、翻译各方面皆有成就。五十岁以后，他专心注解传统经典，已重新解读《论语》《孟子》《老子》《庄子》《易经》，在国学经典诠释方面有重要影响。

名人经验

傅佩荣曾有三个座右铭。第一个是他年轻时候的座右铭，叫做“改造性格，就可以改变命运”。年轻的时候，傅佩荣专门针对自己的缺点进行纠偏，比如说知道有什么缺点，本性的冲动很明显，就进行自我克制，长期下来性格就改变了。

傅佩荣从美国念完书，接近中年了，他改了座右铭，两个字：“任真”。就是让自己活得真诚。为什么他有这个座右铭呢？他认为一个是真诚普遍会伤害人，还有一个就是真诚很容易受伤害，但是经过长期的修炼他会让真诚不受到伤害，并且也不会伤害到别人。

第三个座右铭是“从容”。从容是他到三十几岁的座右铭。从容就是不要紧张，做任何事情都要想清楚怎么做。用一句陶渊明的话说，就是“勤靡余劳，心有常闲”。身体劳累，但是内心要保持悠闲，这个就是从容，从容很难做到。他认为从容有三个原则，第一个要事先做好充分准备。就是说在时间上、材料上不要让自己找借口。第二个做事要全力以赴，因为你做这个事情就不能做别的事

情，因为我没有分身，我今天在这里就不能在世界其他地方，如果我今天没有认真做这个事情就是浪费我的生命。第三个就是做完立刻放下。做任何事情都要像电脑归档一样，这个事情做完以后就要全力做下一件事。

一经几言

棍棒下成长起来的孩子，心灵更为懦弱，更为固执。——［法］蒙田

问题篓子

名人简介

穆尔

穆尔（1873—1958），英国哲学家，新实在论主要代表之一。剑桥大学三一学院毕业。曾任剑桥大学教授和《精神》杂志主编。著有《驳唯心主义》《伦理学原理》等。罗素（1872—1970），英国哲学家、数学家、逻辑学家。剑桥大学三一学院毕业后留校任教。1920—1921年曾来中国讲学。后任美国芝加哥大学、加利福尼亚大学客座教授。1944年回国，专事著述和讲学。获1950年诺贝尔文学奖。著有《哲学问题》《西方哲学史》等，并与其师怀特海合著《数学原理》。维特根斯坦（1889—1951），现代哲学家、逻辑学家。原籍奥地利，1938年入英国籍。剑桥大学三一学院哲学博士，后留校任教，1939年升教授。对数理逻辑的发展有一定贡献。早期哲学强调逻辑分析，对逻辑实证主义的影响很大。晚期致力于日常语言的分析，是日常语言哲学的奠基人。著有《逻辑哲学论》等。

名人经验

著名哲学家维特根斯坦在英国剑桥大学学习时，是大哲学家穆尔的学生。

在穆尔授课期间，维特根斯坦是最令他头疼的学生。因为维特根斯坦总有问不完的问题，一个接一个，总是没完没了，是一个有名的“问题篓子”。

有一天，穆尔的朋友、著名哲学家罗素登门和穆尔闲聊，他问穆尔：“谁是你最出色的学生？”

穆尔毫不犹豫地回答说：“是维特根斯坦。”

罗素问：“为什么呢？”

“因为在我所有的学生中，只有维特根斯坦老是有一大堆学术的疑问。”穆尔

回答说。

十几年过去，维特根斯坦在哲学界的名气不仅远远超过了自己的导师穆尔，而且也超过了大哲学家罗素，声名鼎沸，如日中天。

一天，穆尔拜访罗素时问道：“知道我们和维特根斯坦比较起来，我们为什么落伍了吗?”

罗素静静思忖了一会儿，回答说：“因为我们提不出什么疑问了，而维特根斯坦却还有一大堆的疑问。”是的，善于提出问题、不断发现问题是学问长进的动力。

一经几言

孩子提出的问题越多，那么他在童年早期认识周围的东西也就愈多，在学校中越聪明，眼睛愈明，记忆力愈敏锐。要培养自己孩子的智力，那你就得教给他思考。

——［苏］苏霍姆林斯基

“终生努力，便成天才”

名人简介

门捷列夫

门捷列夫（1834—1907），俄国化学家。彼得堡师范学院毕业，1861 年获博士学位。曾任彼得堡工学院、彼得堡大学教授，度量衡局局长。自然科学基本定律化学元素周期律的发现者之一，并据此预见了一些尚未发现的元素。提出溶液水化理论，研究气体和液体的体积同温度和压力的关系，发现气体的临界温度，并首先提出煤地下气化的主张。著有《化学原理》等。

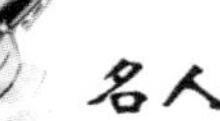

名人经验

门捷列夫是俄国著名化学家、自然科学基本定律化学元素周期率的发现者之一。

他把自己一生的精力都用在科学研究上，对吃穿从不讲究。但是为了能够随身携带一本厚厚的笔记本，以便随时随地把自己想到的新问题记下来，他亲自设计外衣，因为口袋要特别大。

那时候，欧洲的男人都以戴假发为时髦，而门捷列夫却不以为然。他幽默地说：“我喜欢我的真头发!”

门捷列夫做了 63 张厚纸卡片，分别把 63 个元素的名称、符号、原子量、颜

色、比重、化合价等性质都各写在一张卡片上，做成了一副“元素扑克”，然后就独个儿玩起来了。无论白天或黑夜，无论讲课或实验，无论在家或散步，门捷列夫都在入迷地想着玩他的“元素扑克”。直到1869年，他才终于排好了元素的自然行列。他以原子量为1的氢领头，以原子量为238的铀排尾。排好以后，门捷列夫惊奇地发现：自左至右形成一个个的周期；自上而下形成一个个的族。在同一周期中，元素的性质自左至右，金属性逐渐减弱，非金属性逐渐增强；在同一主族中，自上而下，元素的金属性逐渐增强，非金属性逐渐减弱。又经过反复的研究和核实后，门捷列夫才总结出了他所发现的元素周期律，即按照原子量的大小排列起来的元素，在性质上呈现明显的周期性，并发表了他的第一个周期表。1871年，门捷列夫又对周期表作了重要修改，不仅纠正了一些元素的原子量，而且还在周期表中留出空位，并大胆预言在宇宙中，还有尚未被发现的元素。不仅如此，他甚至根据空位上下两个元素的特性，预言了三个待填补的元素的大致性能和形状。

预言尚未被发现的元素，这不是未卜先知吗？这不是科学的神话吗？有人以为门捷列夫的元素周期律是在玩纸牌时偶然发现的。有一次，竟有人这样问他。他听了大笑起来，说：“这个问题我大约考虑了二十年。”

晚年时，他双目半盲，但仍然奋斗不息。他从清晨一直工作到下午五六点钟才吃“中饭”。饭后又继续工作到深夜。他是坐在书桌前逝世的，死时手里还紧握着笔。他以勤奋的一生，实践了自己的座右铭——“什么是天才？终生努力，便成天才。”

一经几言

唤起独创性的表现与求知之乐，是为人师者至高无比的秘方。

——［美］爱因斯坦

我挣扎，我要探出头来

名人简介

塞曼

塞曼（1865—1943），荷兰物理学家。1885年进入莱顿大学在亨德里克·洛伦兹和昂尼斯的指导下学习物理学，并当过洛伦兹的助教。受洛伦兹的影响，塞曼对他的电磁理论十分熟悉，并且实验技术精湛。1892年塞曼因为仔细测量了克尔效应而获金质奖章。1893年取得博士学位。后进入荷兰阿姆斯特丹大学。1896年塞曼发现了原子光谱在磁场中的分裂现象，被命名为塞曼效应，随后洛伦兹在理论上对这种现象进行了解释，二人因

此被授予 1902 年的诺贝尔物理学奖。

名人经验

荷兰是世界上地势最低的国家。荷兰人民为了向大海争土地，围海造田，筑起了拦海大坝。但是他们要时时提防着拦海大坝的决口。“我挣扎，我要探出头来!”就是他们世代相传的训言。

1865 年 5 月 24 日深夜，拦海大坝决口了，海水吞噬着一切。在一条无舵无桨的木船上，躺着一位即将临产的孕妇。突然，一个巨浪把她的小船推到一个叫佐尼马丽的地方，小船撞击在漂在水面上的大木头上。这突如其来的一撞之下，一个小生命就在漂泊之中呱呱坠地了。这个小生命就是后来的物理学家塞曼。

塞曼刚进莱顿大学读书时，沉溺于嬉戏游乐，当年期终考试物理竟不及格。他的母亲痛心流泪，详细地对他讲述了他出生时的情景、荷兰的艰难和荷兰人的古训，并对他说：“早知道你是这样一个平庸无为之辈，我当初真不该在波涛中拼命挣扎!”

塞曼惊醒了！从此，他便把这条古训奉为自己的座右铭，抛掉恶习，奋力读书。毕业后，由于成绩优异，塞曼被聘为母校物理系助教，当他把这喜讯奔告老母时，其母已重病缠身，奄奄一息，只对他费力地吐出五个字“挣扎……再……挣……扎!”

为了永远牢记母亲的教导，塞曼把母亲的遗像嵌在一个金质的小镜框里，时时珍藏在自己的胸前。铭记母亲的遗训，塞曼更加奋发努力，他在实验室里不知熬过多少个不眠之夜。他在给妻子的一封信中曾写道：“又是家乡的防汛季节了，我们都是在海平面下出生的人，每逢这个季节，我的智慧好像比平时更加活跃，精力也更加旺盛……连日来，我为磁场的光谱研究已三晚未眠，但我一点也不觉得疲倦。我怀念母亲，怀念家乡所有的故人，我牢记着北国的古训。这句话永远激励着我，使我忘记了疲劳，忘记了痛苦，生怕从波涛中探不出头来，更怕在学问中抓不住原理。”

1896 年，在他的老师洛伦兹的鼓励和帮助之下，他终于发现了物理学上著名的塞曼效应。这一发现使塞曼在物理学界顿时名声鹊起。塞曼效应后来被证明为是探索原子结构的有用工具，对泡利原理的发现、电子自旋的发现，对发光机制的详细的了解以及更多的事情都具有决定意义。它与量子力学完全符合，成为量子力学重要的实验基础。塞曼和洛伦兹也因此获得了 1902 年的诺贝尔物理学奖。

一经几言

积三十年的经验，使我确信学生的智力取决于良好的阅读习惯。

——［苏］苏霍姆林斯基

永不虚度年华

名人简介

科赫

科赫（1843—1910），德国细菌学家。格廷根大学医学博士。曾任科赫研究所所长，柏林大学教授。发明用固体培养基的“细菌纯培养法”，首先采用染色法观察细菌的形态，并分离出炭疽杆菌（1876年）、结核杆菌（1882年）和霍乱弧菌（1883年）。同时确证这些细菌与疾病的关系，提出作为判断某一微生物是否为某种疾病病原的“科赫原则”。获1905年诺贝尔生理学医学奖。著有《细菌保藏和摄影方法的研究》《对于创伤感染性疾病病原的研究》等。

名人经验

1865年的一天，德国格廷根大学医学院正在进行解剖比赛。一位20出头的青年学生在试卷的页眉上庄重地写下了“永不虚度年华”这句话。这句话成了他后来献身科学事业的座右铭。这位青年学生就是后来成为世界细菌学奠基人的罗伯特·科赫。

科赫从年轻时代起就致力于研究病菌、造福人类的艰辛工作。他首先进行的是对炭疽病的研究。为了研究这种病菌的生长和传播情况，他进行了大量的试验。为此，他经常废寝忘食、通宵达旦地工作，甚至难得跟朝夕相伴的妻子谈一次心，也无暇照料自己的宝贝女儿，以致人们议论：“我们的大夫真有点神经质了。”

科赫不辞辛苦、舍生忘死地奔波于世界各地的疫区，又常常沉浸在实验之中废寝忘食地连续工作，终于揭示了炭疽菌的生活周期，发现了炭疽杆菌、结核杆菌、霍乱杆菌、沙眼病杆菌，被誉为“世界杆菌之父”，还提出了至今仍为全世界细菌学家所遵循的细菌学研究的“科赫原则”，为人类的健康事业作出了杰出贡献。1905年他荣获诺贝尔生理学医学奖金。晚年的科赫在巨大的荣誉面前仍未停步，虽体衰多病还顽强从事科学研究，直到生命的最后一刻。

以下一组有关科赫的统计资料是他践行自己座右铭的最好诠释——

世界上第一次发明了细菌照相法；

世界上第一次发现了炭疽热的病原细菌—炭疽杆菌；

世界上第一次证明了一种特定的微生物引起一种特定疾病的原因；
世界上第一次分离出伤寒杆菌；
世界上第一次发明了蒸汽杀菌法；
世界上第一次分离出结核病细菌；
世界上第一次发明了预防炭疽病的接种方法；
世界上第一次发现了霍乱弧菌；
世界上第一次提出了霍乱预防办法；
世界上第一次发现了鼠蚤传播鼠疫的秘密；
世界上第一次发现了睡眠症是由采采蝇传播的。

一经几言

即使是普通的孩子，只要教育得法，也会成为非凡的人。

——［法］爱尔维修

挂在床头的标签

名人简介

李比希

李比希（1803—1873），德国化学家。被称为“有机化学之父”。埃尔兰根大学哲学博士。先后长期担任吉森大学、慕尼黑大学教授，最先建立高等学校化学实验室。在无机化学、有机化学、生物化学等方面都作出了贡献，如发现异氰酸的异构体雷酸，改进有机物中碳、氢元素定量分析法，创制三氯乙醛、三氯甲烷及探究发酵和腐败的化学原理等。又把化学应用到农业生产上，提出植物的矿质营养学说，为农业化学的奠基人之一。著有《有机化学对农业及生理学上的应用》《食物化学》《农业化学基础》等，并于1874年创刊德国《化学年刊》。

名人经验

1824年的一天，一位德国厂商把一瓶从海产品加工厂的废液中收集到的棕红色溶液送来请李比希确定一下该液体的成分。面对眼前的液体，李比希没有加以深究，就认定这种深褐色的液体是氯化碘，并且把一张“氯化碘”的标签贴上了瓶子，并随手把瓶子塞进了自己的药品柜。

两年以后，法国巴黎大学年轻的实验员波拉德，为了提取碘，把烧成灰的海藻浸入热水，再往里通进氯气。这样，得到一种紫黑色的固体——碘晶体，但在提取以后，母液底部总是沉着一层深褐色的液体，并散发出刺鼻的臭味。波拉德对这种意想不到的现象立即进行深入的研究，连续做了各种试验，终于证实：这种深褐色液体是人们还未发现过的新元素——溴。他于是写出了《海藻中的新元素》的论文，宣告溴元素的发现。这是化学史上的一件重大发现，波拉德也一举成名。

李比希看到波拉德的论文，猛然想起两年前的那瓶棕红色的“氯化碘”溶液，经过仔细的化学试验，他证明了瓶中之物根本不含氯，而正是这种溴元素。李比希很后悔，自己一次轻率的断定，错过一次重大发现。他于是写下“错误之柜”几个字贴在药品柜上，时刻警戒自己在科学上不能轻率和主观。

李比希在自传中曾写道：“从那以后，除非有非常可靠的实验作根据，我再也不凭空造理论了。”此后李比希在研究中变得更敏锐更严谨了，他一生在化学上作出了重大的贡献，并且首先把化学应用到农业生产上，成为农业化学的奠基人之一。

一经几言

加紧学习，抓住中心，宁精勿杂，宁专勿多。

——周恩来

午夜方眠，黎明即起

名人简介

道尔顿

道尔顿（1766—1844），英国化学家、物理学家，近代化学之父。1778 年在乡村小学任教，1781 年任中学教师，1793 年任曼彻斯特新学院数学和自然哲学教授，1796 年任曼彻斯特文学和哲学会会员，1817 年升为该会会长。他发现了有关气体特性的两个重要定律：查尔斯定律和道尔顿气体分压定律。1808—1872 年，《化学哲学的新体系》陆续出版，本书总结了他的原子论。1816 年他被选为法国科学院通讯院士，1822 年被选为英国皇家学会会员。1826 年，英国政府将英国皇家学会的第一枚金质奖章授予了道尔顿。

名人经验

英国杰出化学家、物理学家道尔顿出生在坎伯兰郡一个贫寒家庭，他是世界上为数不多的几乎完全靠自学成才的大科学家之一。

道尔顿 15 岁就离开家乡到肯德尔城谋生。在给一个校长当助理的 12 年里，他一边工作一边发奋读书，还写下了“午夜方眠，黎明即起”的座右铭激励自己，终于积累了大量科学知识，为后来的科学研究打下了深厚基础。26 岁那年，他迁往曼彻斯特，第二年成为曼彻斯特学院的数学兼自然衍学教授，并开始了科学研究。他从 28 岁发表论文《关于可见光的不平常现象》起，先后在天文、化学、物理等方面有许多发现、发明，其中最重要的是发现了“气体分压定律”，创立了倍比定律和“道尔顿原子学说”，提出了原子量表。他的这些杰出贡献，推动了化学领域的进展，恩格斯称赞他为“近代化学之父”。

由于是色盲，有视觉方面缺陷的道尔顿全力投入科学研究，严格恪守自己的座右铭——“午夜方眠，黎明即起”。他在科学研究历程上的勤奋精神也是有口皆碑的。他从 21 岁起记气象日志，六十年如一日，留下了 20 多万条气象记录。为了事业，他一直保持独身，他对别人的解释是：“因为忙，无暇考虑婚姻问题。”道尔顿这样解释他成功的奥秘：“如果说我有什么贡献的话，那不是我的才能的结果，完全是勤勉和毅力的结果。”道尔顿不善交际，但他对科学却是情有独钟，即使步入中年后，他还是在每个夏天背着沉重的气象仪器去野外作业。

一经几言

假如一个先生想用知识去启导一个葬身在无知之中的学生，他便先得激起他的注意，使他能用一种贪婪的心理去汲取知识。

——［捷］夸美纽斯

拼命去争取成功

名人简介

法拉第（1791—1867），英国物理学家和化学家。当过图书装订工。自学成家。英国皇家学院教授。英国皇家学会会员、实验室主任。1831 年发现电磁感应现象。1833—1834 年发现电解定律。曾著文论述能量的转换，指出能的统一

性和多样性。他反对超距作用，认为作用的传递都必须经过某种物质媒介。还详细研究了电场和磁场，得到许多重要结果，如提出法拉第电解定律和发现磁致旋光效应（法拉第效应）等。在化学方面，发现两种新的氯化碳，用实验方法研究气体扩散和若干气体的液化，并研究合金钢的各种性质，创制了若干光学玻璃新品种。著有《电的实验研究》《化学操作法》《化学与物理的实验研究》等。

法拉第

名人经验

法拉第是英国著名物理学家、化学家，近代电磁学的奠基人。

法拉第出生于英国的一个铁匠家庭里，家境十分贫寒。他13岁便走出家门，到一个订书店去当学徒，一直干了8年。这8年也是他刻苦自学的8年，他上完了自己设计的大学，获得了丰富的知识，眼界更加开阔了。他要冲破逆境，寻求一条新的人生之路。他将“拼命去争取成功，但不要期望一定会成功”作为激励自己的座右铭。

1813年，他靠自学赢得了科学家的信任，被英国皇家学院录取为实验助手。之后他成为著名的化学家戴维的助手，随戴维遍访欧洲。在两年多的访问中，他抓紧一分一秒来学外语、写游记、做实验、搞考查，同时虚心向安培、伏特等著名科学家学习，掌握了更多知识，提高了实验技能，等于又上了一所极好的大学。回国后，他开始独立从事研究工作，不知疲倦地探索着。1816年，25岁的法拉第发表了首篇论文，第二年发表了6篇，第三年发表了11篇。1823年，32岁的法拉第当选为英国皇家学会的会员。

法拉第认准了目标，以坚韧不拔的精神，拼命去争取成功。他经过无数次的试验，终于发现了电磁感应现象，确定了电磁感应的基本定律，并发明了电磁学历史上的第一架感应发电机。这在科技史上是一个划时代的贡献。以后，他相继制造出了人类历史上第一台变压器、第一只感应圈，他总结出了电解第一定律、电解第二定律，他后来详细地研究了电场和磁场，提出了电力线、磁力线的概念，建立了“场论”……他被人们誉为“电学之父”。

法拉第在化学和电学方面取得巨大成功后，法院请他做鉴定工作，从事一些检验性的实验工作。时间不久，就获得了5000英镑的报酬。他的朋友告诉他，如果他继续干下去，他一年可以稳赚25000英镑。但他还是放弃了这项工作，以便专心进行科学研究。也就在这个时候，伦敦大学聘请他为化学教授，他谢绝了，他把全部的时间和精力都投入到了科学研究中。他每年所得到的报酬只有100英镑，约500金元。法拉第对这种牺牲心甘情愿承担到底。法拉第的一生，是通过坚韧不拔的努力，克服出身和教育上不寻常的障碍而获得辉煌成就的极好榜样。

一经几言

建构主义理论认为，学生是知识意义的主动建构者，而不是外界刺激的被动接受者。只有通过自己的切身体验和合作、对话等方式，学生才能真正完成知识意义的建构。建构主义学习观认为，学习是学生主动建构知识的过程。学生不是简单被动地接受信息，而是对外部信息进行主动选择、加工和处理，从而获得知识的意义。凡是教师能够讲述的，能够传授的知识，多半是死的、凝固的、无用的知识；只有学生自己发现、探究的知识，才是活的、有用的知识。

——［美］罗杰斯

中小学幼儿园教师师德修养与师德建设培训高级研修班邀请函

尊敬的幼儿园及中小学教师；师范专业在校生；幼儿园及中小学教师资格申请者；教育行政部门工作人员；教育研究人员：

2013年教育部出台了《教育部关于建立健全中小学师德建设长效机制的意见》和《中小学教师违反职业道德行为处理办法（试行）》两个文件，现还没有系统解读两个文件的系统培训教材。目前，全国32个省级教育部门均将师德建设纳入年度工作计划，将师德教育作为各级教育培训的重要内容。有28个省份建立了新教师岗前师德教育制度，29个省份建立了师德考评制度，26个省份制定了教师从业行为监管制度。为落实教育部2014年工作要点，推动师德建设和管理事业，中国教育报刊社定于2014年7月起根据全面报名情况和需求在全国举办“中小学幼儿园教师师德修养与师德建设培训高级研修班”。我们将根据各地合作方式和报名情况随时安排授课时间和授课方式，现将有关事宜告知如下：

一、参加培训学习对象

幼儿园及中小学教师；师范专业在校生；幼儿园及中小学教师资格申请者；教育行政部门工作人员；教育研究人员。

二、中小学师德培训授课专家名单和主讲内容方向

1. 杨春茂，教育部中国教师基金会秘书长（正司级），主讲题目：师德修养与教师队伍建设。

2. 魏书生，中国学习科学学会会长，著名教育家，主讲题目：师德修养与为人师表。

3. 曹志祥，教育部课程教材发展中心副主任（副司级），主讲题目：师德修养与课程改革。

4. 张文，教育部政策法规司原副司长，主讲题目：师德修养与教育法制建设。

5. 姚金菊，北京外国语大学法学院教授，主讲题目：教师违反师德行为处理与法律援助。

6. 程方平，中国人民大学教育学院教授，主讲题目：中国教师职业道德的发展与演变。

7. 毕诚，中国教育科学研究院研究员，教授，博士生导师，主讲题目：中国教师职业道德的发展与演变。

8. 赵建军，教育部教师工作司师德建设处调研员（原处长）；更多专家随时根据报名情况安排。

三、培训形式

1. 集中授课，授课时间3天，每天6课时，每位专家现场与同会代表就大家普遍关心的问题交流讨论。根据各地报名情况时间地点灵活安排，够200人报名即可授课。

2. 网上实时在线授课，固定时间、固定教室网络在线实时培训。

3. 网络下载课件和教材电子版本。

四、时间地点

时间：2014年7月起（根据报名人数随时开课）

北京培训地点：北京科技大学（暂定）等

五、参会费用

培训费三天总计：2000元/人，教材费另付，自愿选购。食宿可统一安排，费用自理。

六、培训主办单位

中国教育报刊社培训中心，首都师范大学出版社（联合颁发师德培训结业证书）；承办单位：北京敦品教育科技有限公司。

七、合作和报名联系方式

1. 可直接按照以下联系方式报名

2. 也可以在当地组织合作单位报名

010-88421517，13810204848；010-68471769，13810573999；010-68475348，13521340546；010-68473421，13720041546；010-68426840，13716931699；

服务电话和传真：010-68475590，4000187738

网址：www.jybpx.com

通讯地址：北京海淀文慧园北路10号中国教育报刊社培训中心

邮编：100082

中国教育报刊社培训中心

首都师范大学出版社

2014年3月10日